苏东坡全传

完整再现苏东坡六十四年
跌宕起伏的传奇一生

秦晓／著

中国友谊出版公司

图书在版编目（CIP）数据

苏东坡全传 / 秦晓著. — 北京 : 中国友谊出版公司，2021.9（2022.12 重印）
ISBN 978-7-5057-5276-4

Ⅰ. ①苏… Ⅱ. ①秦… Ⅲ. ①苏轼（1036-1101）—传记 Ⅳ. ①K825.6

中国版本图书馆 CIP 数据核字（2021）第 153586 号

书名 苏东坡全传
作者 秦 晓
出版 中国友谊出版公司
发行 中国友谊出版公司
经销 新华书店
印刷 三河市冀华印务有限公司
规格 700×980 毫米 16 开
20.5 印张 281 千字
版次 2021 年 10 月第 1 版
印次 2022 年 12 月第 3 次印刷
书号 ISBN 978-7-5057-5276-4
定价 49.80 元
地址 北京市朝阳区西坝河南里 17 号楼
邮编 100028
电话 （010）64678009

目录

序

若问苏东坡是谁，即使是不太了解他的人，也能答上一句“他是个词人”，或者“他是一个豁达、幽默的人”。最不济，也能说上一句“听说过东坡肉”。文人一向受人尊敬，与此同时，也给人一种高高在上、遥不可及的感觉。苏东坡却是个例外，老百姓提起他，似乎有一种莫名的亲切感。若以亲民度给文人排名，苏东坡大约能得个第一。

苏东坡最为人所熟知的身份是词人，但这仅仅是他众多耀眼身份中的一个。实际上，他不仅是北宋时期继欧阳修之后的又一代文坛领袖，更是罕见的文艺全才。

作为词人，他是豪放一派的拓荒者与引路人，有“明月几时有”“但愿人长久”“诗酒趁年华”“小舟从此逝”“十年生死两茫茫”“寂寞沙洲冷”“天涯何处无芳草”等句为我们所喜爱和传诵。

作为诗人，他自成一派，人称“苏诗”，有“欲把西湖比西子，淡妆浓抹总相宜”“竹外桃花三两枝，春江水暖鸭先知”“春宵一刻值千金，花有清香月有阴”“不识庐山真面目，只缘身在此山中”“人生到处知何似，应似飞鸿踏雪泥”等传世名句。

作为散文家，他是唐宋八大家之一，“清风徐来，水波不兴”这句流行歌词就出自他的《赤壁赋》一文。

作为书法家，他位列宋四家之首，所作《寒食帖》被誉为“天下第三行书”。

作为画家，他是墨竹一派的重要代表人物，也是文人写意画的理论奠基者。

苏东坡开创了一个妙不可言的文艺世界，人称“苏海”。这片海洋广纳百川，汪洋肆意，气势恢宏。我们何其幸运，拥有这样一笔宝藏。与苏东坡生活在同一时代的人，又是何其幸运，他们对苏东坡更是崇拜得不得了。

毫不夸张地说，苏东坡曾是全民偶像。粉丝上至天子太后，下至黎民百姓，以至于全国兴起东坡热，人人都爱苏子瞻。不管是真文人还是伪文人都学他戴起了帽子，一时间，子瞻帽成了最畅销的商品。苏东坡凭一己之力养活了一群卖帽子的。

当然，苏东坡最主要的社会身份是一名官员。官位最高时任礼部尚书，是负责全国外交、文化、教育、宣传等工作的最高长官。

然而就是这么一个看起来高高在上的人，偏偏又能与老百姓打成一片。苏东坡从不将人分为三六九等，认为“天下无一个不好人”。盛名之下，是一片纯良赤子之心。他曾说自己“上可陪玉皇大帝，下可陪田院乞儿”。这是一种社交意愿，也是一种社交能力。他总能在社会各阶层间来去自如，朋友更是遍布三教九流，着实令人羡慕。

更让人羡慕，甚至有点嫉妒的是，他的生命中有过三位特别的女人，每一位都给了他一段十分珍贵的感情。

第一位是王弗。王弗知书达理，温柔娴静，于人情事理也非常通透。苏东坡对她又敬又爱，二人十分甜蜜。她去世后，苏东坡为她写下浓郁深沉的《江城子》：“十年生死两茫茫，不思量，自难忘。”读来令人泪目，这是怎样的深情！

第二位是王闰之。王闰之温良踏实，柔韧坚强，贫而不怨，富而不骄，对苏东坡关怀备至。苏东坡经常在诗文中不经意间就提到她，对她十分依赖。她去世后，苏东坡说“惟有同穴，尚蹈此言”。夫妻情深，深不见底。

第三位是王朝云。王朝云才艺俱佳，灵气逼人，气质出尘。苏东坡将她引为人生知己，写给她的诗词也最多。她去世后，苏东坡再没有过感情生活，也再不听那首她曾唱过的《蝶恋花》。又是一份动人而真挚的感情。

只可惜，天与多情，不与长相守。苏东坡虽有三位佳人相伴，但个个先他而去。老天似乎很喜欢跟他开玩笑，总是给他一些美好，然后突然收回。

感情是这样，仕途也是这样。

仁宗、英宗都将他看作宰相之才，神宗视他为远胜李白的才子。三代帝王都对他极为看重，可他一生都未得到重用。官场复杂，人心险恶。四十四岁时，他被人陷害，深陷乌台大牢，受尽非人折磨，差点一命呜呼。很多亲友为了避嫌与他断了联系，他尝尽人情冷暖。四个月后，他以犯官之身来到偏远小镇，活动受限，俸禄微薄，就连吃饭都成了问题。将近花甲之年，他再次受到政敌的攻击，被流放到人间地狱岭南。自踏入官场，他不是被贬就是在被贬的路上。

我想看到这儿，已经没多少人羡慕苏东坡了。他这一生，着实坎坷，至爱先后离去，理想逐渐幻灭，几番陷入绝境，乃至九死一生。凡胎肉体，怎经得起如此折磨？确实，苏东坡也脆弱过。愁苦时，他也曾满腹牢骚；悲伤时，他也会在梦中哭醒；绝望时，他更想过一死百了。可最终，他还是活了下来，且活得肆意洒脱，无比精彩。

是什么让他不断跨过绝境？我想应该是他对生命本能的热情，对生活持续的热爱，这正是他不竭生命力的源泉。罗曼·罗兰曾说："世界上只有一种英雄主义，那就是看清生活的真相后依然热爱生活。"苏东坡就是这样的人，环境再恶劣他也能顽强生长，似岩石中的小草，又似沙漠中的仙人掌，更似春日里的蒲公英，到哪儿都能落地生根。

"是默然忍受命运暴虐的毒箭，还是挺身反抗人世无涯的苦难？"莎翁这句话，总令人热血沸腾，热泪盈眶。很多时候，我们都想选后者，却不得不做前者。因为在命运面前，一个人的力量实在是太渺小了。我们害怕，害怕自己是鸡蛋碰石头，害怕自己是蚍蜉撼大树，更害怕失败后要忍受更多的毒箭。

苏东坡怕吗？他当然也怕，可即使害怕，他也要坚定地做后者。他是真正的勇士，真正的斗士。因此，苦难杀不死他，反而令他更加强大。因此，即便身处深渊，他也能生出一双翅膀，飞回九天之上。因此，我们才有幸看到一位旷达淡然、逍遥洒脱的苏东坡。

这个逍遥的人儿，身上似乎有一种魔力，总能将苦日子过成好日子。他天性好玩，诙谐风趣。有他在，生活总十分有趣。是的，有趣。他身上有太多亮眼的标签，若只能用两个字来形容他，那便是“有趣”。他能议政写诗，也能插秧种田。他会参禅悟道，也会饮酒吃肉。他带着一身烟火气，却又能潇洒出尘，实在是个妙人。

我想，苏东坡之所以令人喜爱，正是因为他既是文人雅士，又是红尘俗客。小隐隐于山，大隐隐于市，真正的修行在人间。他的出现让人明白原来神仙也能在凡尘中快活，世人爱他敬他，称他为坡仙。

他是苏东坡，是千古第一文人，是北宋文坛甚至整个文学史上绝无仅有的一颗明星。但抛开这层光环，他也像大千世界中随处可见的，普普通通的你我一样，是滚滚红尘中努力寻觅幸福的人，一个凡人。他总在平凡中活出伟大，将地狱活成天堂。这一点深深鼓舞着后来人，从某个角度来说，甚至要比他留下的诗文字画更为宝贵。诗文字画固然能给人以滋养，东坡精神却令人重生。

我们需要榜样，尤其是不如意之时。我们需要榜样，尤其需要苏东坡这样的榜样。而这正是我写这本东坡故事的原因。

或许有人会说，为苏东坡写传记的人太多了，何必再写一本？的确如此，只是一千个作者便能写出一千个苏东坡，他们一定相似但也一定不同。我希望为大家呈现出一个我眼中的苏东坡，一个伟大又平凡的苏东坡。

除此之外，我对这本东坡故事还有三点期望：第一，尽量贴合历史，为什么说尽量呢？因为完全贴合几乎不可能，比如苏东坡的《议学校贡举状》一文，有资料显示是作于熙宁四年（1071 年），也有学者表示应该是作于熙宁二年（1069 年），类似的争议还有很多。第二，我希望借这本东坡故事，让读者朋友们对北宋一百六十多年的历史有一个大概了解，同时看到这期间除苏东坡以外的其他有趣、可爱的人物。第三，我希望呈现出来的文字读起来不累，读者朋友们可以轻轻松松走进苏东坡的世界。

当然，受限于个人能力，或许我并不能完全做到，甚至还可能有一些错误，恳请大家谅解，同时欢迎大家批评指正。

秦晓

第一章

少年苏轼

1036年（景祐三年）农历十二月十九日（1037年1月8日），四川眉州的老苏家正上上下下、里里外外地忙碌着，每个人脸上都挂满了笑容。

这家的男主人苏洵，更是脸上心里一齐乐开了花。长子景先已经六岁了，这六年来他一直想再添个儿子，但只在去年得了一个女儿，如今这个愿望总算实现了。苏洵高兴，无比高兴，当然，他也很爱自己的女儿八娘。

刚生产完的程氏正卧床休息，一脸疲惫却也难掩喜悦之情。苏洵于床边坐下，握着程氏的手道："夫人辛苦了。"这时乳母抱着孩子过来，一脸笑意道："老爷你快看，这孩子长得多像你啊！"苏洵有些激动："快给我抱抱。"他从乳母手中接过孩子，仔细端详起来，小家伙刚刚还哭声如雷，此刻却睡得十分香甜。瞧着婴孩可爱的面庞，苏洵心头忽然涌上一种异样的感觉。

苏洵祖上家境殷实，在眉州一代属中产之家，虽不算十分富裕，倒也能雇上几个仆人。苏家的院子十分雅致，有竹子、梨树、荷塘，还有菜园子。屋内更有万卷藏书，文化氛围非常浓厚。多年后，他的儿子苏轼作诗回忆自己的童年生活，其中有这么几句：

门前万竿竹，堂上四库书。高树红消梨，小池白芙蕖。常呼赤脚婢，雨中撷园蔬。

书香满屋，庭院清幽，可这儿的主人苏洵偏偏不爱读书，这大概与他父亲苏序有关。苏序对苏洵并不多加干涉，只顺其天性。少年苏洵既不知养家之累，又无严父管教，聪明顽皮的他便效仿李白、杜甫，到处游历以增长见识。至于读书作文之事，在他看来没什么难的，同龄人中比他聪明的寥寥无几，他自信只要自己肯发愤，一定能超过那些人。因此，读书一事，苏洵从未上心。

今年的苏洵已经二十七岁，看着怀中的婴儿，他突然发现自己很强烈地希望这个孩子能够好好读书，光耀苏家门楣，脸上的表情也不由得严肃认真起来。

“我得给儿子做个好榜样，如今该去的地方也都去过了，是时候好好读书了。”苏洵暗暗想着。此后，他果然发愤苦读，多年后成为散文名家，位列“唐宋八大家”之一，被历代读书人视为榜样。苏洵，字明允，号老泉，《三字经》中“苏老泉，二十七，始发愤，读书籍”，说的就是他。

早年间，别人曾劝苏序：“你这个儿子不好好读书，你也不管管。”苏序笑道：“这我倒不担心。”或许，他早已料到苏洵会在某一天自己发愤。

话说回来，此刻的苏洵还只是刚刚下了个决心，正在一片沉思中。

“老爷，孩子的名字你可想好了吗？”程氏的一句话将苏洵拉回现实，对啊，得给孩子取个名字，取什么好呢？

一日，苏洵读《左传》，读到《曹刿论战》这一篇，就是那个说“一鼓作气，再而衰，三而竭”的曹刿。曹刿是鲁国人，一日，他听说齐国即将攻打鲁国，便打算向鲁庄公献上自己的计策。乡民们对他说：“这是那些官员的事，你又何必操心？”曹刿却说：“当官的没见识，不能深谋远虑。”他认为要想打赢这场仗还得靠他这个平民百姓。

如此自信必然有些本事，果然，不多久曹刿便说服鲁庄公让他指挥这场战争。之后，在长勺打得齐军落花流水。齐军兵败逃跑之时，鲁庄公下令追击。曹刿说：“且慢，小心有诈，还是让我先查看查看。”

于是他“下视其辙，登轼而望之，曰：‘可矣’”。这里的辙就是战车的压痕，轼则指战车上的车把手。曹刿登上战车，扶着车把手，通过观察车辙和队形来判断是否有诈，发现敌军确实是落荒而逃，才说可以追了。

最终，鲁国大胜，这便是著名的长勺之战。

苏洵读到这里，发现这个轼和辙大有用处，但又不是关键之用，正符合他对这个孩子的期望。这大抵是很多父母的心思吧，盼着孩子出息又怕他太有出息。太有出息便意味着要面临更大的挑战和未知，令人忧心，苏洵深知高处不胜寒这个道理。

于是苏洵就给这个孩子取名叫轼，他想如果再得一子就叫辙。苏洵很感激曹刿，让他一次就把两个儿子的名字都取好了。兄弟二人，一个叫车把手，一个叫车轮印，苏老爹取名字很接地气又不俗气。

这个孩子自此便有了名字，唤作苏轼。两年后，苏轼的哥哥景先不幸夭折了；三年后，弟弟苏辙出生了。

说到苏轼，就不得不先介绍一下他的祖父苏序。因为苏轼身上很多地方都跟苏序这个老头儿有相似之处。苏序的父亲共生了九个儿子，但只有苏序活了下来。苏序其人，不喜读书，偶尔读书也只略晓大意，无意功名。平日里，慷慨大方，乐于助人。

有一年闹灾荒，乡亲们没有粮食吃，他便卖掉自家祖上积攒下来的田产来接济乡民，乡亲们感念他的恩德，等到丰年之时都拿着粮食回报他。他却说，这些田产本来就是要卖掉的，与大家无关，以此拒绝乡亲们的报答。

做了好事却不求回报，还尽力减轻乡亲们的心理负担，苏序倒颇有君子之风。不仅如此，他还很有远见。每年丰收之后，他不像别家一样存储稻米，而是用自家的稻米换别人家的稻谷，将稻谷存储起来，别人都觉得奇怪。后来又碰上灾年，很多人家没有粮食吃，苏序家的粮食却很充足。原来稻米在天气潮湿时容易发霉坏掉，而稻谷却可以存储数年之久。这个道理人人都懂，但能看得如此长远并付诸实践的只有苏序一人。不用说，乐善好施的苏序又将稻谷分给缺粮的人家，同样不求回报。

苏序虽不爱读书，却是一个非常知礼的好青年。为了不丢了礼数，他从不在路上骑马，因为骑马视线太高，有时候会看不到地上的老者。平时行走在路上，只要对面有人来，他都会上前施礼。有人看到他对士大夫施礼，便以为他是那种巴结媚上的人，后来才发现，他对田间的农夫也是如此礼待，转而对他十分钦佩。久而久之，苏序的优良品质越发凸显，乡民们对他也越来越敬重，因他排行老七，便尊称他为“苏七君”。

苏序喜欢喝酒，时常带着一壶酒，与亲友们就地而坐，喝酒聊天，兴致来了，还要唱上一曲，旁若无人，随性自然。

1024 年（距苏轼降生还有十二年）的某天，同样也是苏序日常饮酒的一天，五十一岁的苏老头正饮到兴头上，忽听得二儿子，也就是苏轼的二叔苏涣赶考高中。与此同时，程家，也就是苏轼的外祖母家，苏轼的舅舅程濬也高中了。程家有财有势，如此荣耀之事必要大加庆祝一番，苏序却并不把这当作大事，更不打算铺张庆祝，虽然他也开心。

苏二叔高中后差人将喜报和官服送到父亲手中，苏序一看便明白儿子高中了，高兴极了。然而，彼时的苏序，是个醉了的苏序，向亲友宣读完喜报后，便将吃的肉、喝的酒连着官服喜报胡乱打包作一团，找了一个小伙帮他扛行李，便优哉游哉地骑着毛驴回家去了。

苏家高中的消息早就传播开来，街坊邻居都来看热闹，谁知看到的却是苏序醉酒骑毛驴的模样，不禁大笑起来。程家觉得这个苏老头真是丢脸丢到姥姥家了，长大后的苏轼却说只有不流于俗的高人雅士才能欣赏祖父的质朴自然。

乐善好施，性情旷达，慷慨大方，多年后，这些品质在苏轼身上也体现得淋漓尽致，就连爱喝酒这件事，祖孙俩也非常相像。当然，这是后话。

出生于 1036 年农历十二月十九日（摩羯座）的苏轼，属鼠。古人一出生便算一岁，过年又长一岁，也就是说苏轼出生十一天后，便算两岁了。（注：后文提到的所有人的年龄都是按照这个规则来算，此外，如不做特别说明，本文提到的所有日期都是阴历日期。）

苏轼打小聪明顽皮，与苏老爹小时候很像，说起来，他爷爷苏序也是如此，祖孙三代都曾是精力充沛爱折腾的淘气少年，简直共用一个童年。淘气的苏轼经常带着弟弟一起掏鸟窝，还在菜园子里挖土，寻宝。十二岁那年还真让他挖出一件宝贝，那是一块晶莹透亮的石板，上面还有绿色条纹，十分好看。苏洵将它制成一方砚台并取名天砚，宣布这块天砚归苏轼所有。苏轼得了天砚，这砚还是自己亲手挖出来的宝贝，别提有多高兴了。

唐以前砚台就是用来研墨的，中唐后，砚台开始具备观赏价值，到了苏轼所处的北宋年间，砚台的欣赏价值和实用价值几乎并驾齐驱，发展成一种文玩。文人之间经常一起寻砚、赏砚，彼此也会赠砚以表情意。砚台不仅仅是文人写作的武器，更是他们的精神寄托，父亲赠儿子砚台则表达了一种期望与祝愿，祝愿儿子能够成就一番文名。

苏轼六岁时，苏老爹开始教他读书。此前，苏老爹一个人默默苦读，誓取功名，毕竟苏轼出生那天他就立志苦读，何况二哥苏涣、内兄程浚，还有两个姐夫都已经科考成功。自诩聪明的他曾说只要自己努力，分分钟超过那些人，自己吹的牛，含泪也得圆回来。

苏老爹应该庆幸自己生在宋朝，这个最重视文人的时代。北宋开国皇帝赵匡胤是武将出身，他认为战乱不断都是因为武将们专权好战造成的，只有重文轻武才是千秋万代之道。因此北宋的考试有很多，给足文人入仕为官的机会。

北宋的科举形式主要有三种：常科、制科和武举。

常科包括进士、明法、明字等十余科，其中最受重视的就是进士科。进士科每三年举行一次，实行解试—省试—殿试三级考试制度。大比之年，春闱都指省试。殿试比较特殊，由皇帝亲自主持，通过殿试后才算一名进士，所谓状元就是殿试第一。

既然是考试，自然是有人通过有人通不过。宋仁宗年间，有一个叫张元的人就没通过殿试。可他竟然因此转投西夏，后来还做到西夏国相。这件事情可把宋仁宗刺激坏了，要是人人都向张元学习，那还了得？吓得宋仁宗赶紧宣布以后殿试不再刷人，只是排个名次。也就是说只要过了省试，就是准进士了。

制科是一种非常规、不定期的考试，主要为朝廷选拔一些特殊人才，需皇帝下诏才能举行，而且必须要有公卿大夫的推荐才可以参加。这项考试非常难，参加的人少，通过的人更少，因此通过制科要比中进士还要荣耀。当然，进士也可以参加制科考试。

武举则是选拔有武艺的人入仕为官，在北宋是不太被重视的。

苏轼两岁的时候，苏老爹进京考进士没考上，第二年参加茂才异等科（一种名叫“茂才异等”的制科考试）又未考中。经过考试的屡屡毒打，苏老爹进行了深刻的自我反思，他决定闭门苦读。这一年，苏轼三岁，苏老爹开始潜心研究历朝历代的治乱得失，专攻治国理政之道。

三年后，苏老爹已经学有小成，开始教苏轼读书。次年，苏轼七岁，苏老爹送他到眉山天庆观北极院的私塾学习。私塾的老师是一个很有学问的道士，名叫张易简。

有一天，一个人来拜访张老师并与他谈起了国家大事。当时，宋仁宗刚起用欧阳修、范仲淹、韩琦等贤能之人改革朝政，老百姓对此津津乐道，有一个人还专门写了一篇文章来歌颂仁宗的圣德，张老师与客人谈论的正是此事。

谁知，苏轼和几个同学居然在窗外偷听他们二人说话，苏轼越听越好奇，大声问屋里的张老师：“先生，这些人都是谁啊？”

张老师和客人听到苏轼发问，当时就乐了，问苏轼：“你一个小朋友，问这个干什么呀？”

苏轼说：“这些人难道是天人吗，如果他们是天人我就不敢问了，如果不是天人，为什么不能问？”

这句话把张老师说得一愣一愣的，张老师仔细一想，也是这个道理，于是就给这群小朋友讲了欧阳修等人的故事。

私塾的一百多名同学中，张老师最喜欢的就是苏轼和陈太初。这两位同学机灵古怪，聪明好学，一点就通，这样的学生又有哪个老师会不喜欢?

不知道是不是受了这位道士老师的影响，苏轼和陈太初都很喜欢道学，苏轼曾说：“吾昔有见于中，口未能言，今见《庄子》，得吾心矣。”

意思是说：“以前，我心里有很多奇思妙想，但总找不到合适的语言来形容，读了庄子后，我发现这本书完全说出了我想说又说不出来的话，此书深得我心，深得我心。”

至于陈太初同学，后来干脆做了道士，白日飞升去了，飞升的故事还颇为传奇。

陈太初晚年时非常贫穷，曾投奔一位朋友。这位朋友不仅收留了他，还送了他许多钱财，谁知他转眼就将钱财给了其他穷人，之后便在门外打坐，不吃饭也不喝水，如此过了几日，竟将自己活活饿死了。朋友只好叫人将尸体搬走，谁知那天是大年初一，仆人们都觉得晦气，谁也不愿意搬尸体。这时，陈太初居然又活了，他微微一笑:“不劳驾各位，我自己会走。”说罢，站起身来，径直向野外走去，重新找了个地方打坐，几日后静静死去，这便是道家所说的白日飞升。

苏轼每天从私塾放学后，还得在家继续学习，不仅要完成学堂的作业，还要完成父亲给他留的作业，学习任务很重。不久，弟弟苏辙也成了他的同学，兄弟俩一处学习一起玩耍，整日形影不离。

受苏洵的影响，大苏同学苏轼和小苏同学苏辙也非常勤奋好学，加上二人天资聪颖，苏老爹教得很不费力，甚是欣慰。可以想象父子三人的日常应该是秉烛夜读，月下详谈，那个场面一定是父慈子孝，一片和谐。然而，聪明归聪明，好学归好学，苏轼同时也是个爱掏鸟窝、爱挖菜园子的淘气包，偶尔也想偷偷懒。可是懒不是你想偷就能偷的，苏老爹一心望子成龙，家教非常严格。

大苏同学老年被贬外地时，做了一个梦，醒来后写了一首诗叫《夜梦》，其中有几句是这样的：

夜梦嬉游童子如，父师检责惊走书。计功当毕《春秋》余，今乃初及桓庄初。怛然悸悟心不舒，起坐有如挂钩鱼。

大意是说："有一天晚上，我梦到自己回到了童年时期，正玩得开心呢，老爹突然来检查作业。跟老爹说好读完《春秋》才能玩，可我才读到桓公和庄公，还不到一半，这可怎么办？我当时就被吓醒了，心脏怦怦跳个不停，好像挂在钩上的鱼一样，别提多难受了。"

由此可见苏老爹有多么严厉，威力竟然可以持续这么久，直到大苏成为老苏的时候依然心有余悸。有这样一个老爹，兄弟俩实在没什么机会偷懒，比我们聪明的大苏和小苏还比我们刻苦，这就是别人家的、老苏家的孩子。

除了苏老爹外，另一个人对苏轼兄弟俩的教育也起到了非常关键的作用，这个人就是苏轼的母亲程氏。程氏是标准的大家闺秀，饱读诗书，通情达理，温柔贤惠，一心相夫教子。

苏轼八岁时，老苏又进京赶考去了，一直到苏轼十岁时才回来。没错，老苏又没考上。已经三十七岁的老苏科考三连败后深受打击，彼时正四处游历散心。他决定游历一番后就待在家里教两个儿子读书，彻底放弃科考。

老苏不在家的时候，就由程氏教苏轼兄弟读书。有一天，母子三人读《后汉书》，读到《范滂传》。

书上说，范滂是一位疾恶如仇、很有气节的名士，曾在太尉黄琼门下供职，揭发了很多贪官污吏，因此惹下不少仇家。后来仇家当权，一心清除异己，虽然范滂已罢官在家，仇家却依然不肯罢休，诬陷范滂犯了死罪，到处缉拿他。朋友要带他逃走，范滂却选择投案自首，因为他不想连累别人，临死前他恳求见母亲最后一面。

见到老母亲后，范滂泪眼滂沱道："母亲，儿子对不起您，不能尽孝了。"

范滂的母亲是一位深明大义的伟大女性，她强忍悲痛对儿子说："孩子，自古忠孝难两全，你如今深受百姓爱戴，与名士李膺、杜密齐名，还有什么可遗憾的？人要知足，母亲以你为荣。"

范滂听后，从容赴死，年仅三十三岁。

十岁的苏轼听到这里，深受触动，对母亲程氏说："母亲，我也想做范滂那样的人，您愿意吗？"

程氏摸摸小苏轼的头，慈爱地说："你能做范滂，难道为娘的就不能做范滂的母亲吗？"

听母亲这么说，苏轼暗下决心将来一定要做像范滂那样的人物。多年后，他的确像范滂一样胸怀天下，造福百姓，刚正不阿，宁折不弯，成了百姓爱戴的好官。可见，立志也得从娃娃抓起。

苏轼十一岁时，开始为科举做准备。为了熟记各种经典，常常手抄几遍以加深记忆，而且，每写一个字都要像练习书法一样认真，十分刻苦。也是在这一年，苏轼写了一篇文章叫《黠鼠赋》，讲述了一只老鼠通过装死而逃走的故事。

文章大意如下：

苏子在床上坐着，忽听到有老鼠的声音，他一拍床，声音就停止了，他一停下，声音就又响起来了。于是他让童子去检查，童子发现床底下只有一只袋子，袋子里也只有一只死老鼠。童子就纳闷了，这老鼠都死掉了怎么还会发出声音，难道刚刚发出声音的是鬼吗？童子把袋子翻过来，将老鼠倒了出来，这时候老鼠突然活了，一溜烟儿跑了。这个狡黠的老鼠让苏子陷入了沉思，好像有人对他说都是因为你不够专心，才会被一只老鼠的声音吸引，还被它利用，帮它逃走。苏子发出感慨："人往往能够经得住大事，却在小事上失败，这都是因为不够专注啊。"

这篇文章受到老苏的极大肯定，文中“人能碎千金之璧而不能无失声于破釜，能搏猛虎不能无变色于蜂虿”一句，更让老苏拍手叫好，称赞不已。

这一句的意思是：“人能在打破价值千金的美玉时（指蔺相如砸和氏璧的典故）不动声色，却在打破一口锅时失声尖叫；能徒手打老虎，却在见到蜂蝎时脸色大变。”言下之意，大事之成，源于人们谨慎小心、准备充足。小事之败，源于人们的疏忽、不够专注。事无大小，成败全看是否用心。很难相信这么富有哲理的话居然出自一个十一岁的孩童之口。

在天庆观学习四年多后，苏轼又来到眉山寿昌书院学习，随他一起的还有弟弟苏辙。寿昌书院的刘巨老师很会写诗，曾在课堂上给学生读了一首自己的《鹭鸶诗》。诗曰：

鹭鸟窥遥浪，寒风掠岸沙。渔人忽惊起，雪片逐风斜。

苏轼听后便说：“不如把‘渔人忽惊起，雪片逐风斜’，改成‘渔人忽惊起，雪片落蒹葭’。”

刘老师一时没反应过来，事后他反复推敲琢磨，觉得还是苏轼改得好，后来还在课堂上夸奖了苏轼。那时的苏轼年仅十三岁。不得不说，刘老师能接受一个十三岁小孩的指点，并且公然表示这小孩比自己厉害，心胸气量真是不一般。

看到这儿，我们发现，苏轼生活中遇到的都是好人好事。不过就像所有皇帝出生那天都会天降异象一样，每个名人也都有一个小时候被刁难但凭借过人才智顺利化解掉的故事，苏轼也有这么一个故事。

据说有一天，有六个人请苏轼吃饭，苏轼听说请他吃大餐，就高高兴兴地答应了。到了饭店后，却发现桌上只有六个菜，苏轼很纳闷：“不是请我吃饭吗，七个人怎么只有六个菜？”

这时，有一人说："大家今天想吃哪道菜，就必须说一个跟这道菜有关的典故。"接着，他又说："姜子牙渭水钓鱼。"说罢，将一条鱼挪到自己面前。这时，第二个人也说话了："苏子卿贝湖牧羊。"一盘羊肉被端走。

"张翼德涿县卖肉。"一盘猪肉被端走。

"秦叔宝长安卖马。"一盘马肉被端走。

"关云长刮骨疗毒。"一盘排骨也没了。

此时就剩下一盘青菜，又一人说："诸葛亮隆中种菜。"于是，最后一个青菜也被拿走了。

这时，苏轼终于明白了，原来这些人是想看他出丑啊。可是机智如苏轼，这怎么能难得倒他呢？他不慌不忙地说："秦始皇并吞六国。"接着，就把六盘菜都挪回自己面前。那六人面面相觑，却又无可奈何。

光阴荏苒，转眼苏轼已长成十五岁的小伙，姐姐八娘也要出嫁了，夫君正是母亲程氏的侄儿，也就是苏轼的表兄，名叫程之才。表兄妹结婚在古代可以说是标配，八娘自幼饱读诗书，通情达理，如今嫁给知根知底的表兄，想来会有一个美满的姻缘。可有些事情表面看起来很好，实际上却让人不可想象。苏轼怎么也想不到姐姐八娘竟然会被程家虐待，嫁过去不过两年光景，竟然抑郁而死。苏家与程家就此结下梁子，苏轼也牢牢记住了程之才这个名字。

姐姐是个可怜人，姻缘不幸，而苏轼却好像命中注定会有一段良缘。

1051年（皇祐三年），十六岁的苏轼来到中岩书院王方门下求学。有一天他随老师王方到中岩寺游春，同行的还有许多文人雅士。寺中有一处天然鱼池很有趣，只要游人拍手，池里的鱼儿就会游过来。于是，大家都拍着手跟鱼儿游戏起来，热闹极了。这时寺中一位和尚提议："不如大家给这处有趣的鱼池取个名字吧。"

众人立刻七嘴八舌地讨论起来，有人说叫"引鱼池"好，也有人提议叫“藏鱼池”。王方却觉得这些名字都不太合心意，于是问他的得意弟子苏轼可有什么好名字。

彼时的苏轼已颇有才名，心中也早已取好了名字。但场面话还是得讲两句，他十分谦虚地说：“我才疏学浅，怕是取不出什么好名字来。不过既然老师要我说，我就简单发表一下看法吧。”说罢，大笔一挥，写下“唤鱼池”三个字。

“唤鱼池，妙啊。”众人不停地夸赞起来，王方也十分满意。

相传，王方的女儿王弗就在池边不远处，也在纸上写下一个名字，还让丫鬟送给父亲。王方打开来看，竟也是“唤鱼池”三个字。“这真是天作之合。”王方暗自感叹，已有意将爱女许配给苏轼。

1054 年（皇祐六年），受父母之命，十九岁的苏轼与十六岁的王弗正式完婚。次年，弟弟苏辙也完成了人生大事，娶同里史家姑娘为妻。彼时，兄弟二人都小有才名，又都有佳人相伴，一时传为美谈。

转眼来到 1056 年（至和三年），苏轼二十一岁，苏辙十八岁，经过十几年的寒窗苦读，苏老爹觉得两个儿子学问已成，如今也都成了家，是时候带他们会会天下英才了。

第二章

名震京都

○
○
×
●

1056年（至和三年），老苏四十七岁，大苏二十一岁，小苏十八岁。两个小伙初长成，苏老爹决定带着他俩去见见世面，会会天下英豪，也就是参加进士科考试。

当时，考生们多在家乡参加解试，通过后再去参加开封的省试和殿试。老苏自信两个儿子能一次通过解试，便直奔京都开封。因为，外地考生也可以参加开封府当地的解试。

老苏三十七岁时，第三次科考也以失败告终，那时他就决定放弃科考，想想自己曾经吹过的牛，脸上略略有点热，真的圆不回来了吗？答案当然是：不！老苏同学科考不成，改走名士路线。这些年来，他刻苦读书，对治国理政之道颇有研究，攒了不少好文章。

这次进京，除了俩儿子，老苏还默默带上了自己颇为得意的数篇文章，他决定做些什么。这是一场说走就走的考试，第一站是成都，老苏带着自己的文章拜访了成都太守张方平。张方平看了老苏的文章后，十分惊讶，暗暗道："这不就是我想说的话吗？居然有人跟我想得一模一样！知己，知己啊！"

张方平只比老苏大两岁，此次见面，二人聊得十分愉快，可谓一见如故。张方平表示很欣赏老苏，希望他留在成都书院教书，当个学官。可惜老苏志不在此，委婉地表示希望张方平为自己引荐引荐，他想踏入京都文化圈。

张方平面热心也热，加上十分欣赏老苏，便答应下来，立即向北宋文坛的领袖人物欧阳修写了一封信举荐老苏。说起来，张方平和欧阳修两人还曾因政见不同有点不对付，如今也好久没联系了。不过一码归一码，张方平并不是小气计较的人，看得出，他对欧阳修的人品也很有信心，毕竟京都文化圈卧虎藏龙，更不止欧阳修一个人，他也完全可以向其他人举荐。

张方平在文坛颇有名望，且通过两次难度极高的制科考试，他的引荐是一块足够有力的敲门砖。带着张方平的引荐信，父子三人继续前行。三苏虽无功名在身，却都是人中翘楚，这一路，满怀期待，豪情万丈，正如苏轼诗中所写：

故巢何足恋，鹰隼岂能容。

雄鹰自要翱翔九天，怎会一味眷着故乡。父子三人经过凤翔、长安，历时两个月，终于在 1056 年（嘉祐元年）五月抵达开封。安顿下来后，两位考生也开始积极备考。

考试的日子很快到来，意料之中，兄弟二人顺利通过了秋季的解试成为举人，苏轼还考了第二名。解试结束后兄弟俩继续闭门读书，一心准备来年的春闱。老苏则带着自己的文章和张方平的引荐信拜访了欧阳修。

欧阳修果然没有辜负张方平的信任，很热情地接待了老苏。不出所料，欧阳修很喜欢老苏的文章，读到《衡论》《几策》等文章时尤其激动，不停称赞："明允公，你的文章足以与刘向、贾谊媲美啊！"

此后，欧阳修逢人便夸老苏文章写得好，老苏也因此在文化圈声名大噪。不久，欧阳修又向朝廷举荐了老苏。仁宗皇帝很给面子，特旨下诏让老苏到舍人院参加考试，打算授予他一官半职。按理说这个考试对老苏来说并不难，可他却拒绝了。

一来，老苏的心早就被考试伤透了，如今一把年纪更不想考了。二来，老苏觉得，朝廷既然认可他的才华，何不直接授予他官职？想想就不开心。三来，老苏如今怎么也算是个名人，又上了年纪，在这种情况下考试，总觉得有些没面子。四来，舍人只是个小官，主要工作是记录皇帝言行，不足以让老苏放下面子去考试，虽然老苏真的很想当官。

说白了，老苏就是不想考试，觉得脸上挂不住，便托病没去。没想到，拒绝应召一事倒为他博得一个不争功名利禄的好名声。老苏的名士形象突然就立起来了，也算圆了他年轻时吹的牛。

欧阳修为什么这么喜欢老苏的文章？原因其实很简单。老苏的文章很务实，能解决实际问题，没一句废话，这正是欧阳修所倡导的文风。欧阳修认为文章应该有实际的用途，就像饭能充饥、水能解渴。可如今许多人都喜欢用太学体作文章，一味追求辞藻华丽，内容却十分空虚，通篇都是漂亮的废话，令欧阳修十分头疼。

这个太学体又是什么来历？

太学体源自太学，太学作为一所国立中央大学，专为朝廷培养人才，面向八品以下官员子弟和优秀的平民百姓招生。太学里教学的老师叫博士，属于学官。每位博士都精通至少一门学问，很精通的那种精通，所以太学生能享受到几乎顶级的教育资源。但在入仕为官这件事上，太学生与其他人并无本质区别。

太学博士们虽然博学，但学究味儿太浓，形成了一种很不好的文风，被称为太学体。太学体文章卖弄辞藻，用典险怪，喜欢掉书袋子。简而言之，不会好好说话。姥姥不叫姥姥，叫母亲的母亲，爷爷不叫爷爷，叫父亲的父亲，总是用一种华丽艰涩的语言来说明一些简单浅显的道理，给人一种“虽然看不懂，但感觉好有文化好厉害”的感觉。

欧阳修对太学体文章深恶痛绝，他想通过改革来整顿文风，给那些不好好说话的人治治病，这一想法得到了宋仁宗的支持。仁宗命欧阳修为今科主考官，授意他借这次省试改革文风。治重症就得下猛药，欧阳修决定凡是用太学体作文章的一概不予录取，同时也期待从这批考生中为朝廷选出一些有真才实干的饱学之士。

春闱很快开始了，苏轼和苏辙自信满满地走进考场，待考试结束，又自信满满地走出考场，自信得有始有终。考生们总算松了一口气，欧阳修的这口气却要提起来了，他得打起精神，擦亮眼睛，为国家挑选栋梁之材。

这天，考官梅尧臣读到一篇文章，见解独到，说理透彻，用典却质朴清新，没有一点太学体的风气，梅尧臣对此文大为赞赏并迅速推荐给主考官欧阳修。欧阳修觉得此文豪迈洒脱，有大家风范，当得第一。可回头一想，这很像弟子曾巩的风格，如今他对太学体文章一概不予录取，若再将自己的弟子选为第一，难保不遭人诟病。为了避嫌，只好将这篇文章列为第二。

北宋的科举考试制度相当严格，为了防止考生作弊，采取糊名誊录制，就是将考生考卷上的名字都用纸糊住，由专人将答卷重抄一遍再呈给考官。因此，考官根本不知道自己读到的文章是谁的，更无法从字迹进行辨认。

放榜之日很快就到了，苏轼位列第二。出于这个缘故，很多人以为苏轼中了榜眼，其实不然，这里只是省试的名次，殿试后才会钦点状元、榜眼、探花。让欧阳修赞不绝口的那篇文章正是苏轼所作，苏辙也名列前茅。

紧接着就是礼部复试，要求考生回答根据《春秋》这本典籍提出的策问，简称《春秋》对义，苏轼荣获第一。

接下来便是殿试，前面说过，殿试已经不刷人了，只是排个名次，名次分为甲、乙、丙三科。

甲科三名，分别为状元、榜眼、探花，赐“进士及第”的称号；乙科若干名，赐“进士出身”的称号；丙科若干名，赐“同进士出身”的称号。当然，不管哪科，统统称作进士。所以，进士及第的意思是不仅中了进士还名列前三。不过，广义地说，及第就是考中了，进士及第就是考上进士了。

1057年（嘉祐二年）的进士榜，堪称古今第一龙虎榜，群星璀璨，熠熠生辉。唐宋八大家中唐有两位、宋有六位，这科进士就占了宋六家一半名额，此三人是苏轼、苏辙，还有曾巩。北宋出了五位大哲学家，开创了影响深远的理学，被尊为“北宋五子”，这科进士又占了两个名额，他们是张载和程颢。此外，章惇、曾布两位宰相也在此科及第。有趣的是，这些人中没有一个进入甲科，甲科的三人分别是状元章衡、榜眼窦卞和探花罗恺，都不是很有名。

按照当时的规矩，放榜之后，新科进士都要去拜谢主考官，苏轼也不例外。在拜访欧阳修之前，他先写了一篇谢文送到欧阳府。在这篇谢文中，苏轼除了表达谢意外还分析了北宋文学的发展，认为之所以形成太学体这种艰涩诡怪的文风，是因为大家都喜欢效仿韩愈却又学得不像，反而被他的弟子皇甫湜带偏了。

这里就不得不提一下韩愈和他这个气人的弟子皇甫湜。

韩愈位列唐宋八大家之首，也是第一个提出古文概念的人，古文指先秦两汉的散文，相对于骈体文而言。骈体文起源于汉，在韩愈所处的唐代也非常盛行。这种文体极其注重辞藻、声律和对仗。比如，王勃的《滕王阁序》就是一篇非常经典且精彩的骈体文，其中“老当益壮，宁移白首之心？穷且益坚，不坠青云之志”“落霞与孤鹜齐飞，秋水共长天一色”两句尤其漂亮，几乎每个人都知道。写得好吗？好。文学价值高吗？高。能解决社会问题吗？不能。辞藻美、韵律美、格式美的骈体文极大地限制了内容的发挥，因此韩愈很反对骈体文，他更注重文章的内容和社会价值并倡导了古文运动，强调文以明道。

韩愈的文章气势磅礴，论证有力，且不拘泥于形式。只要能为文章所用，并不避讳一些生僻的词语，文风新奇，不拘一格。他的弟子皇甫湜很喜欢这个新奇，而且在新奇这条路上越走越黑，他认为只要不同于常人就是新奇，最喜欢用一些艰涩生僻的词来显得与众不同，热衷于雕文琢字。韩愈为了新奇，不避讳使用生僻的字词。皇甫湜为了新奇，刻意使用生涩的词语。皇甫湜是谁？韩愈的弟子，古文运动的核心人物，他的话能有错吗？应该不能吧。于是很多人跟着他玩起了这种奇崛诡怪的文字游戏。

苏轼认为太学体不好好说话的风气正是由此而来，这一句正正好好说在了欧阳修的心尖尖上。欧阳修对这篇文章喜欢极了，忍不住一番夸赞：“苏轼的文章读起来真是痛快，这个孩子不错，有潜力。我该给他让路，助他出头。”欧阳修很感慨，又说，“再过三十年，恐怕世人就只知道苏轼而不知我欧阳修了。”

又过几日，老苏带着苏轼和苏辙亲自登门拜谢欧阳修，欧阳修更是迫不及待地想见见苏轼这位大才子，他还有一个问题要请教苏轼。苏轼被列为第二的那篇文章叫《刑赏忠厚之至论》，里面有“皋陶为士。将杀人，皋陶曰‘杀之’三，尧曰‘宥之’三”一句，意思是皋陶做官时，三番五次想杀掉一个犯人，但每一次都被尧阻止了。欧阳修的问题正与此有关。

几人寒暄几句后，欧阳修便问苏轼：“子瞻（苏轼，字子瞻），尧与皋陶这个典故用得极好，可我却没听过，这到底出自哪里？”令人没想到的是，苏轼竟然说典故是他自己杜撰的。

欧阳修何许人也，文坛的领袖，文化圈的中心，在学识这个领域属于泰山北斗级的人物，难道他真的看不出这典故是杜撰的吗？我想此前他已猜到典故十有八九是苏轼杜撰，但还是保留了那一分的可能。加上他爱才惜才，不忍为难苏轼，故而一直没有拆穿。如今一问，想来也是为证实心中猜想，听苏轼亲口承认罢了。但他大约没想到苏轼会承认得如此坦荡真诚，眼中不由得闪过一丝欣赏的亮光。

这时，苏轼又说书中虽没有记载，但根据尧和皋陶的为人，也能推测出来。言下之意，只要逻辑自洽、合乎情理且能助文章之用，何必死读书抠字眼？这番理论让欧阳修耳目一新，深以为是。他认为这个年轻人不流于俗，活学活用还敢于创新，眼中那抹亮光也更亮了，更加坚信自己为朝廷选了一个难能可贵之才。

同样是杜撰，搁别人那儿是胡说八道，搁苏轼这儿就是大胆创新。这个世界上有两种杜撰：一种叫苏轼的杜撰，另一种叫其他人的杜撰。不出所料，欧阳修对苏轼又是一番称赞。苏家父子屡次被欧阳修点名表扬，想不出名都不行。一时间，父子三人名震京都。当然，最出名的还是苏轼。

这次科考，苏轼发挥得好，运气更好。试想，太学体在当时已成为一种风气，欧阳修反对太学体，自然也有人拥护太学体。苏轼兄弟的文风又传承于老苏，从某种角度来说，二人双双登科也是对老苏的认可，可老苏却是屡试不中的。欧阳修以前，太学体还是主流，老苏屡战屡败多少与此有关。若这次的主考官不是欧阳修，苏轼兄弟还能顺利考中吗？即使主考官是欧阳修，但凡他有一丁点妒贤嫉能，会允许这样一个毛头小子动摇他文坛领袖的地位吗？可见，科考之事不是有才华就行，就连运气也是半点都差不得。

老苏曾作一首打油诗，大约说了这么个意思："别说登科易，对我老苏来说真是难于上青天。别说登科难，你看这两个年轻的孩子一次就能考中。"

不管怎样，两个儿子都已高中，自己也过足了才子名士的瘾，老苏心中那片因科考失败而留下的阴影早已烟消云散。此时的老苏很感慨，很激动，很开心，他太想有个人跟他一起分享这份喜悦，而这个人只能是夫人程氏。可巧这个时候家里捎了书信来，老苏开心地打开这封信，可当他看到内容后，却再也开心不起来了。

苏轼的母亲程氏，病故了。

苏家父子的心情好似坐了一趟过山车，片刻前还在云端，此时却坠入谷底。父子三人匆匆返回眉州老家，家里一片混乱，庭院荒芜不堪，说不出地凄凉。苏轼想起自己曾对母亲说要做像范滂那样的人，如今他少年得志，意气风发，正要大展宏图，母亲却来不及看他一眼。

母亲永远地离开了，他再怎么出息，再怎么风光，母亲都看不到了。一想到这些，苏轼就悲痛欲绝，这是他人生中第一桩真正意义上的伤心事，姐姐八娘走的时候，双亲健在，他虽伤心，却不似这般深受打击。

按照惯例，苏轼要为母亲守制三年，也叫丁忧。丁忧期间要暂停一切公务，停止一切应酬。1057 年（嘉祐二年）六月，苏轼和苏辙开始居家服丧，每日闭门读书，日子过得很平静。三年后，丁忧期满，丧母之痛也渐渐平息，苏轼心中满是致君尧舜的理想。按例，朝廷很快就会召回苏轼和苏辙，父子三人商量后决定全家迁居京都。收拾停当后，一家人出发了。

上一次去京都，只有父子三人，这次是全家总动员。王弗还给苏家新添了长孙苏迈，一大家子很热闹。“夫人，要是你还在，那该有多好。”老苏叹息道，一脸怅然。可当他看到两个儿子踌躇满志、意气风发的模样时，又倍感欣慰。十月的南方并不冷，天高云阔，微风温柔，老苏心中的惆怅也渐渐随风而散。

这一次他们先走水路，沿途经过三峡。三峡险象环生，风景壮丽，三位才子自然要咏叹一番，一路留下不少诗文。这些诗文被父子三人整理成册唤作《南行集》，这也是现存的苏轼最早的作品。十二月，来到湖北江陵，马上就要过年，一家人决定在江陵逗留一段时间，过完年再赶路。

在江陵的日子，父子三人也经常出去游玩，当地的湖光山色和风土人情给他们提供了不少灵感，三人又写了不少诗文。过完年后，一家人继续赶路，改走陆路。次年（1060 年，嘉祐五年）二月，抵达开封。安顿下来后，父子三人便耐心等待朝廷的任命文书。在此期间，还将从江陵到开封途中所作的诗文合编为《南行后集》，将前面编著的《南行集》改名为《南行前集》。

几个月后，诏书下来了，苏轼被任命为河南宜阳县的主簿，苏辙被任命为河南渑池县的主簿。主簿是个九品芝麻官，主要辅助县令工作，管理管理文书什么的。兄弟二人都不大满意，听说下年要举行制科考试，便果断辞职准备应试。是的，还没上任就辞职了。制科考试需要公卿大夫推荐才可以参加，那么推荐二苏的人又是谁呢？没错，正是欧阳修。为了安心备考，兄弟二人从家中搬出来，住在怀远驿中。

这时，宰相韩琦向朝廷举荐了老苏。这一次，朝廷直接给了老苏一个秘书省校书郎的官，负责校对典籍。虽说是个芝麻小官，但大小是块肉，还不用考试，况且老苏很想过过官瘾，便欢欢喜喜应召了。

1061年（嘉祐六年）七月，老苏奉命修撰礼书《太常因革礼》。八月，制科开考，这一科的名称是“贤良方正能直言极谏”科，意思是为朝廷选拔直言进谏的人才。

苏轼的性格一向大胆新锐，苏辙则内敛温和些。出人意料的是，这次考试，苏轼中规中矩，言辞委婉，反倒是苏辙言辞激烈。虽说这一科考试要求直言极谏，可苏辙也太直了些，几乎是将宋仁宗骂了一顿，大约是这么骂的：

“庆历新政的时候，陛下说要兴办学校，重视农桑，天下人都以为陛下要大干一场，恢复夏商周三代之风。不料陛下半途而废，根本没解决问题。陛下还派一些官员去各地方巡查，要他们体恤百姓，减免税赋。可是这些本来就是当地官员分内的事情，何必另派人大张旗鼓地给百姓减负，这不是浪费人力吗？我看陛下就是想让史官美言几句，给自己图个好名声罢了。

“朝廷还经常要求进贡珍宝古玩，这些不都是要老百姓来承担吗？陛下只管要，却不管百姓能不能负担得起，大臣们更是不敢说什么。朝廷只敢欺负弱小的百姓，面对西夏和辽国的挑衅，却只知道用钱安抚，实在懦弱。

“再说，陛下都是五十几岁的人了，还给自己选那么多妃嫔，成日饮酒作乐，怠慢朝政。夏太康、商祖甲、周穆王还有汉成帝这些人，前后左右都是女人，大臣们根本没法进言献策。最后，亡国的亡国，衰败的衰败。陛下再这么下去，也就跟他们差不多了。”

宋仁宗虽然不比康雍乾，但也是一位仁爱百姓的君主，知人善用，在他的统治下，北宋也算太平了几十年。仁宗一向克制，沉溺酒色又从何说起？多年后，苏辙自己也承认这是道听途说的八卦消息。至于北宋现在又穷又弱的问题，从仁宗的爷爷太宗时就存在了，说起来，太宗的哥哥，也就是北宋的开国祖师爷赵匡胤也有责任。

唐末年，农民起义，从公元907年唐亡到老赵960年建立北宋，其间短短五十三年就换了五个朝代。北宋辖管中原，首都在河南开封，周边还有契丹（辽）、后蜀、南唐等形成藩王割据的局面。所以在建国初期，北宋就是一个烂摊子，政权极不稳定。

老赵怕呀，怕大家都来跟他抢皇帝做。所以，他得好好提防，绝不能让这件事发生。老赵的治国原则就一个字：防！

首先，防开国武将。老赵特别担心这些功臣拥兵自重，起兵造反（毕竟老赵的江山就是这么来的），便杯酒释兵权。开国武将们要么远离京城去地方上驻守，要么辞职养老，买宅子买地。不管是继续当官还是当地主，他们都想多弄钱。怎么弄？多圈地，圈了还不报，不报就能少缴税，这些人有钱了，国家却穷了。老赵分了人家的兵权，只能睁一只眼闭一只眼。

其次，防宰相。

宰相并不是固定的官职，而是一种对最高行政长官的通称，主要职责是辅佐君王，总领监督百官。宰相的职权在不同时期稍有差异，名称也有所变化，常见的名称有丞相、大司徒、太宰、相国、军机大臣、同平章事等。其中，同平章事就是北宋初期宰相的学名。

宰相作为百官之首，什么都管，一人之下，万人之上。但相权过大自然会对皇权造成威胁。老赵怕呀！怎么办？继续防！于是老赵将行政、军政、财政分开，让宰相只管行政。

管行政的叫中书门下（政事堂），也称东府，总领导叫同平章事，也即宰相，二号人物为参知政事，为副宰相。管军政的叫枢密院，也称西府，总领导为枢密使，二号人物为枢密副使，枢密副使也被称为副宰相。管财政的叫三司，总领导叫三司使。这便是北宋的二府三司制，宰执大臣主要指宰相和三位副宰相，不同时期略有差异。

枢密院除了分相权，还有一个重要的作用，那便是与统兵将帅们互相牵制。在北宋，将帅虽掌管千军万马，但事事还得听枢密使的，枢密使有权无兵，将帅们则是有兵无权，因此很难形成军阀。到真宗时，枢密使的权力甚至直接交还到皇帝手中，这便是“将从中御”。所以，“将在外君命有所不受”在北宋是行不通的，关键时刻，还得等皇帝的最高指示。且不说皇帝对前线的敌情是否足够了解从而做到准确决策，即便下达了正确的指令，等消息送到战场时也已经是好多天后了，作战效率可想而知。

如此防范，老赵还觉得不够，又想出一个法子：要求军队三年换一次驻扎地，将帅却不挪地方。这就导致统帅和士兵谁也不认识谁，好不容易待个三年互相认识了，又要换地方。统兵将帅想养兵？想都别想，养不熟的。

这样一来，确实养不出军阀，当然，这样也很难培养出一支有战斗力的军队，而且这个战斗力还可以更差，为什么？还是因为老赵。老赵认为灾年时百姓吃不饱住不安容易叛乱，但从未有士兵叛乱，如果把这些灾民招募为士兵不就能避免叛乱了吗？如此一来，还可以兵民分离，互无往来，更生不出军民鱼水情来。若有百姓叛乱，这些士兵就会维护朝廷，若有士兵叛乱，百姓也不会支持，总之他们不会是一根绳上的蚂蚱，不会一起造反，这么想着老赵心里更踏实了。于是，他决定从灾民中招募士兵，这便是北宋的募兵制度，老赵称之为养兵，并说养兵之计可利百代，甚为得意。一到灾年，朝廷就在灾区招兵入伍，多有老弱病残。兵源良莠不齐，整体来说质量真不高。国防搞不好，国家自然弱。长此以往，越来越弱，是为积弱。

北宋的军队成了潜在的流民收容所，然而国家其实养不了这么多的兵，冗兵问题很严重。老赵的这些法子防自己人防得很好，一定程度上维护了内部统一，但国防搞不起来，实在不太有能力防着外人。

为争燕云十六州，宋辽两国常年交战，辽只有几百万人口，北宋则有几千万人，如此大的人口优势下却历时二十五年都拿不下辽。其间太宗（赵光义）还御驾亲征，不仅战败，腿上还连中两箭，要多窝囊有多窝囊。到真宗（太宗儿子，赵恒）时，北宋虽胜多败少，实际上也是元气大伤，没讨到半分便宜。宋辽征战的第二十五个年头，宋将射杀辽将，战局有利于宋，辽国主动讲和，赵恒信心不足便同意讲和，就此立下《澶渊之盟》以熄战火。

《澶渊之盟》，宋承认辽国之主为天子，承认辽国与大宋是同等地位，赵恒还称辽主为叔父，称辽萧太后为叔母，颜面尽失。唯一有原则的地方是绝不割地，但赔款倒是赔得欢快。赵恒答应每年给辽进贡白银十万两，匹绢二十万。这一笔巨款确实能平息辽国的野心，宋辽两国历时二十五年的战争就此停止。

《澶渊之盟》，虽为讲和，实则耻辱之至。

一直到南宋，依然是坎坷又坎坷，两宋的基调，大概从老赵重文轻武，以防治国那刻就奠定了。岳飞、杨门女将，甚至小说里的郭靖，这些战斗英雄都出在宋，为什么？因为太平盛世不需要英雄，国家贫弱时，才需要超人来救万民于水火。

北宋有“军事家族”杨家将，后来的南宋则有精忠报国、“壮志饥餐胡虏肉，笑谈渴饮匈奴血”的岳飞，有“醉里挑灯看剑，梦回吹角连营”的辛弃疾，有“王师北定中原日，家祭无忘告乃翁”的陆游，有“人生自古谁无死？留取丹心照汗青”的文天祥等爱国文人。这些人的脸上都写了四个大字“忧国忧民”，两宋国情确实堪忧。

不过，单从文化这个角度看，宋的确是一个无比繁华的时代，这也得益于老赵的重文轻武。老赵一心搞文化教育，起用大量文官，文化事业发展得很好，但冗官问题也很严重。官多，兵多，民少，还要花钱买边境平安，国家财政负担真的很重，长此以往，越来越穷，是为积贫。

分相权，兵民分离，将从中御，都是唐五代的经验之谈，老赵更将其定为祖宗家法，根本目的是捍卫皇权，稳固政权，虽避免了五代之乱，却也让北宋积贫积弱。既然是祖宗家法，那皇子皇孙们必须得谨遵法旨才是，不管如何，祖宗家法不可轻改，修修补补可以，要改革，老赵第一个不同意。加上互相制约这一技能被老赵及赵家子孙运用得炉火纯青，各种防患于未然，防得百官们束手束脚，因此北宋的宰相们多不愿生事，不求有功，但求无过。

到宋仁宗时期，北宋贫弱的问题愈加突出，仁宗感到内外交困，便在庆历年间发起改革，这次改革就是苏辙提到的庆历新政。说到庆历新政，有人马上想起“先天下之忧而忧，后天下之乐而乐”的范仲淹。范仲淹确实是庆历新政的实际领军人物，那么，不实际的领军人物是谁？此人便是有着“太平宰相”之称的晏殊。

晏殊作为不愿生事的典型代表，处事平和，从不冒险，而且很会享受生活。当然，这不是说晏殊在上班期间会偷懒混日子，他只是公私分明，该享受则享受，该干活时也是兢兢业业、恪尽职守。

说起来，晏殊也是一个十分传奇的人物，五岁能写诗，七岁会作文，不仅是别人家的孩子，更是当地的小神童，十四岁时才名远播，被江南安抚张知白发掘。张大人爱才心切，向朝廷推荐了晏殊，晏殊便以神童身份进京应试并顺利成为进士，位列丙科。中进士后三日，朝廷又以诗、赋、论测试新科进士，巧的是这些题目晏殊正好都做过。考题都做过，还能叫考试吗？这还有什么意思？不知是太实诚还是太自信，晏殊如实上奏，要求换题。此等举动非我等凡人所能理解，也令考官十分震惊，震惊之余自然要满足这位十四岁小神童的要求，给他换了考题。神童一看题目，都没做过，这才是考试嘛，答题吧。

不出所料，拿了高分。

小小年纪，人品文才皆达一流，果然英雄出少年，真宗对晏殊十分欣赏，不久就让晏殊做了秘书正字（一个文职），晏殊也正式步入官场，一路入翰林，拜宰相，一人之下，万人之上，其间虽略有波折，但整体来看还是相当平顺的。官职于晏殊而言就是一个工作，在其位，任其职，尽其责而已。只要到下班时间，那便是诗词书画，歌舞丝竹。晏殊虽高居庙堂，却活成了富贵闲人。不仅没有眼前的苟且，而且就在远方作诗填词。

晏殊的生活非常精致，十分讲究。据说为了吃一盘鸭舌要杀一百只鸭子，家中几乎日日设宴，那一首首婉约美丽的词就产生于那宴酣之乐中，可谓“一曲新词酒一杯”。晏殊一生政绩平平，文学成就却极高，词风婉约，为花间词派著名代表，与儿子晏几道并称“大小晏”，生活滋润，是人人羡慕的太平宰相。

这位太平宰相，实则是一位文艺青年，最爱春花秋月，夏风冬雪。一日下雪，晏殊邀请欧阳修等人来自家园中赏雪，这本是文人们一起看雪看月亮，从诗词歌赋谈到人生哲学的一桩风雅事，结果欧阳修一看到晏家奢华的园子，瞬间眉头紧缩，赏雪的心情也没了。

欧阳修想的是：“百姓吃不饱穿不暖，晏大人却如此享受，他的良心就不痛吗？”

晏殊想的是：“我知道百姓苦，所以我兢兢业业，好好干活，就是为了让百姓过好日子。可现在是下班时间，我享受一下也正常吧。”

欧阳修认为：“作为国家宰执首辅，当像范仲淹一样，‘先天下之忧而忧，后天下之乐而乐’。晏大人倒好，先天下之乐而乐，而且也太乐了点。”

晏殊表示不解：“今天大家是来聚会的，不风花雪月难道忆苦思甜吗？工作是工作，生活是生活，欧阳你别上纲上线，该享受就得享受。”

欧阳修气得不行，随即赋诗一首，名曰：《晏太尉西园贺雪歌》。名为贺，实为讽。大体是说：“外面阴阳交错，晏大人家却岁月静好，将士们在边关的寒风中瑟瑟发抖（当时的晏殊任枢密使，即最高军事长官），晏大人却还有心情看雪赏景云云。”

欧阳修这帮人时时心系天下苍生，要与民同乐，更要乐民之乐。晏殊则能有所为便尽力而为，不可为时绝不逆势而为，更没有那种时刻与国休戚的负担和执念。说起来，欧阳修也算是晏殊的学生。然耿介如他，若为百姓天下计，老师的面子也是不给的。

晏殊心思缜密，恪尽职守，不激进，不冒险，简单来说就是稳重不生事。这一点与北宋的祖宗家法非常融洽，老赵最希望大家安分守己。此外，他学识渊博，胸怀宽广，提拔了很多贤能之人，其中就包括欧阳修、富弼、范仲淹等，而且举贤不避亲，富弼就是晏殊的女婿。因此，晏殊深受真宗倚仗，能混成太平宰相也就不足为怪。

1042 年（庆历二年），晏殊任宰相，首次提出改革建议，并举荐范仲淹、韩琦、欧阳修、富弼等主持庆历新政，仁宗一一采纳。范仲淹这群人想大干一场，提出“端本清源”，其中很重要的一项内容就是解决冗官问题。可这一主张威胁了不少贵族阶层的利益，比如关系户们不能再通过家族关系做官，比如混日子的官员要被淘汰下岗。这些人自然很不爽，不爽之余就开始诋毁范仲淹这帮人，说他们结党。

结党，是赵氏家族最忌讳的事。历来新科进士与考官以恩师门生互称，也时有考官和门生结为党派，而这是老赵最不愿意看到的。他希望朝内无党，如此自己就可以充分发挥互相牵制的作用以护皇权。早在北宋开国第三年(962 年)时，老赵就下诏不准再有恩师门生之称。可见对于结党这件事，他是多么不能容忍。

如今，范仲淹等人正要大显身手时却被诬陷结党，这个影响不可小觑。欧阳修气极了，专门写了一篇《朋党论》回击造谣生事者并重新定义了“结党”这个词。大约说了这么一番意思：“小人因利而聚，利尽则散，就算暂时因利结为朋党，一朝利散，便反目成仇，互相残害，不再是朋党。君子则因志同道合结为朋党，同舟共济，忠君爱民，始终如一，这才叫朋党，也只有君子才能结为真正的朋党。”文末，无比诚恳并充满期待地表示“望君明鉴”。

可惜，仁宗虽信任他们，也不得不严肃对待，毕竟触及祖宗家法。因此，这篇文章除了发泄发泄情绪外，对改变范仲淹这帮人的处境并没什么实际的作用。最终，他们还是被排挤出了朝堂。

做成一件事往往需要满足很多条件，搞砸一件事情却只需破坏其中一个条件。结党这盆脏水直接浇灭了庆历新政刚刚燃起的小火苗，这次改革不足一年便夭折，实在短命。仁宗很痛心，但也无可奈何，当时的他大概想不到多年后自己会因为这件事被苏辙这样一个后生小子教训。

平心而论，苏辙这一番话确实有些过分，多少有些书生意气。事实上，苏辙交完卷子后就有些后悔，认为自己肯定会落榜。这件事在当时引起了很大的争议，考官胡宿觉得苏辙实在是太嚣张，还敢用昏君来比当今圣上，实在大逆不道，这样的人怎么能录取？司马光倒觉得这个孩子有自己年轻时的风范，敢说，是个人才。似乎很多厉害人物都欣赏跟自己像的人，“有我年轻时的风范”则是一句莫大的肯定。

关键还得看仁宗怎么说，这仁宗皇帝确然当得起一个“仁”字，他说这次制科考试，就是要人直言进谏，我怎能责怪直言的人？这不是让天下人笑我小气吗？再者，苏辙的文章确实指出了北宋当时冗官、冗兵、赋税沉重等问题，满腔激愤完全出自一颗红彤彤的忠君爱民之心，这颗小红心也是被仁宗看在眼里的。仁宗虽然觉得老脸有点挂不住，不过看在这颗小红心的分儿上，努力一把后还是勉强挂住了老脸并大度地表示年轻人嘛，可以理解。不仅没有怪罪苏辙，反而很欣赏他的胆识和才华。考试结束后还颇为得意地对自己的皇后说为子孙寻得两个太平宰相：一个叫苏轼，一个叫苏辙。

制科成绩分为五等，但前两等都是虚设，因此第三等便是实际的头等。之后是第三次等，第四等，第四次等，第五等。这次考试，二十六岁的苏轼入第三等，二十三岁的苏辙入第四等。

两宋共三百一十九年的历史，其间举行制科二十二次，通过的人却只有四十一人，而这三百年间录取的进士则有四万人之多，可见制科考试的确很难。在苏轼之前只有一个叫吴育的人入了第三等，还是第三次等。也就是说，苏轼是第一个入第三等的人。这一年（1061 年）距北宋开国（960 年）刚过一百年，苏轼也因此被称为百年第一。

虽说兄弟二人是仁宗眼中的宰辅之才，但毕竟初出茅庐，一切还得从头干起。这年八月，苏轼被任命为凤翔府签判，苏辙被任命为商州推官。北宋的行政结构是府、州、县三级治理，苏轼是府级“二把手”，苏辙则是州级“三把手”，两人的起点都很高。此时的老苏正在京都修礼书，为了照顾父亲，苏辙乞求留京，苏轼则前往凤翔赴任。兄弟二人从小一起长大，一起读书，既是兄弟更是挚友，宦海浮沉，他们即将面对第一次分别。

第三章

新官上任三把火

○
○
×
●

1061年（嘉祐六年）十一月，二十六岁的苏轼带着妻儿出发了，苏辙骑着马从开封一路送哥哥到郑州才返回。苏轼的理想是安社稷、济苍生，他希望自己有朝一日位列宰辅，辅佐天子成为尧舜那样的明君。如今即将新官上任，内心自然兴奋无比，充满期待，从京都出发后便一路马不停蹄向凤翔奔去，活脱脱一个意气风发的少年郎。可当他望着子由（苏辙，字子由）远去的背影时，竟五味杂陈，伤感起来。

子由还可以陪着父亲，而他却不知何时才能与他们再见。去年这个时候，兄弟二人还在怀远驿一起备考，每日对床畅谈。记得一天晚上，风雨大作，二人像往常一样大谈理想。子由突然对他说："哥哥，官场就如同这狂风大雨般险恶，往往身不由己，我们将来定是聚少离多。"他笑道："子由，你何故做小儿女态？大丈夫当报效祖国，待你我功成之时，我们双双隐退，四处游历，寄情山水岂不美哉？"子由笑着说好。

"如今该轮到子由笑我了，宦海浮沉，不知我们兄弟将来如何，不知何时才能跟子由再次对床而眠、互诉衷肠。"苏轼喃喃道。子由的身影早已消失不见，苏轼痴痴望了会儿，继续向前赶路。

路过渑池时，苏轼想起自己当初进京赶考时候曾借宿在这儿的一个庙里，临走前，还和子由在住持的屋里题了一首诗，也不知那个寺庙如今是什么模样。故地重游一番，才知住持老和尚已经去世，当日题的诗也随墙皮一起脱落了。不过五年时间，物也非，人也非。

"人生到处知何似，应似飞鸿踏雪泥。泥上偶然留指爪，鸿飞那复计东西。"苏轼缓缓吟出这几句诗来。

鸿雁掠过雪地，只留下几个爪印而已，待它飞走后，哪里还会记得这些爪印？记不记得又有什么关系？这些爪印很快会被雪花填平，不留一丝痕迹。人生天地间，总是四处奔波不停，可最终又能留下什么？终归如飞鸿踏雪般了无痕迹。

人终归是要向前走的。

又走了数天，苏轼终于抵达凤翔，彼时是1061年（嘉祐六年）十二月十四日（1062年1月27日）。苏轼想起当初进京赶考时也曾路过凤翔，本想住在凤鸣驿里，谁知里面又脏又乱，只得作罢。今日看到的凤鸣驿却整洁雅致，焕然一新。听当地的百姓说，是宋太守将凤鸣驿重新修葺了一番，才有了今日的新气象。这令苏轼很惊讶，不过一个小小的驿站，堂堂太守竟也能亲力亲为。想想如今有多少人只想干大事，何曾留意这些小事？殊不知，一屋不扫何以扫天下？苏轼对这位宋太守生出好几分钦佩来，也暗自告诉自己一定要像宋太守一样从小事做起。

想到这儿，苏轼的热情回来了。王弗一向能干，几天时间就将家里安置妥当。有她在，苏轼总是很放心。眼下他一心扑在公务上，想为百姓做些什么。

凤翔有一种苦役叫衙前，专门负责将终南山上的竹木运到京城。运输河道水流湍急，物资很容易失陷，然而这些损失朝廷一概不管，反而要求百姓们自己承担，很多人因此倾家荡产。这令苏轼痛心疾首。经过一番调查，他发现这种情况多发生在涨水期，粗略一算，如果能避过涨水期，损失至少能降低一半。想到这儿，苏轼迫不及待地将此事上报给宋太守，希望他能调整衙规，避开涨水期运送物资。没想到，宋太守很快就采纳了苏轼的提议。新衙规实施后，损失果然减少大半。首战告捷，苏轼很受鼓舞。

范仲淹曾说："先天下之忧而忧，后天下之乐而乐。"苏轼深以为是。进士及第后，恩师欧阳修曾为他引荐了朝中许多贤良，只可惜范文正公去世多年，无缘一见。苏轼深感遗憾，却更记住了这句"先天下之忧而忧，后天下之乐而乐"。他时刻提醒自己，以百姓为先，以天下为先。

不久，他发现城东的饮凤池淤泥阻塞，便带领百姓清除淤泥，扩建饮凤池，如此才有了如今的东湖。湖中荷风送香，岸边杨柳依依，亭台楼榭恰到好处，此处风景独好，苏大人当领头功。

东湖上最有名的景点就是喜雨亭，喜雨亭背后还有一个小故事，正与苏轼有关。苏轼来凤翔不久，赶上凤翔大旱。古时百姓非常敬重神灵，每逢大旱便向神灵祈雨，而且觉得这祈雨之人必须得是有身份的好人才能灵验。苏轼是一方父母官，到凤翔后为百姓做了不少好事，自然成了百姓心中最适合求雨的那个人。苏轼向来急百姓之急，便顺应民意，去太白山求雨。

求雨之时，苏轼还写了一篇祈雨文，大概表达了这么个意思："百姓靠禾麦活着，再不下雨，庄稼就要旱死，百姓就得挨饿，吃不上饭只能沦为盗贼去偷去抢。这难道只是地方官员的责任吗？作为神灵又怎么能坐视不理？您可快点下雨吧。"

苏轼跟神灵讲起了道理，可见他敬神却不畏神，神也好，人也罢，总逃不过一个"理"字。鬼神之事，无从考证，但只要是为百姓好的事情，苏轼总是尽力去做。然而，求完雨后，老天爷并没有什么动静。可喜的是，二十多天后，老天爷自己下雨了，而且连下三日，久旱逢甘霖，凤翔人民异常欣喜。为了庆祝并纪念这场雨的到来，苏轼便将府内新建的亭子命名为喜雨亭，并作《喜雨亭记》刻在亭中，与民同乐。再后来，喜雨亭便被迁到了东湖。

苏轼在凤翔过得一直很不错，政务上，有宽厚可亲的宋太守支持他，同僚们也十分认可他，称他为苏贤良。生活中，有爱妻稚子相伴，文人雅士也时常来拜访，老百姓更是爱戴他，信任他。只有一个人对他很不客气，这个人就是陈希亮。

苏轼在凤翔的第三年，陈希亮接替宋选做了凤翔太守。武将出身的他，严厉古板，不苟言笑，总是板着一张脸，出于这个缘故，大家都不大喜欢与他一起玩。陈太守虽看起来有些无趣，但他行事雷厉风行，在官员中倒也颇有名望。

陈太守觉得苏轼不过是一个刚入官场的毛头小子，一个小小的签判算什么贤良？实在不知天高地厚。因此，他狠狠惩罚了称呼“苏贤良”的官员，再不许府衙中人如此称呼苏轼。这令苏轼很不舒服，但还有更不舒服的等着他。

苏轼作为下属，时常要去拜访陈太守，可这陈太守要么不见，要么就让他等上许久，苏轼最讨厌这种官架子。此外，陈太守还经常修改苏轼写好的公文。要说打仗，苏轼可能比不过这陈太守，可文章之事，文坛领袖欧阳修都对他甘拜下风，这陈太守还改个什么意思？苏轼很生气。

陈太守脾气硬，苏轼的脾气更硬，中元节（阴历七月十五），陈太守依例组织府衙官员聚会，苏轼故意不去，结果被罚铜八斤。二人硬碰硬，处得十分不快，陈太守还上书给朝廷说苏轼抗命不遵，可见矛盾已非常严重。有趣的是，苏轼虽十分讨厌陈希亮，却与他的儿子陈慥一见如故，日后更成为终生的挚友。当然，这是后话。

后来，陈太守在自己府里建了一座凌虚台，闲暇之时便登台远望，十分惬意。他想找人为凌虚台写一篇记文，可找谁呢？略一思考，有了主意。“苏轼不是最会写文章嘛，那就让他写吧。”接着便将这个任务交给了苏轼。

苏轼一直被陈太守打压，可他毕竟是下属，终究不敢太“以下犯上”，只能暗自窝火。如今，一个回击的机会就在眼前，苏轼怎么能错过呢？其实，这种文章只要辞藻优美一些就行，若还能体现出岁月静好的味儿来就更好。苏轼却借机讽刺陈太守不知山外有山，应该谦虚点，不要稍有所得就“夸世而自足”。之后更是对着凌虚台大为感慨，说什么古往今来多少宫殿都已毁灭，何况一个小小的凌虚台。

陈太守让苏轼作文纪念凌虚台的兴建，苏轼却说凌虚台终有毁灭的一天，话里话外透着一股“陈希亮你这个不知道山外有山的狂妄之徒，看你还能嚣张多久”的小脾气。出乎意料的是，陈太守虽是个粗人，心胸却十分宽广，完全没有生气，一字不改地将文章刻在石碑上。他笑着对别人说：“我与苏轼是同乡，算苏洵的父辈，一直将苏轼当孙子看，他少年成名，心高气傲，所以我对他很严厉，其实只是想挫挫他的锐气。”

经此一事，苏轼对陈太守的看法大为改观，多年后，他说：“轼官于凤翔，实从公二年，方是时，年少气盛，愚不更事，屡与公争议，至形于颜色，已而悔之。”这意思是说：“我在凤翔做官时，追随了陈公两年，当时年轻不懂事，经常与陈公争论，甚至怒形于色，如今我很后悔。”

话说回来，日久见人心，二人很意外地在对方身上找到了自己的影子，一样脾气硬，胸怀广，且爱民如子，爱干实事，不知不觉中竟冰释前嫌了。那时候，很多人都喜欢请名家写墓志铭，那种墓志铭说白了就是对死者一番谄媚赞扬加上歌功颂德。对于这种应酬，苏轼向来严词拒绝，除非他真的有话要说，否则就算王公贵族来求也绝不动笔。陈希亮去世后，苏轼却主动为他写了一篇墓志铭，可见他对陈希亮的敬重。

初入官场，苏轼勤于政务，深受百姓爱戴，心内虽有满足，但也体会到了很多无奈。就拿衙前苦役来说，虽然避开涨水期运送物资能降低一半损害，但遇到非常之时，就算是涨水期，百姓也得硬着头皮面对这场灾难，他意识到自己能力有限。

凤翔作为古都，有文玩有古迹有故事，可谓旅游胜地，公务之余，苏轼也时常四处游玩。苏轼爱画，尤其喜欢王维和吴道子，这两位在他眼中都是金字塔尖的人物。苏子有诗曰：吾观画品中，莫如二子尊。

在凤翔的两座寺庙里，苏轼分别见到了两位偶像的真迹，且二人画的都是释迦牟尼佛。苏轼兴奋不已，时常去观赏品味一番，品味之余还问自己，王维和吴道子到底谁更胜一筹。此后，他经常在这两个寺庙来回跑，想比出个高低来。如此几个回合后，有答案了：

吴生虽妙绝，犹以画工论。摩诘得之于象外，有如仙翮谢笼樊。

这意思是说：“吴道子绘画，笔触细腻，精彩绝伦，技艺纯熟，但终究只是个画匠。王维作画，重在写意，传神传情，看他的画仿佛看到仙鸟挣脱樊笼，于天地间自由翱翔，这才是高境界、大艺术。”

1064年（治平元年）春，章惇在商洛任期刚满，返京路上专门来见老朋友苏轼。章惇相貌俊美，风度翩翩，博学多识，爽朗大方，苏轼非常欣赏他。当然，章惇也十分欣赏同样性格豪爽、才华横溢的苏轼。二人同年及进士第，之后便建立了深厚的友谊。有朋自远方来，苏轼十分高兴，闲暇时便带章惇四处游玩。

一日，二人来到险峻的仙游潭，仙游潭四面都是岩石峭壁，下临百尺深渊，上面则只搭着一块窄木板。章惇提议行过木板去对面题字，苏轼表示：“太危险了我可不敢，要去你自己去。”不料，章惇竟真的一个人向前走去，面不改色地走过木板，又用一条绳索将自己坠到崖下。然后，在对面峭壁上写了几个字，大约是到此一游之类。之后，原路返回，整个过程，如履平地，十分从容。苏轼佩服得五体投地，拍拍他的肩膀道：“子厚你将来一定能杀人。”章惇表示不解：“子瞻何出此言？”苏轼道：“你连自己的性命都不在乎，又何况别人的！”章惇大笑。

1065年（治平二年）正月，凤翔任期满，苏轼回京，此时的皇帝是宋英宗（仁宗皇帝已于1063年去世）。英宗早闻苏轼才名，想破格提拔他入翰林院。翰林院作为皇帝的秘书处，集中了一群致力于文化学术的知识分子精英。这群知识分子的主要工作是写写中央文件，为皇帝起草诏书，必要时给皇帝做做顾问出出主意。翰林中人博学多才，可谓行走的图书馆，虽没什么实权，但清要显贵，地位尊崇，是文化人的天花板，更是宰相的候选对象。英宗此举，正是要将苏轼当宰相来培养。

当时的宰相韩琦也非常欣赏苏轼的才能，但考虑到苏轼资历尚浅，入翰林恐不足以服众，便向英宗提议，让苏轼先入馆阁，积累积累再说。馆阁，包括史馆、秘阁、昭文馆等，馆阁中人主要负责掌管典籍，编书修史。馆阁清要显贵，跟翰林院一样，是知识分子的乐土。韩琦自然是一番苦心，让苏轼挑大梁前先磨砺他。苏轼对这一番苦心也非常理解，非但没有一丝抱怨，反而认为韩琦完全是为了保护他。苏轼为人，习惯性地将人往好处想。

苏轼这便应试入馆阁，在史馆供职，参与编修国史的工作。这项工作十分清闲，苏轼有大把时间读书充电，日子过得非常悠闲。这一年五月，妻子王弗却突然病逝，苏轼的天塌了。

王弗温柔贤惠，满腹诗书，苏轼读书时，她总在旁红袖添香，默默陪伴。更难得的是，她懂苏轼。

“上可陪玉皇大帝，下可陪田院乞儿”是苏轼对自己的社交定位。苏轼可雅可俗，心性直爽，毫无城府，与人交往全出自本心，如他所说“眼见天下无一个不好人”。才名远播的他，又是一方父母官，慕名而来者自然不少，这其中有君子也有小人。然而，苏轼向来看不到别人的短处，更何况伪君子往往比君子还君子。

王弗深知丈夫虽才华卓然，于人情事理却不大通亦不想通，聪明通透的她便自觉补起苏轼缺的这一角。因此，每有客人来访，她总在屏风后静静细听，如果发现对方是不可交之人就会及时提醒丈夫，苏轼也因此省了不少麻烦。苏轼少年时期有父亲的嘱咐，凤翔这几年却全靠王弗的提醒。对这个妻，苏轼是又爱又敬。谁知，十年恩爱转眼成空，王弗才二十七岁，正是大好年华，儿子苏迈也才七岁，正是需要母亲的时候。

这一年，苏轼三十岁，而立之年痛失爱妻，实在残忍。可上天似乎觉得自己还不够残忍，次年四月，苏洵也病逝了。苏轼强忍悲痛，将父亲和妻子的灵柩运回四川眉州，葬于母亲墓旁，接着，跟子由一起为父亲守丧。守制期间，苏轼在山上种下三万棵青松。有人说他好大喜功，为祖茔而种。也有人说，他对妻子一片深情方种下一片松林，以慰妻子亡魂。彼时的苏轼，双亲不在，爱妻也离他而去，这种痛是空前的。这个时候又何来好大喜功的心思？我想更多的是寄托哀思吧！至于其中有几分因着爱妻，几分为了父亲，几分出于祖茔又有什么重要？

1068 年（熙宁元年），苏轼守丧期满，娶王弗的堂妹王闰之为妻。王闰之比苏轼小十一岁，曾在十岁左右见过苏轼一面，这位姐夫是人人口中的才子，年纪轻轻就中了进士，与堂姐王弗更是恩爱异常。王闰之对这位姐夫有崇拜，有欣赏，对堂姐也是羡慕不已。她虽不似王弗那般腹有诗书、智慧通透，但对丈夫又敬又爱，苏轼终于又有了家。

1069 年（熙宁二年），苏轼三十四岁，和苏辙一起启程返京。此时的天子已是宋神宗赵顼（英宗早逝，在位不过四年时间）。十九岁的神宗于 1067 年（治平四年）即皇帝位，对积贫积弱的北宋王朝深感痛心，一心富国强兵，励精图治，想要大干一场。每想起屈辱的《澶渊之盟》，神宗就觉得心气郁结，神情激动甚至流下泪来。他想改变这种局面，想让国家富强起来，可是，他该怎么做呢？所谓穷则变，变则通，唯有变法才是出路。

神宗想要变法。可是，庆历新政的失败仿佛就在昨日，祖宗家法更不敢轻易触动。这位少年皇帝有些茫然，于是便向德高望重的老臣们请教治国之道。

问司马光，司马光说："要治国需要先修身，陛下还是先好好修身吧。"

问富弼，富弼说："陛下刚刚即位，应该广布恩泽，二十年不要言兵。"

神宗想要庆历新政的锐气，想大干一场，然而大臣们的建议多是隔靴搔痒，就连当初庆历新政的核心人物富弼都变得如此保守，神宗很失望，也感到非常孤单。不过，他不会孤单太久，因为有一个人与他一样也想大干一场，这个人便是王安石。

第四章

王安石变法

○
○
×
●

王安石，字介甫，生活简朴且不修边幅，与晏殊是两个极端。如果说晏殊是讲究人中的讲究人，王安石就是糙汉子中的糙汉子。王安石到底有多糙呢？先来看几个故事。

据说一日，有人突然对王安石的夫人说：“介甫公似乎很喜欢吃鹿肉。”

王安石夫人表示疑惑：“他这个人从不在意吃什么，你怎么会这么说？”

对方又说：“我上次跟他吃饭，发现他除了鹿肉什么都不吃。”

王安石夫人又说：“那一定是鹿肉就在他面前，你下回把鹿肉放得远些，看他还吃不吃。”

这人听了，半信半疑，下一次跟王安石吃饭的时候，果然将鹿肉摆在了远处，结果，王安石根本没有注意到那盘鹿肉，依然只吃面前的那盘菜。

久而久之，大家都知道了王安石的这个习惯。有人感叹道：“介甫公吃饭原来是就近取食。”也有人认为，王安石是故意做样子，以显得自己与众不同。

又一日，仁宗和几位大臣在池塘钓鱼，王安石也在其中，他钓鱼的时候，因想问题想得太专注，竟误吃了自己的鱼饵，还吃了个干净，此举给仁宗留下了极其不好的印象。仁宗认为，一时走神吃几粒鱼饵倒也正常，可将所有鱼饵都吃完实在有些离谱，王安石不过是个沽名钓誉的伪君子罢了。

王安石的邋遢程度确实超出了常人的理解，不仅吃饭不讲究，穿衣也不讲究。有一次，几个朋友与王安石一起去澡堂洗澡，在王安石出来前，他们偷偷将王安石的长袍换掉，就想看看王安石能不能发现。结果，王安石出来后，穿上长袍就走，完全不觉得有任何异样。

早年间，韩琦在扬州做太守，彼时，王安石正是韩琦的下属，一天夜里，他读书读得入神，待回过神来，天已蒙蒙亮，本想稍微打个盹儿，不想一下睡过了头，醒来时，天已大亮。王安石来不及梳头洗脸，赶紧跑到府衙去上班，韩琦看他蓬头垢面，睡眼蒙眬，以为他前一日眠花宿柳去了，还劝他多读书。王安石竟也不做解释，只是认为韩琦不懂自己。

读书和思考是王安石生活的两大主题。1042 年（庆历二年）中进士后，王安石几乎一直在地方做官。因他政绩显著，朝廷多次召其入京，可他一直拒绝，一拒就是二十五年。很多人又觉得王安石沽名钓誉，因为他越是拒绝，名望越高，但以拒绝入朝为官来沽名钓誉，且坚持二十多年，似乎不大可能。我想王安石的这番拒绝，主要是因为时机尚未成熟。少年时期，他就有经世济民的大志，入官场后，更是主动了解民生疾苦，欲有所为。他认为，要想强国富民，必须革新，必须变法。问题是，怎么革新，怎么变法。

为了摸索出一套成熟的变法理论，王安石一直待在地方上，其间，实施了很多改革措施，收效非常不错。十六年后，也就是 1058 年（嘉祐三年），他觉得变法理论已经成熟了，便写了一篇《上仁宗皇帝言事书》来系统阐述自己的理论，足有万字。1060 年（嘉祐五年），仁宗召其入京在三司从事财政相关工作，那一次，王安石应召了，大约财政是他感兴趣的领域。三年后，因母亲病逝，王安石退出朝堂回家服丧，此后，再不应召。入京短短几年，他发现朝廷因循守旧，变法根本行不通，司马光、欧阳修等皆是名满天下的大人物，但他们也将是反对派，变法理论虽已成熟，自己也有了相当的名望，可惜，还差一个时机。

如今，神宗在朝堂上孤立无援，突然想起了王安石这根稻草，于是立即召他进京对谈。此次会面，王安石提出应该“变风俗，立法度”，神宗深表赞同。君臣二人谈得十分投机，两个想要大干一场的人终于相遇。神宗很激动，王安石更激动，对神宗说：“大有可为之时，正在今日。”

1069 年（熙宁二年）二月，神宗起用王安石为参知政事（副宰相）主导变法，因这一年是熙宁年，此次变法也被称为熙宁变法。说干就干，王安石迅速成立“三司条例司”作为变法机构，变法大业就此开始。北宋当时又穷又弱，变法便围绕这两个问题展开。为了强军，颁布了保甲法、将兵法等整军法。为了富国，颁布了青苗法、免役法等理财法。王安石是个行动派，新法很快出台，有十几种之多，一副改天换地的模样。

新法一出，激起万千口水。朝中大臣迅速分成了两派：一派是以王安石为首的变法派，另一派则是以司马光为首的保守派。司马光认为祖宗之法固然有它的弊端，但就像老房子一样，哪里坏了补哪里，何至于将房子拆了重建？祖宗之法不可轻改，否则民心动摇，容易引发暴乱。王安石认为这房子已经摇摇欲坠，这里补上那里又破，还守着这么个破房子干什么？必须得重建一个更好更稳固的房子。二人都是饱学之士，此前还时常以诗文互和，如今竟有些翻脸的意思。

司马光搬出祖宗这座大山来压制王安石，还有一群人搬出更大的一座山来，试图拿天变来压制新法。当时正逢彗星出现，有人便说是王安石变法惹怒了天，天降异象了。对于天变之说，王安石认为日月星辰本来就在不停地变，人事也在不停地变，彗星出现，不过是凑巧罢了，不足为惧。古人对天非常敬畏，王安石的这番话足见他思想超前。

朝堂上支持变法的老臣只有王安石一人，其余核心人物如吕惠卿、曾布以及苏轼的好朋友章惇等都是与苏轼同科的进士，与老臣们比，资历还浅得很。范镇、张方平等元老们，包括韩琦、富弼、欧阳修等这些庆历新政的核心人物则都站在了司马光这边。王安石的处境是：天反对，祖宗反对，人言更反对。

保守派认为新法有诸多弊病，语重心长地劝谏神宗不可变法，不可变法，不可变法。可这世上哪有十全十美的事？神宗不想查漏补缺，不要小打小闹，他要的是一番新气象。于是他不听不听就不听，力排众议坚持变法。元老们无可奈何，纷纷辞官或请求外任，以这种方式来反对变法。眼看德高望重的老臣们一个个站在自己的对立面，神宗痛心极了，可一想到堂堂大宋天子竟要称蛮夷为叔伯且要用大批银子供奉着，他就深觉屈辱。神宗知道保守而治只能勉力维持，若要富强，必须变法，因此这点心痛不足以让他动摇，于是他继续与王安石保持统一战线，为变法保驾护航。天子之怒，凡反对新法者一律没有好下场，自请外放已是给自己留了体面，不少人直接被罢黜。

王安石也鼓励神宗："天变不足畏，祖宗不足法，人言不足恤。"可这人言确实很难听，保守派中有一些人确实是出自忧国爱民之心希望变法派能意识到新法的弊病，谨慎前行。然而，还有一群人只是借机报复凑热闹，中伤谩骂王安石。

事实上，自变法以来，王安石就活在一片骂声中。苏洵曾作《辨奸论》一篇，其中有这么一番意思："脸脏了，衣服脏了都要洗，这是人之常情。现在却有个人非常奇怪，他整日蓬头垢面、邋里邋遢，哭丧着脸却满嘴诗书，大谈道义，他嘴里的那些道理难道是发自肺腑的吗？不近人情之人，几乎都是大奸大恶之人。"

满嘴诗书又不修边幅，说的可不就是王安石嘛！王安石是糙汉子，也是文化人。论诗，有"春风又绿江南岸，明月何时照我还""遥知不是雪，为有暗香来""不畏浮云遮望眼，自缘身在最高层"等传世名句。论文，也有《伤仲永》等名篇，位列"唐宋八大家"之一。文学成就极高，外表却极邋遢，这种强烈的反差确实令人感到怪异。此外，他个性极强，行事雷厉风行，认定的事情往往坚定不移地执行，很多人觉得他有些固执甚至不通人情。比如苏洵。当然，苏洵并没有直接指名道姓，而是以"某人"代替，他在这篇文章中列举了许多大奸之人，并说"某人"跟他们非常相似，于是得出结论，"某人"一定是大奸之人。甚至说如果"某人"因自己这番言论不得重用，世人都会骂他言辞过分。可若"某人"得到重用，迟早祸国殃民，世人则会说他真知灼见，那就太可悲了，他宁愿世人骂他也不愿这样的人出头。

《辨奸论》作于王安石变法之前，苏洵更是在变法前三年就去世，此文纯属对人不对事，属于老苏和老王的私人恩怨，可能连恩怨也谈不上，老苏对老王的态度大约是“单纯看你不顺眼”。若知道老王如今做了宰相，还在朝中掀起这么一阵巨浪，不知老苏要如何捶胸顿足。

其实老苏都没见过老王，倒是他的好友张方平与老王一起工作过，据张方平说，那是一段相当不愉快的经历，老苏对老王的厌恶很可能是受了好友张方平的影响。奇怪的是，老苏的另一位好朋友欧阳修对老王很是欣赏，还给老苏引荐过老王，结果暴脾气的老苏拒而不见。老王母亲病逝后，还给老苏发了丧礼请柬，老苏非但没参加丧礼，还写下这篇《辨奸论》。这是有多讨厌一个人才能专门写一篇文章出来？！就连苏轼和苏辙都觉得老苏骂得过了，只有张方平觉得骂得好，老苏和张方平果然是知己，好恶高度一致。

他二人为何如此讨厌老王？就因为老王邋里邋遢却满嘴诗书且个性固执吗？这背后或者还有别的因素，我们不得而知。但不得不说文人手里的这支笔是真厉害，欧阳修在庆历年间被中伤时写《朋党论》回击造谣小人，苏洵因厌恶王安石写《辨奸论》讽刺老王，两篇打嘴仗的文章竟都写得文采斐然，双双入选《古文观止》，流传千古。此二人确实对得起“唐宋八大家”的名号，随便骂骂人也能创造名篇。

话说回来，如今好多人都想骂老王，可骂着骂着就没词了，骂得既不丰富又不深刻，便拿出《辨奸论》来辨奸，骂老王大奸大恶、祸国殃民等，总之都是一些老王并不在意的话。老王一心变法，耳朵自动关上。可变法大业靠他一个人不行，朝堂上人才流失严重，他想用的人都反对他，无奈之下只好起用新人。老王公务繁忙，加上可用之人少、用人时间又急，于是，变法机构大批纳新，招聘流程一切从简，结果是变法队伍鱼龙混杂。

舆论虽倒向保守派，但当权的是变法派。想要升官发财的人，只要支持变法就有机会“平步青云”。变法队伍中滥竽充数者多是钻了这个空子，这些人为了升官发财，一味吹捧新法，不做实事。小人得志令好好干活的人更加失望，清高者更不屑与之为伍，甚至以反对新法被黜为荣，也是一件奇事。

王安石正式宣布变法那天，苏轼和苏辙已在回京路上，并在当月返回京都，苏轼恢复史馆的职位，苏辙则被分配到变法机构工作。苏轼为人并不保守，相反，他一直思想活跃灵活变通，庆历新政那些人锐意改革令他十分佩服和向往。此外，不管是参加制科考试写的策论还是在凤翔任期上写的《思治论》，他都表现出革新的意思，并说希望国君有朝一日能拿出改革的魄力，“赫然奋其刚健之威”，开创真正的治世。

如今，神宗在几乎所有人都反对的情况下坚持革新变法，此等魄力足以当得起“赫然奋其刚健之威”。然而，苏轼却高兴不起来，显然神宗太过有魄力远超出他的想象，何况还有一个行事如电闪雷鸣般的王安石。神宗和王安石太想变法了，急于求成之下，变法之事变得非常激进，这令苏轼很担忧，他觉得王安石变法挺好，但不能这么个玩法，这样下去怕是要完蛋。于是，他也站在了保守派这边，表示反对。

王安石贵为宰相，苏轼只是一个小小的史馆工作人员，所以反对无效。

1069 年（熙宁二年）五月，王安石准备改革科举，他认为进士最重要的能力是治国理政，解决社会现实问题，因此想罢黜诗赋等科，直接以策论取士。毕竟诗赋等科只能测试出学识是否渊博、文辞是否优美，于治国理政毫无帮助。此外，王安石认为科举考试有诸多弊端，建议大兴学校，以学校替代科举，当然这会是个漫长的过程，还需一步一步来。

这一点，神宗表示“容我想想”。一来，神宗个人很重视文辞史学，喜欢读好文章，也偏爱文才好的人，罢黜诗赋他实在舍不得。二来，直接以学校替代科举变化有点大，神宗需要缓缓。神宗一边琢磨，一边广泛征求馆阁学士们的意见。苏轼可不就在馆阁工作嘛，说话的机会来了，于是他铺纸研墨，写了一篇《议学校贡举状》表示反对。大约说兴学校变科举是如何不妥，内容充实，文采斐然，令神宗十分欣赏。

神宗很早之前就听说苏轼才气过人，曾名震京都，更是皇爷爷仁宗眼中的宰相之才，父亲英宗还曾想破格让苏轼入翰林院，如今看来苏轼果然名不虚传。眼下，朝堂上多是反对变法的声音，就连他最敬爱的两个女人，母亲高太后和祖母曹太后也反对他变法。神宗颇感孤独，这些反对意见也令他十分心烦，偶尔他也会问问自己是否真的错了。他想，或许可以听听苏轼的看法，便召苏轼觐见。

苏轼对神宗的性格一无所知，只知神宗一心变法，对王安石几乎言听计从，可他却在前两日呈上去的文章中坚决反对王安石，不知神宗对他会是个什么态度。意料之外，神宗格外和颜悦色，非常虚心地向苏轼请教治国之道，大约说希望苏轼指出政令中不妥的地方或者他本人的过失，并表示苏爱卿尽可直言，自己绝对不生气。

神宗言辞恳切，苏轼十分感动，那股致君尧舜的认真劲儿也随之被激发，于是将心中所想和盘托出。大体是说："陛下英明，天生就能明察决断，但如今的情形，不怕不勤奋，就怕太勤奋，不怕不明听，就怕听得太多，不怕不决断，就怕决断得太快。"

言下之意，变法不可操之过急，更不可独断专行。

神宗想了想，自己即位以来一心励精图治，广泛听取各种意见希望有所作为。可是老臣们多因循守旧，没提出什么建设性的意见。只有王安石敢破敢立提出很多新的主张，其中虽有一些令人一时难以消化，但只要能强国富民，他都愿意尝试。他日日忧思，尽己所能推进新法，恨不得变法大业立刻完成，细细想来，确实太急了。神宗有一种被苏轼说中了的感觉，当下表明态度："苏爱卿的话朕一定好好想想，以后你也要为我多思虑，有什么问题尽管指出来，不要隐瞒才好。"

"居然真的不生气，还让我继续思虑。"苏轼默默感叹一番，再一次被神宗感动。此次见面非常愉快，至少在苏轼这里是。从大殿出来后，苏轼兴奋得不行，深感我主英明。他觉得神宗能听进去自己说的话，或许有希望改变局面，真是越想越开心。苏轼这个人藏不住话，高兴之余竟将这件事分享给了不少同事。于是，王安石也知道了。王安石深知，只要神宗不动摇，别人就是说破天也没用，所以对于旁人的话他一般不在意，但若别人的话影响到神宗的态度，他就不得不重视，王安石觉得苏轼真讨厌。

事实上，王安石想多了。变法一事，神宗十分坚定，苏轼的那些话会让他思考，但不会触及根本，即使他非常喜欢苏轼的才情。某种程度上来说，神宗与王安石是一类人，心志坚定有魄力，认准的事情排除万难也要做。至少目前，王安石的地位无人可撼动，最终神宗还是采纳王安石的建议以策取士。当然，在一些不太重要的边边角角上，也采纳了苏轼的部分建议。

苏轼的那篇《议学校贡举状》最终没激起什么水花，但神宗是真爱苏轼的才华，几乎日日拿苏轼的文章下饭。他也有心提拔苏轼，前后想让苏轼掌编修《中书条例》、修《起居注》等，还询问了王安石的意见。这些职位都有很多机会接近神宗，想到神宗是苏轼的粉丝，苏轼能言善辩又总是到处说新法的坏话，王安石便毫不犹豫地给出反对意见，神宗只得作罢。

苏轼身在史馆，只能旁敲侧击地反对新法，结果还没使上什么劲儿。在条例司工作的苏辙则直接参与变法工作，对于新法他也有许多不满，尤其是青苗法。老百姓多靠种田为生，很多人家秋收不久粮食就吃完了，甚至连春耕的种子都没有。去年的粮食吃完了，今年的粮食却还没成熟，这便叫青黄不接，若遇到灾年，情况就更严重。可日子还得过，怎么办？只能向富户借粮借种子，准确地来说是贷，利息非常高，如此恶性循环，富者更富，贫者更贫。

王安石早年在地方做官时就看到了这一点，他深感痛心，便想出了青苗法。青苗法允许百姓在青黄不接时向政府借粮借款，待秋收后附加一定利息还给政府。官府的利息远低于民间富户的利息，若逢灾年还可免息。

如此一来，既可缓贫民之急，又可给国家增加财政收入，可谓两全其美。

王安石还亲自在地方上试行青苗法，效果很好。待他回朝主持变法后，便想将这项政策推行到全国，并制定预贷款目标，以借贷出去的额度对下属官员进行绩效考核。青苗法正式推行之前，老王曾问苏辙：“子由，你怎么看？”

苏辙表示青苗法的本意虽好，但执行起来要经过层层官员，必然有不少官员从中谋利，而这一点很难去避免。此外，定会有百姓银子到手后肆意挥霍，若要百姓及时还钱，就需要官吏们监督催促，如此一来，官员们的负担就太重了，长此以往必然要生出别的问题来。王安石表示“你说得有些道理，让我想一想”。

也不知王安石想得怎么样，之后他再没跟苏辙讨论过这个事情。后来，王广廉私自在陕西施行青苗法，王安石便派人去督察，顺便收利钱。督察的人对王安石说青苗法为国家增加了很多税收，百姓也非常高兴非常支持云云，清一色的好消息。王安石很高兴，恨不得立刻在全国实施青苗法。然则，王广廉及督察的人不过是为了迎合王安石，朝中不少人看在眼里却敢怒不敢言。苏辙并不是一味明哲保身的人，他直接写信给王安石说青苗法不可施行，力劝王安石谨慎，言辞稍显激烈。王安石很生气，于是在1069年（熙宁二年）八月将苏辙贬出朝堂，王广廉则升官发财了。

苏辙被贬，苏轼虽有些难过，但他并未学会引以为戒，依然不打算闭嘴。他这个人，遇到不爽的事情就必须要说出来，否则便“如蝇在食，如鲠在喉”，实在是不吐不快。

来年（1070年，熙宁三年）三月，正值春闱，吕惠卿为主考官，苏轼则只是个助手。二人本是同科进士，苏轼又是最耀眼的那个。可如今，吕惠卿明显比苏轼混得好很多，最主要的原因是他站在了变法派这边。不少考生为了迎合当权者，在应试文章中对新法极力赞扬，叶祖洽就是其中一人，也因此受到吕惠卿和神宗的赏识，神宗还将他点为第一。

历来进士都是直言讽谏，策论也以针砭时政为主题，如今谄媚奉上的人竟做了状元。苏轼看不下去了，以考生的语气写了一篇答卷抨击时政，情绪激动言辞激烈。此前，苏轼就在各种场合批评新法，如今竟在考场上生起事来，神宗很不高兴，但也没治苏轼的罪，只是发了一通牢骚，将这件事说与王安石听。王安石对苏轼一番评价："此人虽有才华却不晓轻重，终究是一介书生不堪大用。"

王安石曾亲自在地方上施行新法，收效甚好，因而对新法非常有信心。然而，在地方做官能做到事事亲为，一切可控。全国却不比地方，很多事情鞭长莫及，只能倚仗下属官员，各地方又有局部差异，牵扯更广。就拿青苗法来说，问题也远不止苏辙所说的那些，比如，很多贫民虽需借贷却没有偿还能力，这就需要富户去担保，最终也多是保人去还款，长此以往，保人自然不高兴，渐渐也就不愿作保了。可是竟有官员为了政绩，强制富户作保，或者强制不需要贷款的人贷款，更有甚者，私自提高借贷利息。

事实上，在全国实行青苗法后，国库虽然充盈了，百姓却更苦了。这些问题很多人都给王安石反馈过，王安石却置若罔闻，成了不进人言的拗相公。青苗法既是为解百姓之忧而定，可见王安石也是爱护百姓的官员，可是为什么，如今的他对百姓的疾苦竟视而不见？

这大概有两方面的原因。一方面，王安石对此法过于有信心，若效果不佳，他也不会怀疑是新法本身出了问题，而是归因于下属执行不力。这个效果看的又是下属为国家贷出去多少款项，增加了多少财政收入，这就导致了上面说的问题，比如贫民根本没有能力偿还等实际情况被忽略，比如新法的很多内容太超前无法适应当时的社会情况，比如官员为了政绩暗中操纵、鱼肉百姓等。另一方面，王安石认为改革总有牺牲，但整体是好的，不可因小失大。再说，世上本就没有十全十美之法，新法的不足之处也可在日后慢慢改进，怎可因噎废食？眼看国库越来越充盈，神宗和王安石都舍不得放弃新法。

其实，王安石虽有些固执，却绝非不进人言之人。新法实施后，他也时常问下属们百姓的反应如何。可是变法派中不少人为了讨好王安石，往往信口雌黄说百姓非常支持、非常高兴云云。王安石高居相位，很多事情无暇顾及，且当有两种声音同时出现时，人们更倾向于听自己愿意听的。王安石作为政治家的魄力鲜有人比，变法意在图强，初衷很美好，但在具体的实施过程中已越来越背离本心，王安石也越来越霸道。

司马光辞官隐退时，曾给神宗上了一道奏折，大意是说：“如今朝堂中的人，王安石觉得贤能便是贤能，王安石觉得愚笨便是愚笨，王安石说对就是对，王安石说错就是错。谄媚附和王安石的人都成了忠良，反对王安石的人则成了谗言陷害的小人。我今天所说的话，也是陛下眼中的谗言，还望陛下治罪。如果我与范镇同罪，乞求陛下允许我以范镇的标准致仕。如果我的罪过比范镇还大，那么就请陛下将我赶走，或者将我杀掉，不管怎样，我都不敢有所躲避。”

致仕就是退休的意思，也有退休金，退休金多少就看以什么官职致仕。范镇也是个直言之人，宁折不弯，曾五次上书反对王安石变法，还指责王安石奖罚全凭个人喜好。一次，他在奏折里说“陛下有纳谏之资，大臣进拒谏之计。陛下有爱民之性，大臣用残民之术”。这里的大臣说的就是王安石，“拒谏之计，残民之术”八个字令王安石十分恼火，范镇因此提前退休。

这件事让司马光彻底下定决心退出朝堂，再不说新法长短。此后十五六年间，他一心写《资治通鉴》，再不过问朝政，当然这是后话。司马光正式辞职是一年后的事，此刻，他还在朝中苦苦挣扎。

苏轼自回京后就隔三岔五地吃散伙饭，写送别诗，好友们多是保守派，一个个或主动或被动地离开，就连恩师欧阳修也自请外放。事实上，自今年二月起，保守派的领袖人物司马光也不断请求离京。与变法派斗争，无疑是蚍蜉撼大树。苏轼深知处境艰难，接下来的几个月，他也确实收敛了许多，没有再搞出什么大动静。可让他闭嘴实在太难，苏轼还是会在诗文中时不时地发发牢骚，尤其是在那些送别诗里：要么说当权者心胸狭隘，朝堂上只容得下一种声音；要么劝朋友学学魏晋的阮籍，不说人长短，明哲保身。

阮籍生在魏晋，魏晋时司马氏当权，大批名士受迫害走上刑场，比如“竹林七贤”的领袖人物嵇康，比如著名美男子当然也是文学家的潘安等。阮籍作为“竹林七贤”之一与嵇康齐名，经常一个人驾着车任由马儿带着他向前，走着走着，发现没路了，就大哭一场，所谓穷途之哭。世道纷乱，时局紧张，一时说错话便会招来杀身之祸，阮籍只能闭上嘴巴，用这种方式排遣愁苦。

苏轼如此比喻，便是以司马氏比如今天子，这些话更不是口头说说，而是写在送别书信里，一旦被人借题发挥，后果可想而知，实在是太胆大了。苏轼劝别人学阮籍少说话，他自己却如何都学不来。苏轼才名远播，粉丝众多，虽然在神宗和王安石眼前消失了一段时间，但他那些碎碎念也非常有影响力，王安石烦得不行，便在1070年（熙宁三年）冬让苏轼兼职开封府判官，试图用繁忙的公务来转移他的注意力。

苏轼任开封府判官时已是年底，过了年便要迎来盛大的元宵灯会。元宵这夜，华灯满街，游人如织，热闹异常。相对来说，皇宫中就冷清多了，宫中从不举行灯会，妃嫔们也只能登上高墙，向市中心望上两眼罢了。如今英宗去世刚好三年，国丧期满，神宗想买一些浙灯在宫内举行一个热热闹闹的灯会，让祖母曹太后和母亲高太后高兴高兴。宫中内使便去购灯，不买不知道，一买吓一跳，浙灯的价格远超预期。神宗决定减价收购，没想到，为了孝顺，神宗竟不惜得罪百姓，自毁形象。

事虽小，体大矣。苏轼看不下去了，他最看不得百姓受苦，来不及多想赶紧上奏。大约说：“卖灯的百姓本身就没什么钱，就靠这盏灯挣点钱。身为人君当为百姓父母，只能贵买，怎还能减价收购？百姓会如何看陛下？

实在是不得体。”这一番话，神宗一字不落地消化吸收，迅速撤回减价购买的命令。

苏轼没想到神宗虽年纪轻轻，竟知错就改、从善如流，简直可与尧舜相比，一时间，心绪翻涌，久久不能平复。

他想起自己考中进士后曾说要致君尧舜，那时是何等意气风发。想起小时候说要像范滂一样为民请命，可如今眼见百姓受苦却听之任之。想起自己步入官场正是通过“贤良方正能直言极谏科”的制科考试，因直谏入仕，如今竟不敢说话。再想到神宗的励精图治、从善如流，苏轼更加激动，为人臣子，遇此明君当鞠躬尽瘁、死而后已，怎能畏畏缩缩、独善其身？

使某不言，谁当言者？终于，苏轼忍不住了，他决定将这段时间憋在心里的话通通说出来。1071 年（熙宁四年）二月，苏轼写了一份《上皇帝书》，第一次全面而系统地攻击新法，字里行间满是忧国爱民之情。神宗读罢，为之动容，但也不过是一时的情绪波动而已，久久没有回应。

苏轼很焦急，这份焦急被表兄兼好友文同看在眼里，文同说：“你也别干等着了，不如跟我一起画画练字吧。”文同此举，一来为好友排遣愁闷，二来也想暂时堵上苏轼的嘴巴，免得他话太多招来祸事。文同性情沉静，朝堂气氛紧张他多保持沉默，下了班就画画竹子练练书法，一心搞艺术创作。

文同和苏轼都是书画高手，论书法苏轼胜一筹，论画则是文同胜一筹。苏轼位列宋四大书法家之首（苏黄米蔡），文同则开创了文湖州竹派。古时，百姓对一方父母官最大的认可便是以当地地名加上官员本身的姓氏来称呼该官员，比如文湖州，就是文同的姓加上湖州这个地名，这表示他在湖州做官时，深受百姓爱戴。

文人最重名节，尤其怕俗，因此通常要在院子里栽一些竹子，苏轼尤其爱竹，用他的话来说是“可使食无肉，不可居无竹。无肉令人瘦，无竹令人俗”。文同擅长画墨竹，苏轼便跟着他学画墨竹，平日里，二人也经常一起研究书法。

当时有两样东西很珍贵：一曰文同的画，二曰苏轼的字。当然，文同的字和苏轼的画也相当珍贵。这两人都有个怪脾气，非得灵感来了才肯挥毫泼墨，若有人拿着重金和画纸来求字画，必然会被臭骂一顿。这可急坏了粉丝们，灵感这东西属于玄学，不好操作呀！也难为粉丝们有耐心，通过长期的观察，还真发现了二人的灵感来源。

文同非常喜欢质地好的绢布和画纸，每遇上乘的纸张画绢就心也痒痒手也痒痒，必然要作一幅画来。这个秘密让粉丝们非常开心，于是文同总能偶遇一些上好的笔墨纸砚，也因此作了不少画。这些画在画成时就被粉丝们当场抢走，文同画得高兴并不介意，粉丝拿了画更是高兴，实在是两全其美的事。然久而久之，文同发现自己被套路了，非常生气，此后便是遇上再好的画绢也绝不动笔，足足忍了一年多。也不知“忍”这个字他修炼到几分，粉丝们求不到画可难受坏了，问文同为何不再作画。

文同没好气地说：“我以前得了一种病，画竹方能解，如今我病好了，不需要再画了。”

与文同不同，苏轼并不介意被套路，他的灵感来源是酒，这令粉丝们更高兴，请他喝酒不就得了？更值得高兴的是，苏轼跟欧阳修一样酒量不大，饮少辄醉。酒醒后便灵感四溢，必得挥毫泼墨一番，这时的苏轼最为高兴。这些字画往往先到者得之，粉丝们你争我抢十分热闹，苏轼甚至不知字画被谁拿了去。

寄情书画的日子过得很快，一个月过去了，神宗依然没给苏轼任何反馈。1071 年（熙宁四年）三月，苏轼又写了一篇《再上皇帝书》，言辞更加激烈，直言新法有如毒药。神宗虽不悦但也没有降罪，沉默应对。连上两道奏章都有如石沉大海，苏轼感到很失望，但他依然想做些什么。

这年乡试，苏轼任考官，出的题目是：“晋武平吴以独断而克，苻坚伐晋以独断而亡，齐桓专任管仲而霸，燕哙专任子之而败，事同而功异，何也？”大意是说：“有人因独断专行成功，有人因独断专行失败，同样的事，结果却大不相同，这是为什么？”

从题目来看，苏轼并非认为独断就一定不好，但眼下朝堂正因神宗强行变法而紧张，这个题目怎么看都给人一种“暗讽神宗独断专行”的意思。这一次，神宗真的很生气。

苏轼让变法派不爽已不是一日两日，如今又惹怒神宗，某些小人的机会便来了，他们视苏轼为眼中钉，早就想拔掉这根钉子了。王安石的亲戚谢景温（王安石的弟弟和谢景温的妹妹是两口子）就是其中之一，他趁机弹劾苏轼兄弟曾在扶丧回乡时私用官船贩卖私盐。这项罪名不小，神宗下令彻查，于是谢景温这帮人便有模有样地调查起来，弄得跟真的一样。

苏轼早料到会有人针对自己，只是没想到这帮小人竟会无中生有，他心怀坦荡，任由谢景温调查，甚至都没有写奏章为自己辩解。谢这群人调查数月也拿不出一条真凭实据，这件事竟然就这么不了了之了。事情虽渐渐平息，苏轼却深感官场险恶，对恩师欧阳修当年被诬告一事也感同身受起来。

欧阳修的小外甥女张氏从小在欧阳修家长大，嫁人后发现丈夫的小妾与人私通，便去捉奸。结果不知怎么回事，也与那奸夫发生了不该发生的事情，后又与家仆发生了不该发生的事情。唉，这个张氏的私生活也是一言难尽。某一天张氏又做了不该做的事，还被开封府的人逮个正着。张氏是心也不细、胆儿也不大，进了开封府吓得要死，不知怎的竟说出自己未出阁时便与舅舅欧阳修有染的话来。

欧阳修蒙了，谏官出身的他，心里想着百姓，肩上扛着责任，事有不妥他必直言，就连自己的老师晏殊他也敢骂，得罪几个人再正常不过。但他不想一味明哲保身，这背后一方面源于他谏官的使命感，另一方面也源自他的文人气节，宋史对欧阳修的评价是“风节自持”。这样一个典型的、清高的士大夫怎会如此不爱惜羽毛，做出那等龌龊事来？只是总有一些别有用心之人借题发挥，更有人翻出欧阳修早年间写的一首词当作证据，这首词名叫《望江南》：

江南柳，叶小未成阴。人为丝轻那忍折，莺怜枝嫩不胜吟，留取待春深。十四五，闲抱琵琶寻。堂上簸钱堂下走，恁时相见已留心。何况到如今。

有人拿着这首词，理直气壮地指责欧阳修，你还不承认吗？这词中的女子不就是你那外甥女吗？欧阳修气得要吐血，然而百口莫辩，最终也是不了了之。

自己不过是被诬告贩私盐，恩师欧阳修则是被诬告与外甥女通奸，与之相比，自己受到的陷害似乎还不算什么。可是，将来呢？一想到这儿，苏轼不由得倒吸一口凉气。

其实苏轼是支持变法的，他肯定新法好的方面，也想变法图强，但他不能接受变法派如此激进，不能忍受朝堂上只有变法派一种声音，更鄙视那些想借变法平步青云的“新贵”小人。有人完全否定新法时，苏轼并不一味附和，表示新法也有可取之处。但他又不是新法的积极支持者，反而一直在批评新法。苏轼是变法派眼中的保守派，又是保守派眼中的变法派，可谓两头受气。如今遭此诬陷，更觉无奈，也十分厌倦，他决定不跟这些人玩了，自请外放。谢景温得逞了。

早年间苏洵曾作《名二子说》，他深知官场复杂、人心险恶，这篇文章便是他对两个儿子的劝诫之语，充满了老父亲的关心和担忧。苏洵觉得苏辙持重谨慎，性格温良，自己可以放心。真正令他放心不下的是苏轼，这个儿子性情刚烈，不懂外饰，极可能惹祸上身，谢景温一事似乎印证了苏洵的话。苏洵还给苏轼取了另一个小字叫和仲，就是希望苏轼能够改改急脾气，性情温和一点，真是知子莫若父。

苏轼如今虽处境不佳，多次批评新法更令神宗十分不悦，但与此同时，神宗也时常感叹苏轼“人才难得”，不能为己所用实在是一桩憾事，当他看到苏轼申请外放的奏章时更是不舍。然而，不舍归不舍，还是得批准，神宗想让苏轼去地方上当个太守。宰相府却觉得苏轼不足以任太守，建议苏轼通判颍州。算来，苏轼入官场已有十余年，论资历、论政绩都有资格任太守。但宰相府既这么说，神宗也就不好完全驳回，最终差苏轼通判杭州。

杭州地灵人杰、繁花似锦，很多官员在杭州任满后都舍不得离开。苏轼屡次抨击新法，神宗虽不悦但从未将苏轼治罪，即便如今苏轼自请外放，神宗还是给他选了一个好去处，可见神宗是很爱苏轼的。

第五章

江南最美是杭州

1071年（熙宁四年）四月，朝廷下达正式文书差苏轼通判杭州。文同得到消息后赶紧写诗劝苏轼，大约说："西湖虽然美，你还是少作几首诗少说几句话，别再给自己惹麻烦了。"苏轼表示收到，接着就收拾行囊准备出发。经历谢景温一事，苏轼十年前初入官场的热情已不复，一直收拾到七月，才带着夫人王闰之、长子苏迈和次子苏迨出发。他不急着上任，而是先去河南陈州探望子由一家。

算来也有一年多未见子由了，想到马上能见到思念许久的弟弟，苏轼的心情好了不少。子由听说苏轼要来陈州，也十分期待，早早备好美食佳肴，要与哥哥畅饮一番。苏辙夫人史氏也很想念嫂嫂，她二人一向和睦，十分聊得来。此次相聚，两家都多了几位小朋友，热闹极了。两位夫人一边照顾小朋友一边闲话家常，十分温馨。苏轼和苏辙则形影不离，要么出游赏景，要么喝酒聊天，顺带写诗作文。苏辙还给苏轼引荐了一位十分有才气的年轻人，此人名叫张耒，今年刚好十八岁。张耒打小聪明，十三岁就会写文章，十七岁时已经有了代表作《函关赋》，若问他的偶像是谁，答曰：大小苏。

张耒近几年一直在陈州游学，因仰慕二苏，便带着自己的文章专程拜访苏辙。苏辙觉得张耒很不错，就将他留在府中。苏轼爱才，更爱读好文章，张耒的这篇《函关赋》自然也不能错过。阅完《函关赋》后，苏轼觉得子由的眼光果然不错，对张耒一番夸赞："这篇文章汪洋肆意，有一唱三叹之声。"张耒年纪轻轻，就得到苏轼如此高的评价，心里十分高兴，与苏轼的缘分也就此开始。

子由家的日子实在太舒服了，苏轼赖了两个多月后才依依不舍地离开，子由依然像上次一样坚持送哥哥一程，一直送到颍州。可巧，欧阳修刚在今年六月退休，如今就住在颍州，兄弟二人便决定去看看这位恩师。这一年苏轼三十六岁，苏辙三十三岁，欧阳修则已是一位六十五岁的老头。欧阳老头退休后过起了琴棋书酒的日子，他说我有一张琴，一局棋，一壶酒，一万卷藏书，其中金石遗文又有一千卷，我一老头加上这五样好东西足矣，于是自号六一居士。此前，他一直自号醉翁，说起来，这个名号也有些来历。

庆历新政失败后，接下来几年间，范仲淹等人屡遭构陷。庆历五年（1045年），欧阳修因为范仲淹辩解被贬到滁州做太守。欧阳修虽然心内苦闷，但在地方上依然兢兢业业，取得了不错的成绩。闲暇时，也时常寄情山水以遣愁怀，大名鼎鼎的《醉翁亭记》便是作于那时。文中说太守喜欢喝酒，但喝一点就醉，“故自号曰醉翁也”，这便是“醉翁”一号的来由。

醉翁亭就建在滁州的琅琊山上，《醉翁亭记》一文写了琅琊的山色景致如何怡人，更写了欧阳太守如何与民同乐，非常活泼生动，文末一段尤其有趣。大约说太阳落山后，游人都跟着太守回去了，这时候就只剩鸟儿们独霸整个山林，高兴极了。可鸟儿们只知道山林的快乐，不知道游人的快乐，游人只知道跟太守游玩的快乐，却不知太守正是因他们快乐才感到快乐。醉了能与民同乐，醒了还能将这些乐事写到文章里的是谁呢？那就是太守呀！太守又是谁？那就是我欧阳修呀！最后一句好像在说，你看我多厉害，活脱脱一个老顽童。

这篇文章中，欧阳修对自己的描述是“苍颜白发”，但其实那时候的欧阳修也就四十岁左右。唐宋八大家中，唐只有韩愈、柳宗元两位，剩下六位则都集中在北宋，其中又以欧阳修为首。苏轼和苏辙如今齐聚老欧阳家，二苏一欧阳便是北宋散文大家中的半壁江山。如今三人都远离庙堂，只谈诗文不议时政，实属难得。欧阳老头非常开心，留了苏轼兄弟二十多天，三人不是烹茶赋诗就是赏景作文，这大约是欧阳修晚年生活中最开心的一段时光。苏轼、苏辙走后第二年，欧阳修就去世了，北宋文坛的一颗巨星就此陨落。

拜别欧阳修后，苏辙准备返回河南淮阳，苏轼则继续向杭州行去，兄弟二人迎来人生中第三次分别。

苏轼曾说“我少知子由，天资和且清……岂独为吾弟，要是贤友生”，苏轼眼中，子由温和澄澈，不仅是弟弟，更是好友。苏辙则说“我初从公，赖以有知，抚我则兄，诲我则师”，苏辙眼中，哥哥对自己爱护有加，更像师长一样教诲自己。此二人可谓兄友弟恭的典范。

子由虽是弟弟，但其实长大后尤其是步入仕途后，反倒经常为哥哥操心。他深知兄长天性直率，若看到别人的善举就拼命褒奖赞美，看到别人的恶行便拼命挖苦讽刺，不管是夸人还是贬人都恨不能说完说尽，常常见义勇为不顾后果。他虽也是一个能直言进谏的人，但不似哥哥那般撞了南墙也不回头，说话也多留有余地，栽一两次跟头后就会暂避锋芒等时机成熟再做打算。他时常劝诫哥哥收敛脾气，有些话可以说，有些话不可说，有些人可以推心置腹，有些人则不可，但哥哥似乎天性如此，令他十分无奈，虽则如此，每次哥哥惹了祸，他都是那个最坚实的后盾。

苏轼虽有很多朋友，然最好的朋友还是苏辙苏子由。现下，他与子由刚刚经历朝堂纷争，更加珍惜骨肉亲情。这次分别，苏轼十分不舍，用他自己的话来说，“此别尤酸冷”。

带着这股酸冷，苏轼继续前行，不久行到泗州。五年前，苏轼与子由将父亲的灵柩运回眉州老家时曾路过这里，当时船只遇上逆风无法前行。听人说这里有个僧伽塔非常灵验，苏轼便去塔里向神明祷告，说来也巧，风向竟然变了，苏轼一行得以继续向前。他想这次若再遇上逆风，他也不会再向神灵祷告，若人人都为了自己方便而向神灵祷告，那做神灵的，日子也太难过了。此时的苏轼，心境发生了一些变化，有点“不恋过去，不畏将来”的意思。

行到镇江金山寺后，苏轼似乎还见到了传说中的飞碟，并为这“飞碟”写了一首诗：

是时江月初生魄，二更月落天深黑。江心似有炬火明，飞焰照山栖鸟惊。怅然归卧心莫识，非鬼非人竟何物？

大意是说：“当时江中月亮初升，到二更时分，月亮好像落入江水般，天空顿时一片漆黑。此时一团银光自江心升起，如火炬般明亮，山里的乌鸦被这亮光惊得四处乱飞。我回到金山寺后，依然因为不识此物感到一丝怅然。一直在想这个东西非鬼非人，究竟是什么？”

沈括的《梦溪笔谈》中也有这么一则记载：

嘉祐中，扬州有一珠甚大，天晦多见……白光如银，珠大如拳，灿然不可正视……倏然远去，其行如飞。

如珠子般呈圆形，发着强烈的白光且飞得很快，很符合传说中飞碟的形象。镇江虽距扬州不远，但沈括这则记载发生在嘉祐年，也就是 1056 年九月至 1063 年十二月之间，而苏轼到镇江见到这一异象时是 1071 年，中间至少隔了八年，二人说的是不是同一事物也不好确定。

当然，彼时的苏轼并不知道飞碟，他想的是，莫不是神明责怪他留恋官场所以才降如此异象。诗末，他又说：“我谢江神岂得已，有田不归如江水。”意思是：“我向神明保证，我之所以留在官场是有不得已的苦衷，等我有田有地的时候一定归隐，江水为证。”苏轼的字画千金难求，对他来说，挣钱买地又有何难？可见此话不过是留在官场的借口罢了。苏轼心中始终有一个致君尧舜的声音，那个声音虽因仕途失意而暂时沉寂，却从未消失。

1071 年（熙宁四年）十一月二十八日，苏轼一家来到繁华富庶的杭州。这里有烟柳画桥，风帘翠幕，参差十万人家，更有三秋桂子，十里荷花。

杭州好风好水，物产丰富，人美景美，还十分有文化底蕴。初来杭州，苏轼只有一个感觉：美。

江南景致，温柔多情，吸引了苏轼，还吸引了另一位马上与他相遇的年轻人，此人名叫晁补之，年仅十九岁。文人遇美景，总要一番抒情，小晁年纪不大，才气却不小，两年前便作《七述》一书，写尽杭州的美景美事。这位少年才子十分崇拜苏轼，如今正随父亲在杭州生活，听说苏轼来了杭州做官，高兴坏了。

为了拜入苏轼门下，小晁冥思苦想，搜肠刮肚，终于写成一篇《上苏公书》，希望苏轼将自己收作弟子。大约是太急于表现，小晁这篇文章炫技炫得有点明显，华而不实，苏轼看后并无回应。小晁却并不气馁，继续努力，又写了一篇《再上苏公书》。这一次，小晁实事求是，不装不炫技，十分朴实地写了自己读苏轼诗文的感受，再次表达了拜师的意愿。文末，还委屈巴巴地抱怨苏轼冷落自己，这个抱怨，大胆中透着自信，自信中还有一些可爱。不知苏轼是否被这个年轻的家伙逗乐，只知道此后不久，小晁便正式拜入苏门，成为苏轼的第一位弟子，《七述》一书也得以呈现在苏轼眼前。苏轼看过《七述》后，十分欣赏，感叹道："我本想写一篇文章来记录杭州美景，如今看来，我可以搁笔了。"在苏轼的影响下，晁补之的名字渐渐活跃在文化圈中。

来杭不久就收得一名弟子，还是一位少年才子，苏轼心情大好，杭州的美景也显得更美了。苏轼时常四处游览，看来看去，还是觉得西湖最美，三天两头去西湖，写了许多关于西湖的诗，最有名的就是那首《饮湖上初晴后雨》：

水光潋滟晴方好，山色空蒙雨亦奇。欲把西湖比西子，淡妆浓抹总相宜。

那日，苏轼与友人去西湖游玩，二人在湖上泛着小舟，喝着小酒，听着细雨潺潺，十分惬意。只见雨滴缓缓而下，温柔地落入西湖水中，西湖好像也被这一抹温柔唤醒而荡起阵阵涟漪。可没一会儿雨就停了，太阳也出来了。雨后初晴，湖面却还未平静下来，阳光下的西湖顿时波光粼粼，十分动人。没多久，又下起了雨，极目望去，远山也在烟雨蒙蒙中变得若隐若现，湖光山色相映成趣实在清奇。苏轼不由得感叹，不管是晴天还是雨天，西湖都如诗如画，令人陶醉，就像美人西施一样，不论浓妆淡妆都是那么美丽动人。

因为这首诗，西湖也被唤作西子湖。

月色朦胧时，苏轼也经常在望湖楼上观赏西湖夜景。白天的西湖好似西施一般美丽，入夜后却又衬出另一位美人来。一天夜里，苏轼又来到望湖楼，新月初上，隐隐挂在西湖上空，仿佛一位妙龄女子刚刚出海正要绘出一幅美丽的夜景图，她体态婀娜，步伐轻盈，刚走到西湖水上，湖面便生出阵阵柔波，水天一色真是美不胜收。苏轼诗兴大发，又作一诗：

新月如佳人，出海初弄色。娟娟到湖上，潋潋摇空碧。

杭州最美是西湖，但最热闹的却是另外两件与西湖无关的盛事：一曰赏牡丹，二曰望海潮。

春天是赏牡丹的日子，百姓们最喜欢去吉祥寺赏花，因为那里的牡丹花不仅数量多，品种也很齐全。1072年（熙宁五年）三月，谷雨时节，正是牡丹盛开之日，百花齐放，明媚鲜妍，格外动人。苏轼陪同当地太守一同前往吉祥寺赏花，寺内外到处都是前来观花的百姓，人声鼎沸，水泄不通，欢声笑语充满了整个吉祥寺。官员们则直接在寺内摆起了宴席与民同乐，花香扑鼻，丝竹入耳，实在是一桩赏心乐事。

待牡丹花会结束之时，所有人便欢欢喜喜地随太守大人一起离开吉祥寺，一路浩浩荡荡，热闹非常。男男女女们还都在自己的衣襟前插上一朵牡丹花，就连老人也是如此，实在有趣。目睹此情此景，苏轼情不自禁吟出几句诗来：

人老簪花不自羞，花应羞上老人头。醉归扶路人应笑，十里珠帘半上钩。

这首诗写了一位赏花醉归后憨态可掬的老人，老头儿一把年纪还给自己头上簪了一朵十分鲜艳的牡丹花，可他竟然一点儿都不觉得难为情，倒令那朵牡丹花害羞起来。十里长街上，人人都卷起珠帘来，看这位头上簪着花、走路东倒西歪的醉老头。

这诗虽略有夸张，但诙谐有趣，显然苏轼在这次花会中十分尽兴。我怀疑苏轼看着大家都簪花便也来凑热闹，给自己头上也簪了朵花。虽是与民同乐，但多少有那么一丝丝难为情，三十七岁的他自然也算不得老头儿，但为了缓解自己的那一丝难为情，便写出这么一个不难为情的老头儿来。

转眼便到秋天，八月十五既是中秋，又是杭州百姓望海潮的日子，这一天不宵禁，全城百姓齐聚钱塘江观看弄潮少年们的精彩表演，待看到兴头上时，还要大声喝彩甚至用金银绢帛来打赏弄潮儿们，热闹程度不亚于牡丹花会。

钱塘江水声势浩大，仿佛千军万马奔涌而过，惊涛骇浪直上云霄，令人胆战心惊。然而，弄潮儿们似乎对这滔天的巨浪一点儿都不害怕，竟在其中嬉戏起来，苏轼暗自佩服，佩服之余又为这些弄潮儿担心起来。他想，钱塘江水如此凶险，若不是为了那些赏银，谁又会拿自己的生命去冒险呢？接着，便写下几句诗来：

吴儿生长狎涛渊，冒利轻生不自怜。东海若知明主意，应教斥卤变桑田。

大意是说：“吴地儿郎自小在水边长大，十分喜爱波涛浪花，为了一点利益就冒险轻生不知怜爱自己。东海龙王若知当今圣上怜爱百姓，应该将这沧海变成桑田，让他们再也不能弄潮。”苏轼虽为弄潮少年们担心，但抛开这一层，他很喜欢这种热闹场面，也喜欢钱塘江，平日里也会在望海楼上极目远望，感受钱塘江的恢宏大气，静看潮起潮落。

杭州确实是个好地方，景致多，热闹也多，苏轼时常约着好友观景赋诗，日子过得诗情画意，在这诗情画意里还发生了许多有趣的故事。

相传一日，苏轼与二三好友在孤山竹阁闲坐对谈，据说孤山竹阁是唐代的白居易任杭州刺史时所建，其中大约有湖有亭子。苏轼几人就在湖边的亭子里闲聊，忽见湖心驶过一只画舫，舫上几个女子皆清淡雅致，其中一人尤其端庄美丽。彼时，那颜色最出挑者正低头抚筝，所奏之曲又十分婉转哀伤，苏轼几人不由得听得入迷，直到这女子随画舫飘然远去才回过神来。

这个故事还有另外一个版本，在这个版本里苏轼并几个好友依然在亭子里谈天说地，忽见一叶小舟驶来，舟上有一女子，淡雅清丽，大约还蒙着面纱，十分神秘，小舟就停在距苏轼不远处。这时，女子开口说话了，大约说她自小读着苏大人的诗文长大，十分仰慕苏大人才情，可惜一直无缘得见，听说苏大人来了杭州，便前来相见，希望为苏大人献上一曲。接着，女子便低头抚筝，筝声婉转动听，曲罢，深深一拜，飘然而去。

不管哪个版本，最后的结尾都是女子飘然而去，留下苏轼几个怅然若失，怅然之余，苏轼还写下一首《江城子》：

凤凰山下雨初晴，水风清，晚霞明。一朵芙蕖，开过尚盈盈。何处飞来双白鹭，如有意，慕娉婷。

忽闻江上弄哀筝，苦含情，遣谁听！烟敛云收，依约是湘灵。欲待曲终寻问取，人不见，数峰青。

这首词写尽美景、美人、美事，还带着那么一丝“多情却被无情恼”的失落，意境悠远，耐人寻味，然而这时的苏轼其实才刚刚开始作词。

古时诗是可以唱的，以五言七言为主，句式格律非常规整。北宋时受边塞声乐的影响，诗已经不能满足乐曲的需求，于是长短不一的词越来越受欢迎。事实上，南北朝时，词已经在襁褓中萌芽。到唐五代时，词已经非常兴盛。词产自民间，刚刚开始时就只是歌词，待逐渐流行起来后也受到文人雅士的关注，逐渐演变成一种文体形式。然而这种文体总带着一股小家子气的味道，并不太被认可，也多出现在觥筹交错的场合。宰相晏殊喜欢填词还被王安石嘲笑“堂堂宰相竟也写小词”。可见，词在当时实在难登大雅之堂。

但这世上究竟是俗的人多，词产生后，发展得非常迅速，也涌现出一群非常著名的词家。最有名的当属柳永，据说，凡有井水处，即能歌柳词。柳永其人生性风流，放荡不羁，常常眠花宿柳与歌伎们厮混在一处。因他写得一手好词，歌伎们往往主动请他填词，柳永的词就这么被唱红了。

柳永如此风流，实在瞧不出他竟生在一个严格奉儒的家庭，其实，他真正的志向是考取功名。1002 年，十九岁的柳永计划进京科考，途经杭州时却被这里的吴侬软语和湖光山色绊住了脚，就此逗留下来，过起了买醉听曲的日子。次年，一首《望海潮·东南形胜》横空出世，成了时下最流行的歌词，柳永就这么出名了。一直到 1008 年，这位风流才子才再次入京赶考，自认才高八斗的他很自信地走入考场，谁知，居然落榜了。这令柳永十分不快，与其说是不快，不如说是不服，心高气傲的他还写了一首词来安慰自己。

词中大意是：“我不过是偶然失去了状元这个名号，就是再贤明的君主也会错失人才。何必为了功名闷闷不乐？我一个风流才子为那些歌姬写写词不挺好的嘛？虽然身穿白衣，也不亚于公卿大夫。”

北宋的官员根据等级或穿紫衣，或穿红衣，或穿绿衣，或穿青衣，白衣其实就是布衣的意思，柳永也因此得了一个“白衣卿相”的称号。这几句话已经够狂妄了，可他后面还说什么“忍把浮名，换了浅斟低唱”，相传就是这一句惹恼了真宗皇帝。柳永词名大盛，写了不少流行歌词，不承想这一首竟传到真宗的耳朵里。柳永千不该万不该，不该将这句酸葡萄的话写在词里。若他真的无心仕途倒还罢了，偏他心里十分想做官，每次科考都积极参加。据说一次他本来考上了进士，那时候柳永还叫柳三变，真宗看到进士榜上有柳三变的名字，便问身边人：“这个柳三变可是那个浅斟低唱的柳三变吗？”身边的人表示肯定，真宗随即大笔一挥，在榜上划掉了柳三变的名字，道：“且去填词。”

这件事令柳永十分郁闷，郁闷之余又大言不惭道：“我这是奉旨填词。”

后来，柳三变改名柳永，因为他还要继续科考。然他虽然在烟花巷里如鱼得水，科考之路却非常坎坷，直到仁宗亲政（1034 年，景祐元年）特开恩科后才考上进士，那年，他已五十多岁，此前已四次落榜，暮年及第实在心酸。之后的仕途之路也并不平顺，晚景更是凄凉，去世后，还是几个歌伎凑钱将他安葬。“今宵酒醒何处，杨柳岸晓风残月”，柳永一世飘零，用这一句词形容他可以说非常贴切。

与柳永一样，苏轼从小也深受儒家思想影响，对他来说科举仕途才是正经。因此，他虽从小就想学词，奈何词实在算不得正统，在苏老爹的严厉管教下只能苦读诗书，志取功名。有了功名后又入官场，一心致君尧舜，浑身上下都是正气和大气，与词实在不搭。如今仕途失意来到杭州这个繁华大都，目之所及尽是美人美景，耳之所听皆是歌舞丝竹，这才开始填词。

苏轼填的第一首词应该是他来杭州后作的一首《浪淘沙》：

> 昨日出东城。试探春情。墙头红杏暗如倾。槛内群芳芽未吐，早已回春。
>
> 绮陌敛香尘。雪霁前村。东君用意不辞辛。料想春光先到处，吹绽梅英。

这首词满是岁月静好，现世安稳，正是 1072 年（熙宁五年）春，苏轼在杭州城东游春时所作。这一年苏轼只写了两首词，属于学习阶段，次年，他也只写了不到十首词。而到了1073年（熙宁七年），他开始频繁填词，一年间竟写了四十二首词。这一年的苏轼在作词这个领域已渐臻佳境，而这种修炼多是在杭州的酒筵歌舞中完成的。

不管是官筵还是私宴，凡文人雅士们设宴，都会叫一些歌伎来助兴。歌伎们既会斟酒赔笑，又会风花雪月，才子们的词写得再好，也得由这些歌伎唱出来才算有味儿，才算圆满。事实上，宋代的歌伎已经成了文化生活的一部分，大部分官员都会在家中蓄养歌伎，既可自娱自乐又可招待客人。不仅如此，官员们还会互相攀比谁家歌伎长得好、身段好、唱得好。若还能写诗填词，就更值得炫耀。可见，在撑门面这一大事上，歌伎们实在是举足轻重。

那些才艺绝佳者多成了名伎，不少人为她们一掷千金，虽看起来风光无限，实则地位卑下，因为，她们最本质的身份依然是奴才，可以被家主任意买卖。年轻貌美运气好的多被有钱人纳为妾室，这已是好去处，更多的人往往是旧主死了或落魄了便被新主买走，一生赔笑，年老色衰后便连赔笑的资格都没了，毕竟总有新人替旧人。不管如何，文人雅士们只管饮酒作乐，只看得见这些年轻歌伎眼下的容色鲜妍、多才多艺，哪管她们日后如何？苏轼不然，他对这些女子充满同情，更不忍刁难她们。

一日阳光明媚，鸟语花香，正是初春季节，天儿蓝，云儿淡，花儿初开，柳儿新绿，微风送爽，十分宜人。春景初盛，杭州府衙的官员们便齐聚望湖楼一同赏春，苏轼也在其中。此等美景，怎可缺了美人？于是那些有名的歌伎统统被官府招来助兴，可其中居然有一人始终不肯露面，几番催促后才姗姗来迟。

这位女子如此怠慢，令官员们十分不爽。苏轼询问一番才知这女子叫秀兰，因睡着了才没有听到催促之声，故而来迟。这个理由实在没什么说服力，在座的一位官员听了这番说辞更是恼火。据说这位官员倾慕秀兰已久，大约是吃了一缸莫名其妙的老陈醋，他认为秀兰这几句都是敷衍之词，真相绝不会这么简单。眼见这位官员越来越生气，秀兰美人只能眼含着泪极力解释，形容可怜，楚楚动人，可是那位官员依然怒气冲冲。

美人都落泪了，还如此不依不饶，我猜秀兰很可能就是不想见他才迟迟不来。苏轼看场面如此尴尬便插进话来试图转移这位官员的注意力，秀兰还送上一朵鲜花赔罪。谁知这官员更生气了，觉得秀兰轻薄于他。醋坛子打翻，可着实要命。秀兰美人进退两难，哭得更伤心了。苏轼这厢看得实在不忍，突然心生一计，他叫人拿来文房四宝，笔下生风般写了一首《贺新郎》，也叫《金缕曲》，并吩咐秀兰："还不速速唱与各位大人听。"

秀兰美人眼泪还没干就拿过苏轼手中的词看起来，这一首词的主角正是一位伤春悲秋的佳人。佳人高洁出尘，虽有倾城之貌却只能隐在深闺顾影自怜。夏日石榴花开，佳人便赏花以遣寂寞。眼见榴花娇嫩可爱，佳人顿生怜爱，生怕这花儿有一天被秋风吹散。可她转念又想，花儿终有零落的一天，就像自己也迟早有老去的那天。佳人越想越伤心，不由得流下两行清泪。

秀兰读罢，只觉词意缠绵，婉转哀伤，想到自己为人奴婢天涯零落，当下就对词中的女子生出一股同病相怜的感情来，一时伤感不已。她略略定了定神，开口唱道：

乳燕飞华屋。悄无人、桐阴转午，晚凉新浴。手弄生绡白团扇，扇手一时似玉。渐困倚、孤眠清熟。帘外谁来推绣户，枉教人、梦断瑶台曲。又却是，风敲竹。

石榴半吐红巾蹙。待浮花、浪蕊都尽，伴君幽独。秾艳一枝细看取，芳心千重似束。又恐被、秋风惊绿。若待得君来向此，花前对酒不忍触。共粉泪，两簌簌。

秀兰情绪饱满，歌声清丽，一曲歌罢，在场的人无不被深深打动，那位怒火冲天的官员也终于消了气。

苏轼对歌伎一向随和，歌伎向他求诗词时，他也会大大方方地送上一首。如遇到才艺非凡的，还会主动作上一首来表达欣赏赞美之意，但他从不作香诗艳词，晚年再来杭州时，还劝一位歌伎从良，这位歌伎便是大名鼎鼎的琴操。

琴操出身官宦，是典型的大家闺秀，琴棋书画，诗词歌赋无有不通。可惜她命途坎坷，十三岁那年家道中落，父亲被打入大牢，以至流落为歌伎。长大后的琴操出落得亭亭玉立，尤擅抚琴，于诗词也颇有造诣，十六岁那年还改了著名词人秦观的一首《满庭芳》，一时声名大噪，在杭州红透半边天，成了名伎。然她向来卖艺不卖身，冰清玉洁。

苏轼结识琴操后，总劝她早日从良，否则将来便是“门前冷落车马稀，老大嫁作商人妇”。琴操不仅才气逼人，于佛理也十分有悟性，苏轼这句话竟让她萌生了出家的念头，不久便遁入空门，还寄语苏轼：“谢学士，醒黄粱，世事升沉梦一场。奴也不愿苦从良，奴也不愿乐从良，从今念佛往西方。”这意思是说：“谢谢苏大学士，一语惊醒我这黄粱梦中人，红尘浮浮沉沉，不过一场大梦。又怎知从良后的生活是苦是乐，即便是乐，我也不想从良，我如今一心念佛，唯愿将来往生西方极乐。”

或许，琴操对苏轼有一种特殊的感情。苏轼晚年被贬海南，琴操闻讯，万念俱灰，不久便香消玉殒，年仅二十四岁。若她果然看破红尘一心向佛，又怎会因此忧思成疾，何至于红颜薄命？若苏轼当时纳了琴操为妾，或许她便愿意从良了。苏轼听到琴操的死讯后，十分悲恸，总说是自己害了琴操。琴操于苏轼，大约有一些红颜知己的意思。

此次来杭，苏轼还遇到了他真正的红颜知己王朝云。不过，此时的朝云还只是一个十二岁的小丫头，父母早亡，沦为孤儿，王夫人看她可怜，便将她买回家做了侍女。苏家文艺氛围浓厚，加上朝云天资聪颖，十分好学，渐渐变得才艺双全，多年后，成了苏轼最重要的人。

说来也巧，苏轼生命中最重要的三个女人都姓王，她们陪苏轼走过不同的时光，每一位都不可替代。王弗聪慧通透，是苏轼心灵上的归宿。王闰之温良踏实，是苏轼生活上的依赖。王朝云聪颖灵气，是苏轼精神上的慰藉。

苏轼一生写了很多词来赞美朝云的美貌和气质，但两位王夫人却从未有此待遇，难道是她们长得丑吗？当然不是，这便是妻妾的不同，朝云为妾室，说到底还是奴婢，不仅是苏轼，即便是他的友人也可随意对其赞扬。这种赞扬若放到正妻身上便成了轻佻，不仅不得体，简直是离经叛道。

古时，做妻子的必须端庄贤惠，绝不能做出那风情万种的样子。为什么？因为不得体。汉时，班婕妤才貌双全，深得汉成帝的喜爱。为了与美人形影不离，汉成帝还特制了一辆双人辇车，打算与美同乘。班婕妤则表示历来明君身边都是臣子，只有昏君身边才满是女人，自己若与君同乘便与那些红颜祸水无异，实在不得体，辇车的事就此作罢。之后，汉成帝每与她打情骂俏，她都深明大义地劝解“皇上还是以国事为重”。后来飞燕、合德入宫，汉成帝的魂儿自然就被勾走了，班婕妤彻底被冷落。

正经女子往往要存天理，灭人欲，班婕妤以理克情更是被树为典型。士大夫们也不能公然对妻子表达太过风花雪月的情愫，否则便是亵渎庄严的夫妻人伦。别说汉成帝那样的好色之徒，就是寻常士大夫也需要一片精神乐园，然这乐园做妻子的去不得，唯有歌伎去得。有些名伎更是琴棋书画样样精通，不仅能陪才子们喝酒，还能一起看风花雪月，聊人生哲学，这实在是妻子们给不了的慰藉。因此，大多士大夫都有几个红颜知己，是为才子风流。

苏轼时常挟伎游玩，王夫人对这些歌伎也颇有些忌惮，生怕他们勾走了苏轼的魂儿。奈何苏轼生性不羁放纵爱自由，对于这样的男人，最好的管束方法就是不管，因为管也管不住，王夫人只好选择完全信任他。值得安慰的是，苏轼虽不避讳去风月场，但这背后一则为才子风流，二则也是入乡随俗。苏轼的这种才子风流多是赋诗喝酒，并不耽于女色。闲暇之时，他也会带着妻儿一起游玩，享受家庭时光。

说起来，还是那些风月场教会了苏轼填词。填了几年词后，苏轼的才名更胜从前，也收获了许多新粉丝，粉丝中更是卧虎藏龙，与偶像见面的方式也十分新奇。

一日，苏轼下班后正准备去西湖边上遛弯儿，没走几步就被一位百姓拦住了去路。此人双手高举一个白色卷轴，正跪在马路中央磕头。苏轼心想，莫不是有什么冤情，赶紧叫下属将那卷轴呈上来。待苏轼打开卷轴，却看到一幅精巧的春山图，画上还题了一首清新雅致的小诗。苏轼喜欢极了，很想认识作画之人，可他在画上找了个遍都不见落款。忙问送画的人画主人是谁，然而这个人却说自己也不知道。

原来这人是一个樵夫，进城卖柴的时候碰到一个人给他一百钱要他来献画，他便答应下来。如此，苏轼更好奇了。几番打听后才知作画的人叫李颀，年纪轻轻就中了进士却偏偏弃官不做，过起了隐居生活，平日间四处游历，日子过得潇洒极了。苏轼觉得此人实在有趣，不久便将他寻了出来，亲自拜访，二人一见如故，常以诗文互和，苏轼从此也多了一位朋友。

苏轼是个社交达人，交友对他来说是一大乐事。除此之外，他还十分喜欢逛佛寺，访名僧，这大概与他从小的成长氛围有关。母亲程氏笃信佛教，宽厚仁慈，苏轼小时候掏鸟窝都得偷偷摸摸，若被母亲发现定要挨一顿责骂。父亲苏洵四处游历时也结交了不少名僧，后来还捐钱塑了许多佛像。受父母亲影响，苏轼少年时期就已熟知很多佛教经典，遇到名刹古寺也定要去游览一番。

一日，苏轼与朋友一起去西湖的寿星寺游玩，那是苏轼第一次去寿星寺，可他刚走入寺庙就有一种异常熟悉的感觉，那种感觉就好像自己曾在这里生活过一样。他当时就对友人说院门与经堂之间应该有九十二级台阶，友人非常诧异，半信半疑地去数台阶，发现苏轼说得竟一级不差。苏轼又说寺庙后院的假山亭台应该是什么什么模样，待二人来到后院，果然又如苏轼所说。这个事情说来也奇，真假难考，苏轼曾说“前生我已到杭州，到处长如到旧游”，似乎印证了上面的故事。

类似的故事还发生在明代理学大家王阳明身上。据说王阳明曾到金山寺游玩，一进寺庙就觉得似曾相识，尤其是寺庙里的一间屋子让他感到很熟悉，王阳明也十分想进去看一眼。然而那间屋子贴着封条挂着锁，不让外人进去。寺里的和尚对王阳明说里面是一位高僧的佛骨，这位高僧五十年前就圆寂了，打那以后那间屋子就再没打开过，希望王大人谅解，不要与他为难。听他这么一说，王阳明倒非进去不可了。王大人位高权重，一个小小的和尚又如何得罪得起？见王阳明如此坚持，和尚只能打开屋门。王阳明进屋后，果然看到一个圆寂的老僧，金身未腐，宝相庄严。墙上还有一首偈子：“五十年后王守仁，开门即是闭门人。精灵闭后还归复，始信禅门不坏身。”王守仁正是王阳明的学名，这一年的王阳明也正好五十岁，也是一件奇事。说来也巧，这金山寺就在离杭州不远的镇江，若果有前世今生，王阳明与苏轼或许真有些渊源也未可知。

此后，苏轼还去拜访了一位住在焦山的高僧，问了这么个问题：“大师，人生实在有太多烦恼，怎样才能去除这些烦恼？”这位高僧却笑而不语。苏轼回去仔细参悟，这位大师不说话是什么意思，难道这就是答案吗？如此参悟了数日，还真参出来点东西，苏轼又去找那位僧人，对他说：“大师，我知道了，人感到烦恼都是因为想得太多。比如一个长（cháng）胡子的人，对自己的胡子自然是早就习惯。但若有人问他胡子这么长，晚上睡觉的时候会不会压着，平时都把胡子放哪儿。长胡子的人一听，就会拼命回忆，自己平时睡觉的时候胡子都放哪儿了，可怎么想都想不起来。等这天晚上睡觉的时候，这人就开始留意自己的胡子，可怎么折腾，都找不到一个合适的地方安置它，于是一夜无眠。第二天，他便再也不想要这长胡子了，恨不得马上剪掉。”

焦山的高僧觉得，苏轼这个比喻十分有趣，故事虽浅，道理却说得很清楚，确实是这么个意思，于是摸摸自己的胡子，点头称是。

这一件事后，苏轼对睡觉一事也讲究起来。他总在临睡前翻来覆去试图找到一个最舒服的睡姿，然后才闭目安睡。待他闭上眼睛后，即使身上有什么不舒服也绝不动弹，以意念催眠自己“我睡了，我睡了”，片刻后便沉沉睡去。

苏轼渐渐参起禅来，不停访僧问道，杭州并周边的三百六十寺，都成了他的好去处。这些寺院大多建在山上，古朴雅致，高僧们的学问也都极好，作的偈子本就是一首好诗，偏又能深富禅意，与他们对谈，苏轼感到非常愉悦，往往不知不觉中一个下午就过去了。上山下山是体力活，苏轼游一次古寺、寻一次高僧往往得折腾一天，回到家中已是深更半夜，然而他乐此不疲。不过他虽在各大寺院跑得勤快,倒并不算一个严格的佛教徒,更不守佛门清规。

多年后，苏轼再度来杭州做官，一次跟几个友人去寺院拜访大通禅师，这位禅师德行高尚，操律高洁，规矩森严，拜访者必得沐浴斋戒后方可去他的禅堂。苏轼此行却还带着一位歌伎，伎与妓往往没有十分明确的划分，大通禅师向来不允许女人入禅堂，何况还是一个歌伎。苏轼却玩心大起，非要去闹闹这老和尚，带着这位歌伎直接闯入禅堂。大通禅师觉得此举太过荒唐，脸色十分难看。苏轼早有预料，表示自己马上写词谢罪，只求大师允许这位歌伎摸一下敲木鱼的木槌。这哪儿是谢罪，简直是变本加厉，大通禅师的脸色更难看了。苏轼却好像没看到一样，提起笔来，写下一首《南歌子》：

师唱谁家曲，宗风嗣阿谁。借君拍板与门槌。我也逢场作戏，莫相疑。
溪女方偷眼，山僧莫皱眉。却愁弥勒下生迟。不见老婆三五，少年时。

大意是说：“大师你唱的是谁家的曲子，继承的又是哪家的宗法。我不过是借用一下你家的门板与木槌，逢场作戏罢了，你呀不要生疑。这歌伎是偷偷看了你一眼，你也不用皱眉眨眼地生气。要怪只怪你生得迟，没遇上她年少的时候，那时，她也是一个天真烂漫、纯洁可爱的少女。”

苏轼这词满是调侃戏谑，大师不悦自然是嫌弃这位歌伎不仅是女人还是个不贞之人，可苏轼却说她也曾是个单纯的青春少女，怪你自己生得迟没见着人好的时候，实在是一番歪理。但仔细一想，却也有几分禅意，西安碑林区的八仙宫中有这么一副对联：

存心邪僻任尔烧香无点益，持身正大见吾不拜有何妨。

可见，心术不正之人就算是烧香拜佛、斋戒沐浴也没有用，而身正光明者即使不守规矩，神灵也不会怪罪。八仙宫虽属道观，但佛道一理，其实在很多佛教记载中，也能看到类似的故事。

听完苏轼一番歪理，大通禅师不由得被逗乐，气也消了大半，苏轼走出禅堂后还给别人说他刚刚是去学“密宗佛课”了，真是玩性难改。苏轼如此放浪形骸，连佛门重地都敢调侃，自然不会像大多数佛教徒一样谨守清规。“酒肉穿肠过，佛祖心中留”，苏轼大约是这一挂的，但这属于高阶玩法，普通人可别忘了后两句，“世人若学我，如同进魔道”。

不管是纵情山水还是访僧问道，都只是苏轼的业余生活，苏轼最主要的身份还是签判大人，他最关心的依然是杭州百姓。杭州虽然繁华，但真正过得富足的只有少数达官贵人，对普通百姓来说，有水喝、有饭吃、有衣穿便是幸福。可事实上，很多百姓连饭都吃不饱，苏轼来杭不到半年就再一次感到民生多艰。那时正是1072年（熙宁五年）春，农耕时节偏遇上阴雨绵绵，本该在田里干活儿的百姓只能在家里干着急。苏轼看在眼里，急在心里，想做些什么又深感无力，只好去寺院里散心。

一天，他来到观音院，看到大殿中的白衣观音像，真希望这些神灵能为百姓做些什么。可是神佛菩萨并不能听到他的祈祷，无奈之余，苏轼只好写诗表达愁怀：

蚕欲老，麦半黄，前山后山雨浪浪！农夫辍耒女废筐，白衣仙人在高堂。

大意为:“蚕要老了,麦也要黄了,眼看夏天都要过去了,雨还下个不停，山前山后到处是水。农夫不能耕地，采桑女也不能采桑，观音菩萨食人间香火却丝毫不在意百姓的死活。”

这几句看起来在说观音菩萨的不是，实则是暗讽高居庙堂的官员们不作为。文同早就叮嘱苏轼不要再写诗也不要再说话，而苏轼终究还是没忍住。

水灾刚过旱灾又来，好在苏轼与杭州太守早有准备。

出于钱塘江的缘故，杭州的地下水非常苦涩不能饮用。城内无淡水，百姓只好依山靠湖而居。唐代的李泌在杭州做官时在城内打了六口井，又将西湖水引到六井中，百姓这才有了水喝，从山上搬到城里来住。再后来白居易在杭州当官，发现六井已堵，便进一步疏浚西湖和六井。天长日久，这六井又堵上了，百姓吃水又成了问题。

1072 年（熙宁五年）秋，杭州府衙就百姓吃水问题开了一次会，主要参与人员有杭州太守陈襄、签判苏轼以及众多杭州百姓。经过这一次会议，官府才知六井的重要性，当下决定治理六井。性格豪爽的陈太守还向百姓保证：“放心，有我陈襄在，一定让大家喝上水。”

这个陈太守性格与苏轼十分投契，二人说干就干，请了几位懂水利的僧人作为整治六井的项目负责人。古时的僧人真是卧虎藏龙，似乎什么都会。这几人果然没有辜负陈太守和苏签判的期望，迅速呈上治理方案，二位大人很满意。接着，苏轼便带人挖沟开渠，疏浚修理。六井得治，百姓终于有了水喝，欢欢喜喜地奔走相告。没多久，江南遭遇大旱，附近的百姓都断了水源，杭州百姓却没这个困扰，这都得益于六井。杭州百姓庆幸遇上了陈、苏两位好官，对他二人十分感激。

然而，涝一阵旱一阵，百姓的收成非常不好。边境打仗用钱，官府又新出通知，不许再用粮食抵税，只能交现钱。百姓只好卖粮换钱，然而这些钱远不够缴税，只好又砸锅卖铁卖耕牛，过上了拆东补西的生活，往往吃了上顿没下顿，简直不敢想象明年的日子要怎么过。不管怎么说，眼下的难关算是过去了。苏轼看在眼里，急在心里，在诗里写道：

卖牛纳税拆屋炊，虑浅不及明年饥。官今要钱不要米，西北万里招羌儿。

不久，官府又出了新盐法，规定食盐只能由官府收购出售，不准百姓私自贩卖。官盐昂贵，百姓没钱买盐，经常一连几月菜里无盐。个别胆大的竟偷偷贩起了私盐，虽危险了些，但毕竟可以有盐吃，还能赚一些钱。之后，越来越多的人加入贩盐队伍，官府屡禁不止。终有一天，朝廷派人来大督察，下令彻查此事并对盐贩子严惩不贷。一时间，杭州大牢人满为患。苏轼对这些囚犯充满同情，他认为盐法实在太过苛刻，若能保障日常生活，谁愿意铤而走险？然而作为签判，他必须依律处理。

接着，朝廷又有了新指示，杭州有一处天然大盐场，为了运盐方便，朝廷决定在盐场附近开凿一条运盐河道，苏轼被派去监理运河工程，工人们自然是杭州老百姓。彼时是 1072 年（熙宁五年）十一月，秋冬时节，天气本就异常湿冷，不料又下起了雨，百姓们日日泡在泥巴里，令人不忍直视，苏轼叹道：“人如鸭与猪，投泥相溅惊。”

百姓苦不堪言，苏轼对当权者十分失望。

十二月湖州水患，苏轼奉命协助湖州太守孙觉治水，公务之余，他和孙觉经常一起爬山、吃饭、喝酒、聊天。两位大人满眼都是百姓疾苦，心中有许多牢骚要发，可想想如今的局势，唉，不说也罢。二人还约定下班时间只谈私事不聊时政，否则自罚一杯。

1073年（熙宁六年），江苏常州、镇江闹饥荒，十一月，苏轼奉命前去赈灾，往后半年多的时间，不是在赈灾，就是在赈灾的路上。奔波中，苏轼又想起当初那个意气风发、满面春光的自己，那个只有二十多岁的自己。彼时年华大好，他踌躇满志想为圣上臂膀，为君分忧解难，开创太平盛世。然而此时百姓就在苛政下受苦，自己不在君侧建言献策却在路上染满风尘，又是治水又是赈灾，实在讽刺。年轻时的梦想很美丽，或许只是因为太年轻，时光匆匆，十几年眨眼便过，虽已将近不惑之年，苏轼却从未如此茫然。

这年除夕，苏轼依然奔波在路上，一直到常州城外才停船歇息。夜幕降临之时，城内逐渐燃起万家灯火，城外的苏轼却枯坐舟中，对着一盏残灯思念远方的亲人。夜凉水寒，苏轼久久不能入睡，思念也越来越浓，于是坐起身来，铺纸研墨，写诗遣怀：

行歌野哭两堪悲，远火低星渐向微。病眼不眠非守岁，乡音无伴苦思归。重衾脚冷知霜重，新沐头轻感发稀。多谢残灯不嫌客，孤舟一夜许相依。

大意是说："一路走来，我看到有人边走边歌，有人在野外哭泣，不知怎的，不管是看到别人唱歌还是哭泣，我都感到很悲伤。今天是除夕，城内的万家灯火看起来真暖啊，灯下定是一个又一个团圆幸福的家。时间悄悄流逝，远处的灯火渐渐暗了下去，就连天上的星星也暗淡了许多。那些还没睡的人应该是在守岁吧，我却没一点儿守岁的心思，只想好好睡一觉，无奈眼病犯了，怎么都睡不着。好想家啊，若能有位老乡跟我说说话就好了。冬天霜重，夜里特别冷，我盖了好几层厚被依然觉得脚冷。近日，我的头发也越来越少了，恐怕再过不久，我就要变成一个糟老头儿了。也只有这盏残灯不嫌弃我，整个夜晚都静静陪着我。"

这首诗说不出地孤单、迷茫、不安，苏轼非常低落。一首作罢，意犹未尽，于是又写一首：

南来三见岁云徂，直恐终身走道途。老去怕看新历日，退归拟学旧桃符。烟花已作青春意，霜雪偏寻病客须。但把穷愁博长健，不辞最后饮屠苏。

这首诗的意思是："今日正是辞旧迎新之日，来江南后，这样的日子我已过了三次，往年都是与妻儿一起，今日却独自漂泊在路上。我真怕，怕自己这一生都要疲于奔命。不知不觉中我已到不惑之年，人一老就怕看新历。明天是大年初一，人们又要用新的桃符换掉旧的桃符，我也该像旧桃符一样该隐退的时候就隐退。过了年马上就要入春，然而这霜雪却不肯放过我，偏爱找我这病客的麻烦。如今我虽穷困潦倒，但只要身体康健，就是做一个最后喝屠苏酒的老人也该满足了。"

古时习俗，正月初一要换桃符，桃符是一种桃木板，百姓在上面写上神灵的名字挂在门两边用以辟邪，来年初一的时候便用新的桃符换掉旧的。王安石《元日》一诗中说"总把新桃换旧符"，意思就是用新桃符换掉旧桃符，新桃和旧符都是省略写法。屠苏酒也要在大年初一饮用，同样是为了辟邪，喝屠苏酒要按照先幼后长的顺序来，因此苏轼在诗中说要保重身体，当那最后一个喝酒的老头儿。

这一首诗，依然非常低落，苏轼在官场疲于奔命，开始抱怨这种四处漂泊的生活，嚷嚷着要从官场隐退。

带着满怀愁绪，苏轼继续前行，几个月后到达江苏宜兴。宜兴是江南水城，彼时冬去春来，目之所及尽是一片温柔的新生之象，苏轼的心情也好了起来。苏轼的朋友蒋之奇就是宜兴人，与苏轼同年考中进士。曾几何时，蒋之奇将自己的家乡一顿猛夸，直说出个桃花源来，苏轼听得心动，便与蒋之奇约定退休后一起在宜兴养老。没想到，十七年后，苏轼真的踏上了这片土地，他觉得蒋之奇果然没吹牛，宜兴鱼肥水美，地灵人杰，景色宜人，确实是个养老的好地方。苏子有词曰：

买田阳羡吾将老。从来只为溪山好。来往一虚舟。聊随物外游。
有书仍懒著。水调歌归去。筋力不辞诗。要须风雨时。

阳羡便是宜兴，这一首《菩萨蛮》大意是说："阳羡的溪水山色实在是好，等我老了的时候就在阳羡买一块田，一人一舟，在山水间潇洒来去。那时我也懒得再著书写字，应该会像陶渊明一样唱着《归去来兮》歌。也不是我没有精力写诗，只是我正在享受那悠闲自在的田园风光，除非风雨来催我才会写上一两首。"

显然，这时的苏轼心情好了不少，但也再一次表现出对官场生活的厌倦，开始向往田园生活。

宜兴这一趟令苏轼放松不少，接下来他又要去镇江赈灾。1074 年（熙宁七年）的三四月间苏轼来到镇江。这时，苏轼离家已有小半年，正是枝上柳绵吹又少，他又想家了，想妻子王闰之了，思念之余，写下一首《少年游》：

去年相送，余杭门外，飞雪似杨花。今年春尽，杨花似雪，犹不见还家。
对酒卷帘邀明月，风露透窗纱。恰似姮娥怜双燕，分明照、画梁斜。

这首词，苏轼以妻子王闰之的口吻来写，大意是说："去年你离开杭州时正是冬日，大雪纷纷好似迎风而起的柳絮。如今眼看春天就要过去，柳絮纷飞如雪，你却还不回来。夜里，我卷起珠帘，邀请明月与我一起饮酒，谁知风露却趁机而入，透过窗纱直扑我怀。月里的嫦娥似乎分外怜惜双飞的燕子，一片柔光尽数洒向房梁上的燕窝。燕儿尚且成双成对，却不知你我夫妻何时才能相聚。"

苏轼自己想夫人了，却说夫人想自己了。此前，二人总是形影不离，苏轼走哪儿都会带着妻儿，这一次只是暂时借调，就没有带妻儿一起，这是他们第一次分开且分开这么久。全篇不见一个“思”字，却字字含着思念之意；未有一个“情”字，却句句载着夫妻情深。

王闰之本为苏轼继室，二人的结合也是由亲友撮合，对苏轼来说选择王闰之还有一个很重要的原因，那便是孩子。他希望继室能善待他与王弗的孩子，于是娶了知根知底的王家表妹。二人的结合实在算不得浪漫，然日子一天天过去，二人久处不厌反生一往情深。王闰之虽不如表姐满腹诗书、智慧通透，却也贤惠善良、宜室宜家。烹茶赋诗并非真正的生活，唯柴米油盐方见真心，一饮一啄的陪伴不也是一种平淡而长情的浪漫吗？这样的陪伴是温暖的、踏实的，此时的苏轼正在路上奔波，便更想念王夫人给他的那种踏实感。值得高兴的是，苏轼处理完镇江的事务后便可返回杭州一家团聚。

返杭的日子很快来临，镇江好友纷纷为苏轼饯行，宴会结束后，苏轼从镇江京口出发，带着一身醉意登上回家的船。待他醒来已是二更时分，船已行出一段距离，此时轻云蔽月，万籁俱寂，苏轼回头望去，只见一座孤城笼在一片蒙蒙雾气中，如梦如幻。苏轼想起临行前还与友人把酒言欢，却怎么也想不起登船时的情景。醉意渐渐散去，苏轼发现自己的头巾也歪了，扇子也掉了，人也快从湿湿的藤床上滑下去了。他突然想起刚刚做了一个清幽的梦，想把这个梦说与别人听，却发现身边没有一个可以倾诉的人，小舟在江中漂漂荡荡，就好像他自己在宦海中浮浮沉沉，也不知何时才能停下来，何时才能回到故乡。此番心境，尽在一曲《醉落魄》中：

轻云微月，二更酒醒船初发。孤城回望苍烟合。记得歌时，不记归时节。

巾偏扇坠藤床滑，觉来幽梦无人说。此生飘荡何时歇？家在西南，长作东南别。

苏轼又在思归，这个归不是回家，而是归隐。“记得歌时，不记归时节”，是说自己只记得临行前与友人对酒当歌却不记得登船情景，同时也含一层隐喻，歌代表入仕，归代表隐退。苏轼老家在四川眉山，因而说家在西南。如今在杭州做官，这一年更是在镇江、常州一带奔波，因而说长作东南别。西南、东南也含一层隐喻，西南代表归乡，东南代表游宦。“家在西南，长作东南别”与“记得歌时，不记归时节”其实是一个意思，苏轼似乎在说，做官好累，我想回家。然而，若真有人来一句那你辞官归隐呗，苏轼定然要翻出一个大白眼来。

士大夫们说要归隐就好像职场人说要辞职一样，发几句牢骚实则是为了调节心情然后更好地给老板打工。不过身在职场，若真被逼急了，脾气一来，也是说不干就不干，此处不留爷，自有留爷处，换个单位罢了。然士大夫们若不干了，就是彻底没单位了，况且这群人受儒家思想影响，一心匡扶天下，归隐则代表着他们的理想之花就此枯萎，因而比普通人更纠结、更矫情。

这股子矫情劲儿实乃人之常情，大多数人都不能免俗，然而，唐时有一个叫灵澈的僧人却偏偏要捅破这层窗户纸。灵澈曾写一首诗赞美庐山的美景，好友韦丹读后表示对庐山十分向往，于是写了一首诗寄给灵澈。诗曰：

王事纷纷无暇日，浮生冉冉只如云。已为平子归休计，五老岩前必共闻。

简单来说就是：“当官太忙了，不仅忙，还像云一样飘飘浮浮，不如像张衡一样早点归隐山林，享受庐山的好风景。”平子是张衡的字，就是发明地动仪的那个张衡，这诗的名字便叫《思归》。灵澈看到后，不禁呵呵冷笑一声，回了一首：

年老心闲无外事，麻衣草座亦容身。相逢尽道休官好，林下何曾见一人。

灵澈是说："我如今老了，闲得很，就算是穿麻衣、坐草座也能安身。韦大人你就不一样了，必然得吃好的、穿好的、住好的。你们这群当官的，一见面就说当官多么辛苦，天天说要辞官，可又有几个人真的辞官归隐了？简直就是矫情。"

韦大人看了这首诗，估计也只能干笑两声，暂时收起矫情。但还真有人不矫情，说辞就辞。在宋时，一位姓鹿的官员很干脆地辞官归隐，辞官后还在家中弄了一个匾，上面写着俩字：见一。这意思是说，灵澈你不是说"林下何曾见一人"吗，我鹿某人就是那一人。似鹿大人这般洒脱的本就是少数，此刻的苏轼还不到四十岁，更做不到说辞就辞，于是与大多数人一样，一边喊着归隐的口号，一边继续在官场中飘摇。所谓思归，实则是不想归。

这年六月，苏轼返回杭州，夫妻久别重逢，自是十分高兴。唯一令人伤感的是陈太守任期已满，正准备离杭。苏、陈二人性情相投，工作上是好搭档，私下里是好朋友。陈襄的离开令苏轼很不舍，可又能怎样？吃了散伙饭，喝了饯别酒，千言万语后，陈太守还是启程了。苏轼出城相送，一送再送，直到回头看不到杭州城中的人影时，才与陈太守互道珍重，陈太守也登上了远行的船。苏轼站在岸边，看着友人渐行渐远，心中无限怅惘，写下一首《南乡子》：

回首乱山横。不见居人只见城。谁似临平山上塔，亭亭。迎客西来送客行。

归路晚风清。一枕初寒梦不成。今夜残灯斜照处，荧荧。秋雨晴时泪不晴。

这大意是说："回头望去，远山横斜，早已看不见城中的人影，只隐隐看到一座城。又有谁像临平山上亭亭矗立的高塔，迎客西来又送客远去。回来的路上，晚风凄清，睡觉时枕头也有些冰凉，旁边的灯也十分破旧，一会儿亮，一会儿灭。秋雨停了，天也晴了，我这不舍的泪水却依然流个不停。”

词多写男女情思、离愁别绪，更有闺怨诗专写少女怀春、思妇幽怨等，文风也多哀怨婉转，有一股小家子气。苏轼这词，虽也写离愁，但意境开阔、简约大气，隐有豪迈之意。

其实，在苏轼之前，已经有人写了一些较为大气的词。比如范仲淹有“塞下秋来风景异，……四面边声连角起”等句写边塞风光，欧阳修有“挥毫万字，一饮千钟。行乐直须年少，尊前看取衰翁”等句描写仕途坎坷。范、欧阳等人试图延伸词的题材，丰富词的风格。然而，整体来说，词依然笼着一层华丽香艳的氛围，因而有诗庄词媚一说。显然，此时的苏轼已不随主流填词，他注定是引领者而非追随者。

陈太守走后俩月，苏轼三年任期也满。下一站去哪儿，尚且不知，他想不如找个离子由近点的地方，兄弟俩也能互相照顾。于是修书上表，申请在密州任职。密州，也就是今天的山东诸城，离子由所在的济南不远。九月份，朝廷下达正式文书差苏轼知密州，苏轼心愿达成，十分高兴。

九月底，苏轼一家启程前往密州。这一次，路上又多了两个人，一个是在杭州出生的幼子苏过，另一个则是王朝云。苏轼此行也有不少友人相送，杨绘、刘述、陈舜俞、张先四人一直送他到湖州，并在湖州拜访了他们的老朋友——湖州太守李常。这次访友还遇上一件喜事，李常刚得了一个儿子，正在做三朝礼。三朝礼是古时习俗，指的是生子第三天时，要给孩子做“洗儿宴”。

这天亲朋好友欢聚一堂，非常热闹。苏轼一行本是在离愁别绪中拜访友人，遇上如此喜庆的日子，坏心情顿时一扫而空。苏轼最爱热闹，一高兴，就起了玩心，作了一首《减字木兰花》庆祝李常得子。说是庆祝，实则是调侃，且来看看这首词：

惟熊佳梦，释氏老君亲抱送。壮气横秋，未满三朝已食牛。

犀钱玉果，利市平分沾四坐。多谢无功，此事如何着得侬。

大意为："梦见雄壮的熊是个吉祥的预兆啊，这表示要生男孩。释迦牟尼老人家亲自将儿子送给你，难怪这孩子体格如此健壮，气势如此豪迈，出生不满三天却好似能吃下一头牛。席上尽是犀钱果子，在座的宾客都分到了喜钱喜果。多谢多谢，我实在是无功受禄啊，生孩子这件事我又如何能出得上力。"

这首词满是戏谑，最有趣的就是最后一句，这里有个典故。据说一日，晋元帝喜得皇子，高兴之余便大宴百官，大行赏赐。这时，有个大臣说："感谢陛下赏赐，可我们这些臣子实在是无功受赏啊。"晋元帝则说："这样的事情难道还能让你们有功吗？"一时传为笑谈。

苏轼此词一出，又逗得众人一阵大笑。宴会上的诗词，多是敷衍应酬之作，恭维的多，戏谑的少，似苏轼这般戏谑的更是少见。可见，苏轼与李常确实非常亲密才敢如此玩笑之。在李常家待了几日，苏轼一行继续赶路，杨绘因公务缠身就此分别，张先等人则继续送苏轼前行。然而送君千里，终须一别，离别的那一刻终究还是来了。宦海浮沉，身不由己，书信慢，车马远，不知下次见面又是何时。松江之上，友人们再不能同苏轼一起登舟远行，一时之间伤感满怀。尤其是张先，彼时，他已八十五岁，或许这一别后就再无相见之日，老张头老泪纵横，无限伤怀。

自入官场，苏轼就在不断地告别，离开。然而，离别这种事，不管经历多少次都难以习惯。无论如何自我安慰，当那一瞬来临时，伤感依然随之而来。可没有离别的伤感又何来重逢的喜悦，苏轼的这份伤感很快就被与子由重逢的喜悦代替。

上一次与子由分开还是在恩师欧阳修家，算来已是三年未见。颍州别后第二年，恩师欧阳修也与世长辞，自己公务缠身，都没能见他最后一面，只能以一篇祭文聊表哀思，实在遗憾。如此想着，苏轼更思念子由了。他决定先绕道去济南看子由，然后去密州，谁知天公不作美，去济南的河道已结冰停航，苏轼只好向密州行去。

第六章

荒凉密州

○
○
×
●

1074年（熙宁七年）十一月，苏轼一家终于抵达密州。杭州温暖明媚，密州寒风萧瑟，巨大的反差令苏轼颇有些不适。子由家也没去成，苏轼心里牢骚满腹，北国秋冬的肃杀之气也显得格外浓烈。苏轼不禁感慨起来，过了这个年，自己便四十岁了，眼见年华老去，自己却四处奔命一事无成。壮志凌云少年时，少年已去多时，少年的理想也终究如海市蜃楼般可望而不可即。

感慨了一会儿，苏轼突然意识到自己来密州终究是来干活的，而不是来感慨的。胡思乱想到此为止，还是收拾收拾准备上班。自踏入密州境内，苏轼就看到路上有好多农民在田间忙碌，如今天寒地冻，正是农闲的时候，他们到底在忙什么？带着这个问题，苏轼开始工作了。

原来密州正在闹蝗灾，那些田里的男女老少正是为此忙碌。他们将田里的土一块块翻过来检查，如果有蝗虫的虫卵，就将这些虫卵深埋在地下。此外，也有些虫卵藏在草皮中，因此，对那些草皮，农民们也要细心检查一番，一旦发现虫卵就立即烧掉。田里到处是农民，路旁满是草木灰，蝗灾十分严重。

如此险情，当地的官员竟视若无睹。苏轼询问，这些人便说蝗虫虽然多但也没造成什么严重后果，更有甚者竟说出“蝗虫能为农民除草”的胡话来。苏轼一听简直气死我也，怒气冲冲道：“蝗虫既然这么好，百姓们为什么还要捕杀蝗虫，不应该盼着它们多来一些吗？”

事实上，这年八九月份，苏轼还在杭州的时候就曾带着当地农民捕杀过蝗虫。那时，上万只蝗虫呼啸而过，声势浩大，直接盖住了钱塘江浩浩荡荡的水声。如今看来，江浙一带的蝗灾不过是密州的余波而已，蝗灾真正的源头就在密州。

苏轼心急如焚，日日奔走在田舍调查，原来这蝗灾已经闹了几年了，百姓们早已饿得吃不上饭，常常以树根野菜充饥。更糟糕的是，今年秋季雨水又少，秋麦也无法播种，收成更是惨淡。苏轼的心简直要揪起来了，他迅速组织民众捕杀蝗虫，夏冬时节蝗虫大量产卵，如果不及时捕杀这些幼虫，待到来年春暖，这些幼虫便能展翅高飞，那时一切都晚了。为了提高百姓的捕蝗积极性，苏轼还拨出一部分粮食作为奖励，他自己也亲力亲为与农民一起捕杀蝗虫。

来密州后，苏轼不是在捕蝗，就是在捕蝗的路上；不是在捕蝗的路上，就是在想着怎么捕蝗，可谓又累又烦。在杭州时，公务之余也充满了诗情画意，在密州却只能日日捕蝗，更不知什么时候才是个头，生活条件更无法与杭州相比。杭州繁华富庶，密州穷乡僻壤；杭州有烟柳画舫，密州只有车马劳顿；杭州有一湖烟雨，密州只有一川桑麻；杭州有大米、鲈鱼，密州有草根、野菜。江南人讲究细致，北方人粗犷简朴。苏轼如今才明白，什么叫上有天堂、下有苏杭。

这些倒也罢了，最令他无奈的是面对密州穷苦的百姓，官员们竟如此消极怠工，他深感无力且非常孤独。当年在杭州时，陈襄与他急百姓所急，二人合作得十分愉快。如今，密州的府衙中竟有官员说出蝗虫能除草的话来。苏轼有些泄气，泄气的同时也抱怨起来："我为什么要来密州，对，为了离子由近点，结果河道结冰，我也没能看上子由一眼，如今公务缠身更无暇去看子由。要是当初不来密州，也就不会陷入这种局面了。"此刻的人生似乎灰暗无比，苏轼在诗里写道：此生何所似，暗尽灰中炭。

一天夜里，苏轼做了一个梦。梦里，他来到了眉山老家，在院子里与子由谈论诗书十分愉快，不知不觉中天就黑了，二人便各回各屋，各找各媳妇儿。苏轼来到自己屋前，轻轻推开门，只见爱妻王弗正对镜梳妆。听到开门声后，王弗转过身来，微微一笑，轻声唤道"子瞻"，美目流转，温柔似水。

“子瞻……”

天地间，只剩一抹温柔的笑，一声温柔的“子瞻”，苏轼于睡梦中流下两行清泪，不知不觉中就醒了过来。

大约二十年前，十九岁的苏轼迎娶十六岁的王弗为妻，少年夫妻，郎才女貌，相亲相爱，感情日笃。王弗虽不算十分聪明，但明白通透，善解人意。苏轼热情直率，不谙世事，若来访的客人特别热情，便以同样的热情回馈。每当这时，王弗便会提醒他“这个人的热情来得快，去得也快”。日子久了，苏轼发现确实如王弗所说。就连苏洵也十分欣赏王弗，对苏轼说“有妻如此，你会少吃不少亏”。王弗去世后，苏洵还叮嘱苏轼一定要将王弗与他们老两口葬在一起，可见苏洵对王弗十分认可。

王弗对苏轼来说是特别的，是初恋，也是心灵上的归宿，是生活中的伴侣，也是事业上的良师。可惜好景不长，二人只有短短十年的缘分，算来王弗故去也有十年了。自王弗去世后，苏轼一路坎坷，身似浮萍。苏轼想念王弗，想跟她说说话，然而，纵使相逢应不识，如今的苏轼年近四十，尘满面，鬓如霜。心中百感交集，苏轼再不能睡，千言万语化作一首《江城子》，于是我国第一首悼亡词产生了：

十年生死两茫茫，不思量，自难忘。千里孤坟，无处话凄凉。纵使相逢应不识，尘满面，鬓如霜。

夜来幽梦忽还乡，小轩窗，正梳妆。相顾无言，惟有泪千行。料得年年肠断处，明月夜，短松冈。

苏子亦有苍凉心事，十年生死两茫茫，是一片深情，更是一声叹息。与其说苏轼想念王弗，不如说他想念与王弗在一起的那段日子，那段意气风发的日子。可惜，美好似乎只属于过去，眼下尽是烦恼。苏轼一闭眼就是蝗虫、穷苦的百姓，还有消极怠工的下属官员们。可身为一方父母官，他又不得不面对，逃避从来不是他的本性，于是他日日埋头苦干，试图改善这样的局面。

一日下班回家，苏轼刚进门，三岁的苏过就跑了过来，十分开心地扯着苏轼的衣角要爸爸陪他玩。苏轼忙了一天，此刻正是又累又烦，哪有心情陪孩子玩，一时没忍住就吼了苏过两句。一个三岁的小娃娃从未见父亲发这么大的火，当时就被吓哭了。王夫人闻声，赶紧过来抱走苏过，并轻声劝慰苏轼："过儿还小不懂事，你跟他计较个什么劲儿！我看你呀，倒是比他还像小孩子，愁眉苦脸的有什么用？还不如找点开心的事情做。"

听了夫人的话，苏轼便不言语了，仔细想想，确实是这个道理，想想自己刚刚的样子，竟有些惭愧。正不好意思时，王夫人已经洗好了酒杯，将一壶酒和几个小菜放在苏轼面前，温柔道："别愁了，喝点酒吧。"

王夫人四两拨千斤，苏轼的气再也生不起来了，想到自己一向爱喝酒，夫人不仅不反对，还如此温柔，如此主动将酒菜端到面前，便觉自己十分幸运。他觉得自己这位夫人实在贤惠，不像刘伶的妻子为了区区几个酒钱就让丈夫戒酒。苏轼很感激王夫人的善解人意，还将这则小故事记录在一首名叫《小儿》的诗里：

小儿不识愁，起坐牵我衣。我欲嗔小儿，老妻劝儿痴。儿痴君更甚，不乐愁何为。还坐愧此言，洗盏当我前。大胜刘伶妇，区区为酒钱。

诗中的刘伶是魏晋"竹林七贤"之一，堪称古往今来第一酒鬼，经常过度饮酒，他的妻子担心他喝坏身体便劝他戒酒。刘伶表示："有道理，但我自己是戒不了的，需要借助鬼神之力，你去准备酒肉，让我祭祀一番。"妻子赶紧准备好酒肉让刘伶去祷告，谁知，刘伶的这个祷告着实令人大跌眼镜，只听他对神灵说："酒就是我的命，千万别听这个妇人的话。"说完，还喝了祭祀用的酒，又醉过去。

刘伶不仅嗜酒如命，行为也十分放诞，平日里时常带着一壶酒，令仆人拿着铁锹，还对仆人说："我要是死了，你就随便挖个坑把我埋了。"有时还会在屋里赤身裸体，朋友嘲笑他，他却说："天地是我的房子，房子是我的裤子，你怎么跑到我的裤子里来了？"

魏晋名士普遍不得志，刘伶种种反常行为，大约也是一种宣泄。然这样要酒不要命，又怎能不让亲人担心？刘伶妻劝刘伶戒酒，天地良心是为了丈夫好，绝不是为了省几个酒钱。苏轼不管，他就是觉得自己的夫人比刘伶家的好太多。当然，王夫人是否好过刘伶妻并不重要，重要的是，王夫人的确给了苏轼很大的安慰。心烦之时，苏轼不再生闷气，而是试图排解。这排解之法就是读书，读《庄子》。

苏轼在少年时期就喜欢读《庄子》，觉得《庄子》奇思妙想，十分新奇有趣，那种逍遥自在的生活更令他向往不已。如今他身在困境，方知那样的洒脱着实不易。好在庄子也给出了方法，那便是乐天知命，顺应自然。简单来说，人的烦恼多来源于各种欲望，或求名，或求利，或求色等。然而名利美丑又是一个十分主观的东西，欲望无穷，唯知足者常乐。唯有知足，方能游于物外，不以物喜，不以己悲，得大自在。苏轼想了想，确实是这么个道理，与其抱怨消沉，不如换一种心态，试着接受。烦恼之时，就拿出《庄子》读上一会儿，越读越觉这书妙不可言，日子一天天过去，苏轼渐渐充满了力量，继续埋头苦干起来。

密州穷苦，连官舍都非常破败，苏轼便派人上山砍伐竹木重新修整官舍，顺便将官舍附近的一座废旧城台也修葺了一番，如此便可登台远眺以供休闲之娱。子由听说此事后还给这台子取了一个名字：超然台。超然为超然物外之意，苏轼邀请各路好友为超然台作赋，张耒也在被邀之列。

"超然"二字正是苏轼当下的精神追求，所谓"物来顺应，未来不迎，当时不杂，既过不恋"。然要达到这一层境界，还需继续修炼。苏轼这一时期的诗文开始体现出一些哲思，比如：

人生一世，如屈伸肘。何者为贫？何者为富？何者为美？何者为陋？

大意是说：“人这一生，就好像手臂一样，有屈就有伸。什么贫富美丑，都是相对而言罢了。没有绝对的富，更没有绝对的贫。人生匆匆，何必纠结这些本就不存在的东西？”

在写给友人的诗中还有这么两句：

人生所遇无不可，南北嗜好知谁贤。

苏轼觉得人生之中没什么事情是不可以的，就好像南方人与北方人的口味不同，可你又能说哪个更好吗？乐也好，苦也罢，都是一种滋味。

苦难好像牢笼，囚在里面的人总是埋怨时运不济，埋怨这笼子困住了自己。可他不知苦难只铸得出一时的囚笼，那出不去的地方，正是被曾经的黑暗遮住眼睛后自己画出的监牢。深渊固然可怕，但又哪有真正的深渊？心似深渊，深渊便深不见底；心中有光，便是在万丈深渊下也能辟出一方崭新天地。这世上没有永夜，黎明前的黑暗往往最黑最冷，可那也是阳光即将照进来的时刻。

无疑，苏轼便是那个在万丈深渊之下生出一双翅膀的人，密州的艰苦渐渐锤炼出一个万事不入怀、但凭缘相随的苏轼。杭州闲时参禅，密州苦时悟道，终有所得还是在落入谷底之时。可见，真正让人成长的还是痛苦。

至此，苏轼才开始旷达起来，对自己不喜欢的事情也换了一种处理方法。苏轼最不喜欢的自然是新法，此时密州正在逐步实施各种新法，比如手实法、免役法、官盐法等。这些新法苏轼都非常熟悉，一直以来也持反对立场，若不是反对新法他也不会被排挤出京。离京那刻，他就决定再不上书言事说新法好坏。如今的苏轼变了，虽然依然不赞成新法，但他觉得既然反对无用，不如尽力扬长避短，接受必须接受的，改变可以改变的。

接着，苏轼又开始向朝廷上书，对于新法不再严厉批评否定，而是针对性地提出一些意见以便尽可能发挥新法的好处，规避新法的坏处。至于朝廷的回应，苏轼的态度是你同意更好，不同意那就不同意吧。凡是百害而无一益的新法，苏轼向来拒绝执行；对于尚有可取之处的，他也根据具体情况执行。这个具体情况就是百姓的情况，简而言之，一切以百姓为中心。

新法一出，朝廷往往会派官员来督察，督察官没想到，苏轼居然敢拒绝执法。是的，对于那些危害极严重的新法，就算是督察官在，苏轼也拒绝执行，甚至跟督察官拍起了桌子。这让人不得不感叹，苏轼的胆子也太大了吧。

事实上，早在 1074 年（熙宁七年）四月，王安石就已经被罢相。新法实施以来反对之声不绝于耳，王安石更是被认为独断专行，在巨大的舆论压力下，神宗只好罢免王安石，启用韩绛为宰相、吕惠卿为副宰相。如今，新法的主导者正是野心勃勃的副相吕惠卿，这个王安石曾经最倚重的人。

吕惠卿手段强硬，对于不执行新法的人竟要求以违制论处。违制大约是违背皇帝，抗旨不遵的意思。论理，违制之令只能出自朝廷，可吕惠卿竟敢以自己所在司农司的名义下达这样的命令。

说起来，吕惠卿才是大胆。苏轼以吕惠卿私自立法反驳督察官，对方自知理亏也就不敢再说什么了。苏轼口才绝佳，可比舌战群儒的诸葛亮，论打嘴仗，至今还没输过。这一次，他凭一嘴之力再一次保护了密州百姓，也再一次与当权者发生了正面冲突。他自然也知道，这样做会得罪很多人，心里隐隐有些担心，但转念又想：既然无愧于心，又何惧之有？他的刚烈，一方面，因为他本身的性格，认定的事情，总要力尽人事，常常逆势而为，明知不可为而为；另一方面，也因他悲天悯人的情怀，密州的百姓实在太穷苦了，他实在不忍心再给他们雪上加霜。密州到底有多穷呢？这么说吧，就连苏轼，这位密州最大的官员也会时常挖野菜吃。

一日，苏轼又与同事们一起挖野菜，挖着挖着居然挖出来一个小娃娃。这令苏轼非常震惊。经过调查他才知道，很多人家由于养不起孩子，竟将刚出生的婴儿狠心丢弃，乃至弃婴成俗。苏轼迅速组建寻找弃婴小组，四处搜查被丢弃的婴孩，不到十天竟捡回四十多名弃婴，这是一个触目惊心的数字。苏轼痛心疾首，对丢弃婴孩的家庭进行了非常严厉的告诫和批评，与此同时，他也非常体谅百姓们的难处，决定由官府出一部分抚养费给这些人家。骨肉亲情，血浓于水，这些弃婴在父母身边待上一段时间后，做父母的便再也不忍丢弃孩子。若非苏轼，不知有多少婴孩要曝尸荒野！

弃婴一事，从根本上来讲，也是百姓穷苦所致，而这背后多少有新法的推波助澜。眼见百姓被新法反复折腾，苏轼觉得清静无为才是治国良策。

西汉名士盖公，曾隐居密州，汉孝惠帝时，齐国丞相曹参向盖公请教治国之道，盖公告诉他清静无为而民自定，而后齐国大治。为了纪念这位大贤大能之人，苏轼在府衙附近建起一座盖公堂并作一篇《盖公堂记》。苏轼在这篇文章里讲了一个十分有趣的故事："有一个人生病后去看医生，医生认为他肚子里有寄生虫，给他开了治寄生虫病的药。不想这人吃了药后，病情更加严重，于是，他换了一个医生看病。第二个医生说他肚子里没有寄生虫，得的是热病，给他开了治疗热病的药。谁知这人吃了药后，病又加重了，甚至连饭都吃不下了，于是他又回去找第一个医生。如此来回往复，病得越来越重。这时，他的父亲对他说：'你还是别去找医生也别吃药了，想吃什么就吃什么。'这人听了父亲的话，一个月过后，病居然好了。"

苏轼这则寓言以治病比治国，认为清静无为才是治国之要，而今，朝廷正在颁布各种新法，对当权者来说，这篇文章充满了讽刺意味。苏轼依然不知道谨言慎行，他实在本性难移。

发完牢骚，日子还得继续，新法要应付，蝗虫也还是要捕的。

与农民一起捕蝗的日子里，苏轼还学习了不少农业知识。田里的老农说天一旱就容易有蝗虫，如果能下一场雨，不仅能缓解旱情，蝗灾的情况也会大为好转。老者还说在常山上求雨特别灵验，苏轼一字不落地记在心里。

1075 年（熙宁八年）春，苏轼沐浴斋戒后去常山求雨。这是他第二次求雨，上一次求雨还是在凤翔任上。这一次他同样写了祈雨文，内容也与之前相似，大约说百姓受苦，做神灵的应该与太守均分责任，希望神灵快些下雨，以解百姓之困。

巧的是，苏轼求完雨下山时，山中就起了风，不一会儿，就下起雨来。苏轼深受鼓舞，为了感谢常山山神，他决定重新修葺山神庙。这年十月，山神庙终于修好了，苏轼还领着州府官员和当地百姓上山祭祀了一番。祭祀完毕后，一行人又浩浩荡荡地下山，在场之人都十分高兴。

那日天高云阔，秋风送爽，落叶铺满山头，枫林尽染成红，良辰又逢美景，这美景还如此辽阔高远，苏轼心中不由得升起一股豪迈之情。如今边境战局紧张，何妨将这山林当作战场，将这猎物当作敌人，一时间，山林旌旗蔽空，呼声阵阵，一场狩猎开始了。苏轼仿佛回到了少年时，策马扬鞭，拉弓引箭，狩猎结束时更是满载而归。

这次狩猎实在尽兴，如此高兴又怎能少得了酒？酒酣之余，一首《江城子》也产生了：

老夫聊发少年狂，左牵黄，右擎苍，锦帽貂裘，千骑卷平冈。为报倾城随太守，亲射虎，看孙郎。

酒酣胸胆尚开张，鬓微霜，又何妨？持节云中，何日遣冯唐？会挽雕弓如满月，西北望，射天狼。

这一年苏轼四十岁，开始自称老夫，实际上也就三十八周岁。词的大意是："老夫我今日就且发一发少年人的狂气，我左手牵着大黄，右肩上站着苍鹰，头戴着锦帽，身穿着貂皮大衣，率领上千人马在山冈中打猎，百姓们为了报答我也倾城而出跟在身后。此时此刻的我意气风发，就好像江东的孙权一样，就算老虎在我面前我都可以一箭射杀。

"打完猎自然要好好喝上一场，酒入豪肠，我的胸怀这才开阔起来，胆气也才张开。别看我两鬓发白，那又如何？只是不知朝廷何时才能赦免我，若真有那天，我一定将弓拉得圆满，瞄准西夏那颗天狼星，一箭将其射杀。"

确实是少年狂，也确实够狂。苏轼虽对当权者失望至极，却依然盼着朝廷能重用他，让他为国家做些什么。就词本身来说，这首《江城子》豪气干云，洒脱奔放，可以说是以诗为词。之后，苏轼还让一群汉子吹着笛子、击着鼓、打着拍子将这首《江城子》唱了一番，场面十分壮观。一种新的词风就此产生，且足以与传统的婉约词风分庭抗礼，名为豪放。苏轼甚是得意，还写信给好友炫耀：

近却颇作小词，虽无柳七郎风味，亦自是一家。呵呵！数日前猎于郊外，所获颇多；作得一阕，令东州壮士抵掌顿足而歌之，吹笛击鼓以为节，颇壮观也。

"呵呵"两字实在难掩自得之意。柳七郎即是柳永，柳永经常写烟花词，且写得华丽香艳，出于这个缘故，苏轼并不喜欢柳永的风格，也从不学柳永作词。然在这里，他又将自己与柳永相比，足见他十分认可柳永在词坛的地位。苏轼也曾表示"人人都说柳七的词曲十分俗气，但是像'渐霜风凄紧，关河冷落，残照当楼'等句，便是盛唐的大师来写也不过如此"。显然，对于柳永的才华，他也非常认可。

1076年（熙宁九年）暮春时节，苏轼登台远眺，台上视野开阔，全城风貌尽收眼底，苏轼的心情也跟着开阔起来。然则独自莫凭栏，凭栏须断肠。苏轼虽未凭栏，然而远望与凭栏总有些异曲同工之处，虽不至断肠也不免要望出一些思乡之情来。苏轼这一望还望出一首《望江南》：

春未老，风细柳斜斜。试上超然台上望，半壕春水一城花。烟雨暗千家。

寒食后，酒醒却咨嗟。休对故人思故国，且将新火试新茶。诗酒趁年华。

这首词大意是说："春虽近暮，东君却还未离去，风儿细细吹过，柳儿也随之舞起来。站在超然台上极目远望，只见春雨轻轻落下，护城河中半满的水也跟着微微荡漾起来。城内百花齐放，满目尽是春花，远处千万人家在这一川烟雨中若隐若现。寒食时，不由得思念起故乡来，本想一醉解乡愁，谁知酒醒后依然忍不住叹息。这又是何必呢？不要再对着老朋友思念故乡了，不如点上一把新火，烹茶赋诗，饮酒作乐，如此才不负这大好年华。"

这首词虽有一丝淡淡的惆怅，但惆怅背后是一股立于天地间的超然自得，境界开阔，立意高远，不得不说密州才是苏词的艺术起点。

这年（1076年，熙宁九年）秋，苏轼到密州快两年，与子由也有五年未见。中秋佳节，月圆人不圆，苏轼十分思念子由，这夜他一直喝到天亮，大醉后写下一首《水调歌头》：

明月几时有？把酒问青天。不知天上宫阙，今夕是何年？我欲乘风归去，又恐琼楼玉宇，高处不胜寒。起舞弄清影，何似在人间。

转朱阁，低绮户，照无眠。不应有恨，何事长向别时圆？人有悲欢离合，月有阴晴圆缺，此事古难全。但愿人长久，千里共婵娟。

其实，"水调歌头"并不是词牌名，"水调歌"才是，这首词用的是"水调歌”前面部分的格律来写，所以叫“水调歌头”。开篇“明月几时有，把酒问青天”两句化用李白“青天有月来几时，我今停杯一问之”。接着便说“不知天上宫阙，今夕是何年”，可见此时的苏轼心里还是惦着天上，也即朝堂，想着到底是谁在当权，是变法派还是保守派。当然，他知道是变法派。之后又说想乘着风回到天上去，又怕那月宫的玉楼琼阁太过寒冷，只好起来舞舞剑，还是人间温暖。很显然，苏轼一方面想回朝堂效力，另一方面又害怕卷入朝堂纷争。思来想去，觉得地方上虽没有琼楼玉宇，但也许更适合自己。

再往后，苏轼又说月儿一会儿来到楼阁前，一会儿又照进雕花的窗里，照着他这个不成眠的人儿。苏轼十分想念子由，还抱怨起月亮来：“月儿呀月儿，这个好日子我本是不该有恨的，可你为什么总要在别人分别的时候格外地圆？”但很快，他又想开了，人有悲欢离合，就像月儿也有阴晴圆缺，这样的事情自古就不得圆满，又怎能强求？他只愿子由能长长久久、平平安安，这样即使他二人相隔千里，也能共赏一轮明月。

全词充满了无奈、缺憾，但最终，词人还是找到了出路。于高处不胜寒中看到人间美好，在悲欢离合中学会保重自己。全词用字简单却境界广阔，发人深思。有人说《水调歌头》一出，余词尽废。

苏轼在密州作的词总是发出形而上的哲思，俗话说没有方法论的世界观都是耍流氓，苏轼这一时期的词很少一味抒情，往往既有观点又有方法。人生无常，唯有接受这一事实，而后苦中作乐，如此方能尝到一丝甘甜。在这种感悟之下，苏轼在密州的苦日子也就不那么苦了，甚至变得快乐起来。这不，很快就到年底，苏轼密州任期已满，改调到山西河中府，一家人又奔赴在路上。

第七章

文坛新领袖

1076年（熙宁九年）十二月，苏轼一家向山西河中府行去。得知哥哥赴任河中的消息后，子由立即派自己的三个儿子去接应，待苏轼行到济南时就遇到了他的三个侄子，子由却不在，听侄儿们说子由十月份卸任后就进京述职了，如今还未回来。两家人多年未见，虽少了子由，此次团聚也十分开心，苏轼一家在济南一待就是一个多月。

1077年（熙宁十年）二月，苏轼一家继续赶路，到山东鄄城时，碰到了从京都专门来迎接他们的子由。兄弟二人六年不见，一朝相聚，说不出地激动。子由刚刚卸任，正好有时间送哥哥上任，途中朝廷又命苏轼改知徐州，二人便转道去徐州。

到徐州后，兄弟二人又像少年时期一样形影不离，一起读书写诗，秉烛夜谈，好像回到了当年在怀远驿的时光。那时候，二人就约定，退休后一起游山玩水，读书作文。如今虽还不到退休的时候，但十七年后能再度对床而谈已十分不易。这一年苏轼四十二岁，苏辙三十九岁。

转眼又是中秋，苏轼既喜又悲，喜的是这一天终于月圆人圆，兄弟二人已经好久没有一起共度佳节。悲的是，“今夜清尊对客，明夜孤帆水驿”。过了这一天，苏辙便要离开徐州赴任商丘。第二天，一番离愁别绪后，子由乘舟而去。

子由走后不久，徐州就遇到了黄河洪水。一两个月前，黄河已经发过一次大水，波及数十个州县，淹没良田无数。那时，苏轼就组织百姓为防洪做准备，往后一个多月徐州境内的河流一直风平浪静。本以为躲过一劫，谁知八月底，竟下起了暴雨，黄河之水一发不可收拾，大水汇于徐州城下，水位不断上涨，直超出城内地面一丈多。

苏轼登台远望，整个徐州城已经被大水包围，东南角处的洪水几乎与城墙一般高，这座城市随时都有可能被大水吞没，一时间，人心惶惶。很多百姓收拾好值钱物什，站在城门下，哭着喊着要出去。苏轼知道，城外洪水漫天，出去也极可能是死路一条，在城内守着或许还有一线生机，这个门不能开，否则不仅逃出去的人难保生机，城内的百姓也会惶恐暴乱，眼下最要紧的是稳定民心。于是，他站在城墙上来了一次慷慨激昂的演讲，向徐州百姓保证：只要他在，大水绝不会吞没徐州城。事实上，苏轼已做好最坏的打算，人在城在。苏轼的口才自不用说，一片爱民之心日月可鉴，百姓被他自信的样子所感染，也被他豪迈的气势所折服，似吃了定心丸般纷纷散去，再不闹着出城。

稳定民心后，苏轼苦思治水之法。洪水如此严重，偏偏雨下个不停，他觉得必须要禁军的帮助才能渡过难关，于是冒雨前往军营求援，见到禁军首领后已全身湿透。苏轼言辞恳切道："本来太守无权过问军队的事，但眼看洪水就要淹城，事出紧急，还希望将军能助苏某一臂之力。"禁军首领本也是个有责任心的人，看到苏轼如此情状更是感动，当下表示："但凭差遣。"此后，苏轼每日穿着雨衣草鞋与士兵们待在防洪一线，仔细排查各处隐患，不仅加固了城墙，还筑起一道牢固的防洪大堤。这段时间，苏轼几乎没有在家过夜。

防洪大堤建好后，城内的百姓终于放下心来，再看城外的百姓，当真是惨不忍睹，就是幸存下来的百姓也因缺粮少食而濒临饿死。苏轼只好想办法将城内的粮食运出去一些，这些百姓也终于得救。

十月初五，洪水终于退去。

劫后重生，全城百姓欢欣鼓舞，苏轼也十分高兴。高兴之余，开始计划一项更大的防水工程。如今的防洪长堤毕竟是在紧急之下修筑的，只能应一时之急，苏轼想要的是一个牢不可摧、可长久防洪的防护罩。于是他修书上奏，希望朝廷能拨些经费让他重新修建石头城墙。可惜一直得不到回应，苏轼心想估计是钱要得有点多了，于是又修书上奏，表示不用石头用木材也行，少拨点也成。

这一次，朝廷准了。

1078年（元丰元年）二月，朝廷拨款两万四千贯，拨粮一千八百石，工人七千二百个。防洪大工程就此开始并在这年八月竣工。从此徐州城东有了一条防洪木坝，与此同时，一座百尺高的楼台也拔地而起，名叫黄楼。黄在五行中属土，土能克水，黄楼意为防水之楼。

九月初九重阳节，为了庆祝防洪大堤的顺利竣工，苏轼遍邀达官贵人、名人雅士，在黄楼上举行庆祝大典，全城百姓也聚在城楼脚下参加这场盛事。苏轼站在黄楼上十分感慨，去年此时自己还日日泡在水里，如今却能在这儿大宴宾客。再看百姓们，去年个个人心惶惶，如今却都笑开了花。此情此景，苏轼颇觉欣慰。

劫后余生固然可喜，可徐州城经过这样一场灾难后也毁伤不少，百姓的日子并不好过。祸不单行，老天偏又在这时降下旱情。应百姓请求，苏轼又去求了一次雨，这是他第三次求雨，求雨的地方就在城东外的石潭。这一次老天爷十分给面子，接连下了好几场雨。苏轼记着老天爷的恩德，事后亲自前往石潭去感谢当地的神灵。

苏轼做官，凡是为百姓好的事情，再小都会尽力去做，百姓要求的要做，百姓没要求的也会主动去做。不仅如此，他还十分有人本意识，对囚犯也非常关心。当时的律法规定，官员殴打犯人致死需要受罚，但如果犯人饿死或者病死则不需要承担罪责。因此，官员们对囚犯并不照顾。苏轼则不然，经常主动视察监狱，如果有犯人生病就请大夫为其诊治。

苏轼对盗匪也一视同仁，他发现好多盗匪以前竟然是军营的士兵。当时有一条法令，低级士兵出差朝廷概不报销，士兵们本来就没什么钱，加上旅途花费大，久而久之，竟逃出军营沦为盗匪。为了避免这一现象，苏轼每年都会省下一笔钱给这些士兵报销。士兵们过好了，也就不会去做盗匪，百姓的日子自然也就好了。

百姓的日子渐渐好转，苏轼也终于能过一过自己的日子了。徐州是文化名城，历史悠久，古迹名胜也颇多，最有名的当属建于唐代的燕子楼。无数文人墨客曾在此游览题诗，这一天，苏轼也来到了燕子楼。

燕子楼背后有一个十分凄美的故事，故事的主角叫关盼盼。话说唐贞观年间，徐州出了一个美人，美人命苦，自幼失去双亲，小小年纪便沦为歌伎。天生丽质的她，十四岁就出落成一名倾城佳人，且歌舞俱佳。能唱《长恨歌》，还会跳《霓裳羽衣舞》，一时之间，风光无两。更难得的是，美人不仅人美歌美舞美，还会吟诗作对。这才貌双全的美人正是关盼盼，盼盼十四岁时遇到徐州刺史张愔，张大人对她一见钟情，重金为她赎身，将其纳为妾室。

盼盼进了张府，为张大人枯燥的官场生活添了不少颜色。张大人待盼盼也极好，给足盼盼幼年就失去的家庭温暖。一日，盼盼说徐州西郊景色宜人，十分宜居，若能在那儿过上一生该是多么幸福。美人本是随口一说，张大人却牢牢记在心里，偷偷地在西郊为盼盼建了一座院子，还取了一个十分好听的名字：燕子楼。盼盼十分感动，此后，二人时常去燕子楼小住，像所有恩爱夫妻一样过上了蜜里调油的小日子。

四年后，白居易路过徐州，张愔一向仰慕白居易，便将这位大诗人邀入府中，盼盼则拿出全部本事为张大人撑门面，又是唱歌，又是跳舞，赢得白居易“醉娇胜不得，风袅牡丹花”的称赞。就这样，盼盼也认识了白居易。

两年后，张愔因病逝去，盼盼也哭成了泪人儿。妾室本为人奴才，主人没落后多另寻人家，张府其他的姬妾早四下散去。盼盼这年才二十岁，年纪轻轻，才色两全，不愁没地方去。然她年华大好却偏偏要为张大人守节，就此移居燕子楼。燕子楼外求爱者无数，盼盼闭门不出，青春佳人却空对残灯晓霜。正是“燕子楼中霜月夜，秋来只为一人长”。

在燕子楼里，盼盼写下无数思念张愔的诗，机缘巧合下还将其中的三首带给了白居易，这一年距张愔逝世已经有九年。白居易看到盼盼的诗大为伤感，对于盼盼的痴情也十分感动，连和两首感叹盼盼的痴情。可白居易又想，你既然如此痴情，何不随大人同赴黄泉。于是又和了一首，隐约表达出这番意思。如此还觉得不够，又写了一首，十分直白地说张大人“歌舞教成心力尽，一朝身去不相随”。

盼盼收到大诗人的回信本十分高兴，可当她看到“一朝身去不相随”时，满腔的委屈再也忍不住。她在最好的年华为张愔守了将近十年岁月，试问有几人能做到？她也不是怕死，只是怕自己死后有损于张大人名节，没想到白居易竟如此一番挖苦。此后，盼盼开始绝食，临死前骂白居易“儿童不识冲天物，漫把青泥污雪毫”。一代佳人就此玉殒。

苏轼当天就在燕子楼里过夜，夜里还梦到了可怜的盼盼，醒来后伤感难眠，就在燕子楼里散起步来。苏轼想着盼盼的故事，顺带想起无数个悲欢离合的故事，想着想着就想到了自己身上。他想，或许几百年后，后人也会在黄楼里凭吊自己，就像自己如今凭吊盼盼一样。月色如水，清风徐来，苏轼觉得人生好似大梦一场，缓缓吟出一首《永遇乐》：

明月如霜，好风如水，清景无限。曲港跳鱼，圆荷泻露，寂寞无人见。紞如三鼓，铿然一叶，黯黯梦云惊断。夜茫茫，重寻无处，觉来小园行遍。

天涯倦客，山中归路，望断故园心眼。燕子楼空，佳人何在，空锁楼中燕。古今如梦，何曾梦觉，但有旧欢新怨。异时对，黄楼夜景，为余浩叹。

从密州开始，苏轼就总在诗词里流露出对人生的思考，这一首词依然充满哲思，全词简约流畅，成熟稳健，受到很多人的追捧。苏轼于词，已然是个大家。

曾经的文坛领袖欧阳修已去世多年，领袖的位置也跟着空了多年。这位文坛巨星的眼光着实不错，如他所料，如今的苏轼，诗词文章遍地开花，成了新的文坛领袖。向苏轼请教的人络绎不绝，就连司马光这样的大学者，有了新作后也要寄给苏轼互相酬唱一番。后起的小辈们更是都快将苏家的门槛踏破，争着抢着拜入苏轼门下。路远来不了的就以书信的方式向苏轼请教，这其中就有大名鼎鼎的黄庭坚。

黄庭坚，字鲁直，排行老九，故也被称为黄九。黄九小苏轼九岁，是李常的外甥，孙觉的女婿。苏轼与李、孙颇有交情，出于二人的缘故，对黄九的诗文也非常熟悉。苏轼第一次读黄九的诗就“耸然异之”，久而久之，越来越觉得黄九的诗好，对黄九这个人也产生了极大的兴趣。1072 年（熙宁五年）年末，苏轼去湖州协助孙觉治水，彼时，黄九正好也在湖州。去湖州前苏轼便写信给孙觉，说希望此行能与黄九见面。可惜，苏轼到湖州时，黄九已经离去。值得安慰的是，孙觉给他带来了黄九的新作，苏轼看后又是一番赞叹，说黄九如“精金美玉”，不能和他互相酬唱实在遗憾。苏轼赴任河中府时，遇到李常，二人又聊起黄九，苏轼又夸他的诗文“驭风骑气”“超轶绝尘”。六七年间，苏轼总变着法儿地夸黄九，黄九的名气也越来越大，如今已是叫得上名号的人物。

一直以来，都是苏轼追着黄九交朋友，黄九却十分淡定，一直不做回应。那么，问题来了，黄九为何对苏轼如此冷淡？这就得从黄九小时候说起了。黄九从小既聪明又用功，跟的老师也不错，想不优秀都不行。在学识这个领域，黄九是从小优秀到大，十分自信。然他也是个苦命的孩子，少年丧父，与母亲相依为命，没少看人脸色，因此有些孤傲清高，有才无德者，入不了他的眼。

黄九对自己的要求也很高，所谓百善孝为先，黄九对母亲极为孝顺。黄妈妈有洁癖，受不了马桶的味儿，黄九就每天亲自给母亲洗马桶，即便做了官，有了婢女，依然亲力亲为，数十年如一日，这便是二十四孝中“涤亲溺器”的故事。

早年间，苏轼参加制科考试得了个百年第一，仁宗皇帝还将他看成未来的宰相，欧阳修更是屡次点名夸奖，苏轼因而名震京都，黄九自然也知道苏轼。但苏轼的这个名，说到底还是才名，德行如何，黄九尚且不知，又怎能轻易结交？

如今的苏轼为官多年，爱民如子，政绩卓然，是既有名声又有威望，正是黄九眼中的德才兼备。黄冷冷这才主动起来，苏暖暖一向性子豪爽，对于黄九之前的高冷并不在意，此刻这个冰块一样的人主动来信，苏轼只觉得高兴。

还等什么，赶紧看信。

黄九在这封信里大概表白了这样一番心迹：“苏学士就好像高山上的青松，我却好像深谷里的小草，希望拜入苏学士门下学习，或许我这样的小草也能长成一棵青松。”之后，又附上自己的两首小诗。

如此谦虚，还是那个目无下尘的黄九吗？苏轼读后，也十分谦虚地给黄九回了信。大约说：“黄学士的诗超然绝尘，遗世独立，大有古诗人之风，我刚读到的时候还以为是哪个古代的大诗人写的。您是精金美玉一样的人才，好像千年等一回的蟠桃一样珍贵，而我只不过是路旁没人摘的李子罢了。”

互相恭维一番后，黄九正式拜苏轼为师，成为苏门弟子，不过，二人虽有师徒之名却从未见面，倒像个笔友。此时，苏轼的另一位笔友也来徐州拜访，此人也是黄九的好友，名叫陈师道。

陈师道，字履常，比黄九小八岁，少年时就写得一手好文章，深受曾巩喜爱，十六岁正式拜入曾巩门下。十九岁时，赶上王安石改革科举以经义取士，陈师道对此十分不满，非常硬气地拒绝应试。陈师道虽擅长写诗，然刚踏入诗这个领域时很不得要领，写得十分难受，直到看到黄九的诗后，才豁然开朗，大是赞叹：“这才是诗啊！我之前写的都是什么东西？”于是一把火烧了自己的诗稿，决定向黄九学习。黄九诗风自成一派，在当时受到极大的追捧，还形成了一个以黄九为首的写诗圈。此后，陈师道也加入了这个圈子。

陈师道进步飞快，学着学着竟有些“青出于蓝”的意思，对黄九也挑剔起来。他觉得黄九的诗虽然清奇，但太过讲究。具体怎么个讲究法，且看黄九写诗的原则：无一字无来历。简单来说，黄九作诗特别爱用典故，说好听点叫学富五车，难听点就是掉书袋子，稍显刻意。黄九以典为诗，这就要求作诗的人有相当的学识，学问不够的人，往往拆东墙补西墙，手忙脚乱。相比之下，陈师道更推崇杜甫，他认为杜甫的诗也很清奇，但又平易质朴，奇得十分自然，胜黄九一筹。此后，陈师道专门钻研杜诗，在学诗这条路上，再没变过大方向。

陈师道学杜甫学得也很快，连黄九都忍不住称赞：“陈君深得老杜作诗的要领，非今时之人可比。”在作诗这个领域，陈师道逐渐与黄九齐名，他们的写诗圈也日渐发展壮大，被后来人称为“江西诗派”，黄九、陈师道、陈与义三人也被列为该派三宗。到南宋时，诗派中人尤其喜欢学杜诗，还将杜甫奉为江西诗派之祖，认为在诗这个领域，唐代就属杜甫写得最好，宋代则是黄九与二陈最好。

有人可能要说了，写诗写得最好的不是李白吗？这李杜之争由来已久，到底哪位是冠军，至今难有定论。总之，若按人气论，诗界第一，不是李白就是杜甫。显然，江西一派更推崇杜甫。当然，这是后话。此刻江西诗派还比较小众，只有圈内人知道，黄九与陈师道也在努力当中。

事实上，苏轼知密州时，就与陈师道有过书信往来，已做了几年笔友。如今，苏轼来徐州做官，身为徐州本地人，陈师道自然要来正式拜访。此次会面，二人聊得十分开心，但陈师道并未拜师。

不久，另一位才子也千里迢迢赶来徐州，向苏府而来。此人名叫秦观，因排行老七，也被称为秦七。正是那个写“金风玉露一相逢，便胜却人间无数”的秦少游是也。秦七小苏轼十三岁，是一位风流才子，女朋友换得十分勤快。当然，这些女朋友清一色都是秦楼楚馆里的歌伎，其中一位还因他而死。

这位与秦七死生契阔的红粉佳人是一位长沙女子，可以说是秦七的头号粉丝，只要秦七写了新词，这位佳人总要第一时间抄写下来并时不时地唱上一唱。一日秦七路过长沙，听人说起这位女子是如何如何崇拜秦少游，好奇之下便决定去会会这女子。本也没什么期待，毕竟长沙不比京都，遇着美女的概率也不高。谁知这一去，还真把百花丛中过的秦七惊艳到了，这女子不仅生得沉鱼落雁，而且颇通诗文，满屋书香中尽是秦七的诗词文章。

居然有人如此崇拜我，还是个诗情画意的美人儿，秦七又心动了。当晚，二人便巫山欢好，秦七小住了几天就飘然而去。然这女子却再也不肯接受别的男人，只为秦七一人守候。这一守就是数年，没等来情郎，却等来情郎的死讯。佳人日夜兼程要去看秦七最后一眼，当她看到秦七的遗体后更是悲痛欲绝，一场痛哭后随秦七共赴黄泉。

又是一个痴情女子。

这段故事也算一个粉丝与偶像的故事，秦七作为偶像，有如此仗义的粉丝，作为粉丝，他也十分仗义。用他自己的话来说，“我独不愿万户侯，惟愿一识苏徐州”，再大的官都不如苏大学士令他稀罕。为了引起偶像的注意，秦七可谓费尽苦心。相传此前，秦七听说苏轼要去扬州游玩，便模仿苏轼的文风在扬州的一座古寺中题了一首诗。后来，苏轼果然去了那座古寺，自然也看到了秦七题的诗，当下非常吃惊。后来在好友处读到秦七的数首诗后，立刻断定那日题诗之人就是秦七。那时的秦七，就已成功引起苏轼的注意。此番他来徐州，顺利拜入苏门，成为苏轼的正式弟子，也算是得偿所愿。

或许就是因为秦七多情而浪漫，加之他与苏轼的这番渊源，民间才编出一个有才的苏小妹来配风流的秦少游。经过秦七的引荐，苏轼还认识了诗僧参寥。参寥本是一僧人，志趣高洁，情操比志趣更高洁，对歌伎们尤其“敬而远之”。

一日，苏轼设宴请同事喝酒，因有歌伎在参寥就没去。苏轼酒喝到一半突然想捉弄捉弄参寥，对同事们说参寥不来赴宴应该惩罚一下他，众人也跟着起哄。接着，一行人便来找参寥“算账”，当时的参寥正在月下读经，一看苏轼的样子便知自己在劫难逃。果然，没说几句话，苏轼便示意一名歌伎向参寥求诗，不料参寥不仅不尴尬，反而大大方方地写下一首七绝：

寄语巫山窈窕娘，好将幽梦恼襄王。禅心已作沾泥絮，不逐春风上下狂。

大意是说：“你虽然像巫山的女神一样窈窕美丽，可惜我不是楚襄王啊。我这颗心是泡在禅法里的心，就好似沾了泥的柳絮，即使春风荡漾，也绝不会随风而起。”

苏轼可真是太坏了，非要拿歌伎来调戏和尚。参寥也着实不易，好在他才思灵敏，一首诗既夸了歌伎又不失身份。此诗一出，苏轼不由得拍案叫绝，逢人就夸这诗是如何如何清绝，参寥不染一尘又开阔坦荡的胸怀更令他佩服不已，想来日后苏轼也不会再拿歌伎捉弄这位朋友了，参寥也算躲过一劫。

这时，老朋友王巩也来徐州探望苏轼，王巩家世显赫，生活讲究，此番来徐州带了三名歌伎并一车美酒。有朋自远方来，苏轼十分开心，还与王巩相约去百步洪游玩。百步洪水流湍急，约百步之长，是泗水的一部分，苏轼曾和苏辙去过一次，因上次玩得十分尽兴，便决定陪王巩再去一次。谁知，约定的日子到了，苏轼却陷于公务不能赴约，只好让下属官员代为陪同。苏轼在府衙中忙碌，王巩则带着三位美人，乘一叶扁舟，向百步洪驶去。待苏轼处理完公务，天已经黑了，他连忙奔赴黄楼，设好酒宴，还穿了一身羽衣，将自己打扮成仙人模样，就等王巩归来。

入夜后，泗水一片静谧，水面波光粼粼，远处水天一色，苏轼正看得入神，耳畔忽传来一阵笛声，十分悦耳动听，不多久，一叶小舟飘然而至，舟上才子佳人，个个形容俊美，月色朦胧下，竟有一股神仙风流，正是王巩回来了。一阵风过，苏轼顿时衣袂飘飘，似要乘风而去。他突然想起李白曾与友人月夜游湖，身穿锦袍，旁若无人，十分潇洒。此情此景，倒令他觉得自己也有几分谪仙人的风采了。

那个夜晚，苏轼久久难忘。

转眼，徐州任期已满，1079年（元丰二年）三月，苏轼被任命为湖州太守。临走那天，全城百姓聚集在城外，苦苦哀求苏轼留下来。对他们而言，苏轼不仅是一位好官员，更是他们的救命恩人。看着百姓期待又真诚的眼神，苏轼大为感动，然而朝命难违，在徐州百姓的万分不舍中，苏轼向湖州行去。

第八章

乌台诗案

○
○
×
●

1079 年（元丰二年）三月，四十四岁的苏轼带着妻儿老小奔赴浙江湖州。阳春三月，陌上花开，草长莺飞，沿途景色一片温柔，再一次奔向江南，苏轼感慨万分。

还记得第一次去江南时是赴任杭州，杭州地灵人杰，钱塘波澜壮阔，西湖温柔多情，有佛塔古寺，雅士高僧，美人美景，着实是一段天堂般的日子。杭州任满后，欢欢喜喜去了与子由相邻的密州，不料密州荒凉多灾，诸事缠身根本无暇与子由相聚，苏轼颇有天上人间之感，一度觉得坠入悬崖。幸而一本《庄子》令他渐生一双翅膀，助他飞出崖底，苏轼的心灵开始旷达，诗文也新开天地。接着来到古都徐州，本以为可暂得歇息，谁知突逢黄河水患，全城性命危在旦夕，一番艰难抵抗方迎来风平浪静。黄楼新成，百姓新生，实在可喜，苏轼于诗文也入新境界，一时间，名望满天下，谈笑皆鸿儒。

再往前想，二十二岁，进士及第，意气风发之时却突遭母丧。丧母之痛平息后，又以制科成百年第一，再一次独领风骚，就此步入官场。初判凤翔，政绩卓然，期满回京，英宗爱其大才破格擢翰林，韩琦思虑周全护他入馆阁，岁月静好之时爱妻、老父却接连逝去。又一次伤好回朝，本志气满怀，致君尧舜，不料人心险恶，终被排挤出京。心灰意冷之时，却在繁华富庶的杭州过上了天堂般的日子。

如此一番回想，苏轼深觉人生不过一场浮浮沉沉，一曲一折都是造物主的游戏罢了，心里越发平静。逝者已逝，来者难测，唯有眼前是真。清风徐来，苏轼继续前行，这就来到扬州，来到平山堂。

平山堂是欧阳修昔日任扬州太守时所建，就在大明寺中，朱栏碧瓦，清幽古朴。欧阳修经常与好友在堂中赏荷吟诗，那首《芙蓉曲》至今还刻在平山堂中的石壁上：

平山阑槛倚晴空，山色有无中。手种堂前垂柳，别来几度春风？
文章太守，挥毫万字，一饮千钟。行乐直须年少，尊前看取衰翁。

这首词洒脱大气，“行乐直须年少”与苏轼“诗酒趁年华”一句颇有些相似，是欧阳修追忆送别之作。苏轼来到堂前也不由得追忆起恩师来，斯人已逝多年，字迹却新如昨日，物依旧，人非昨，苏轼颇有些伤感，提笔写下一首《西江月》：

三过平山堂下，半生弹指声中。十年不见老仙翁，壁上龙蛇飞动。
欲吊文章太守，仍歌杨柳春风。休言万事转头空，未转头时皆梦。

这首词，虽为缅怀，实则藏着苏轼的人生之叹，词末有云：“别再说万事转头成空，未转头时又何尝不是一场幻梦。”

然而即使是幻梦，也得继续做下去。苏轼一路向前，行过京口、松江这些老地方，不免故地重游一番，想起昔日一起游玩的好友不是已经故去就是如自己一般四海飘零，苏轼心中满是沧海桑田、物是人非的感慨，深觉宇宙无穷，人生苦短。这日舟行水上，正是夜深人静。天边一明月，舟上一太守，月影入湖而眠，苏轼却久久不能入睡。于是起身铺纸研墨，写下一首七言诗：

微风萧萧吹菰蒲，开门看雨月满湖。舟人水鸟两同梦，大鱼惊窜如奔狐。夜深人物不相管，我独形影相嬉娱。暗潮生渚吊寒蚓，落月挂柳看悬蛛。此生忽忽忧患里，清境过眼能须臾。鸡鸣钟动百鸟散，船头击鼓还相呼。

大意是说："微风吹得蒲草沙沙作响，我以为下起了雨。推开舱门来看，却见月色满湖，万籁俱寂，天地间尽是一片清幽。万物都已睡去，只有我一人站在船头享受这难得的清净。我这一生总是坎坷忧思不断，今晚这清丽的夜景实在难得，但也很快就会成为过去。这不，鸡也叫了，天也亮了，寺庙的钟声也响起来了，我的船也该继续起航了。"

是啊，美景固然能带来一时的清幽，可片刻的安宁后日子还得继续，各种烦恼依然会不期而至。人生在世，不如意之事十之八九，既然无法改变，不如任尔东西。不惑之年，苏轼越发乐天知命，万事之来，顺其自然。

1079 年（元丰二年）四月，苏轼抵达湖州。此时的苏家，家庭成员更多了，苏轼在徐州时，长子苏迈就已成家，并给苏轼添了一个孙子，苏轼如今也是当爷爷的人了。王适、王遹兄弟自徐州起就在苏家求学，如今也追随苏轼到湖州，一边求学一边给苏家的孩子当老师，近水楼台先得月，王适后来还成了苏轼的侄女婿。

湖州西依天目，北临太湖，山水一色，风光秀丽。有溪泉瀑布，青岩怪石，竹林花海，宝塔禅寺，可谓处处皆佳。加之公务并不繁忙，苏轼又过上了游山玩水的幸福生活。端午这日，苏轼与长子苏迈并王氏兄弟一起出城游玩，几人逛了寺院，赏了荷花，还爬了砚山，一路吟诗作对，十分尽兴。

日子平淡而幸福，如今的苏轼目标很简单，于公照顾好百姓，于私照顾好家庭，闲暇之时，游山玩水，写诗作文，如此足矣。七夕这日，苏轼将家中的字画拿到院子里晾晒，一眼就看见文同送给自己的那幅墨竹。

自苏轼离京后，二人各自四海为官再没机会见面，一直书信往来。虽然十来年未见，友谊却一直有增无减。文同作画总要专门为苏轼留下一处空白，并叮嘱求画的人一定要等苏轼在这空白处题诗，万不可让他人随意写字。文同的画和苏轼的字本就非常珍贵，若再得苏轼亲自题诗，便是集齐诗、画、字三样，必为无价之宝。然而，两人天涯相隔，想来这求画之人也难有机会集齐这三样。

苏轼在徐州时，文同曾写信给苏轼："我最近给那些求字画的人说，我墨竹一派，现在就在彭城，各位可以去那里求画。看来你要收到很多做袜子的材料了。"彭城就是徐州，曾经有很多人拿着画绢求画令文同十分心烦，一气之下将那些画绢扔在地上并气呼呼地说："要拿那些画绢做袜子。"文同口中"做袜子的材料"正是指画绢，也是一桩趣事。

文同擅长画墨竹，落笔之前往往成竹于胸，画中墨竹因而形神皆备。文同开创文湖州竹派，苏轼也是核心成员之一，因此文同说墨竹一派如今就在徐州。文同在信后还写了两句诗：

拟将一段鹅溪绢，扫取寒梢万尺长。

意思是且用一段细绢画出万尺长的竹子。苏轼一向喜欢逗趣，便回信给文同："这万尺长的竹子得用二百五十匹画绢才能画出，我看你已经懒得画画了，就是贪恋这些画绢而已。"

文同对答："我就随便说说，世上哪儿有万尺的竹子！"

苏轼却最爱逗老实人玩，依然不停戏谑："这世上倒也有八千尺的竹子，你看月光下的竹影大约就有那么长。"

文同果然被逗乐了："你这张嘴真是太会说了，我要是真有两百五十匹画绢，就拿它们买宅子养老。"高兴之余，还把自己颇为得意的《筼筜谷偃竹》送给苏轼，并对苏轼说这幅竹子虽只数尺却有万尺的气势。

苏轼得了宝贝自然十分高兴，谁知不久，文同竟与世长辞，苏轼闻讯，不禁大恸，连着三天未合眼，如今晾晒书画又看到文同的这幅《筼筜谷偃竹》，不免悲从中来。苏轼正为文同悲伤，却不知此刻也有不少人为他心急如焚。

这还得从王安石变法说起，变法距今已有十年，早就背离初心而演变成党争。多年前王安石就和他的得力干将吕惠卿之间产生了矛盾，吕惠卿野心勃勃一度想代替王安石，暗中一番操作令王安石十分不快，其余纷争就更不用提。很多人将新法当成了晋升工具，朝中满是新贵小人，神宗虽在 1075 年（熙宁八年）二月再次拜王安石为相，但三年前王安石就感到变法举步维艰，加上长子病故，白发人送黑发人，悲痛之下主动辞去相位，退居江宁。吕惠卿在朝中斗来斗去，此刻也大势已去，离京外任。

如今的相公正是“三旨相公”王珪，何为“三旨”？即请圣旨，得圣旨，传圣旨。总之皇上说得都对，从不会惹皇上不高兴，平日里，凡与自己无关的绝不多说一句，当不得已时，便使出和稀泥这门绝技，谁也不得罪。自变法以来，朝中风起云涌，人来人往，王珪却始终一帆风顺，秘诀就是嘴甜心狠。

三旨相公其实是个十分有野心的人，明里令人如沐春风，暗里惯会借刀杀人。熙宁、元丰十多年来，王珪一直筹谋等待，如今终于高居相位。他的敌人不是变法派也不是保守派，而是威胁到他权力的人。如今大权在握，正是他清除异己的好时机。神宗一心变法，三旨相公自然得遵照旨意继续变法，反对变法的那群人自然而然成了异己。

此时，另一个人与他有了同样的想法，这人就是李定。李定本是借着支持新法才平步青云，如今变法派中硬核人物如王安石、吕惠卿等人都已退出朝堂，李定很没有安全感，生怕变法就此夭折他再无靠山，尤其害怕苏轼、司马光等保守派人物再次回到朝堂。若真有那一天，自己的好日子也就到头了。因此，他计划着将反对变法的那群人一网打尽。

敌人的敌人就是朋友，李定、王珪二人不谋而合，马上勾结起来，就如何彻底打倒苏轼等保守派人士进行了一番热烈的讨论。反对变法的人那么多，其中还有司马光、范镇这样的硬脾气，要将他们一网打尽着实是个难题。思来想去，他们决定拿苏轼开刀。一来，苏轼疾恶如仇，每遇阴暗邪恶就仿佛如蝇在食，必得吐之而后快，这样的刚烈是李定这些小人所不能承受的，更何况苏轼最讨厌的便是李定这群新贵，因此，拿苏轼开刀最解气；二来苏轼不懂明哲保身，不仅直言相谏，平日里也写了不少诗文指责新政，如此便可师出有名；三来，苏轼的影响力最大，不仅追随者甚多，更是仁宗眼中的太平宰相，就连神宗也十分喜欢苏轼，苏轼最有可能被召回朝廷。

神宗确实很喜欢苏轼，也一直想重用苏轼。据说有一日，神宗读李白的诗文，读到有趣处不禁称赞起来，转而问身边的侍臣："我朝中人，有谁可与李白相比？"

对曰："苏轼可以与李白相比。"

神宗听后连连摇头："你说得不对，李白虽然有苏轼的才气，却没有苏轼的学问。"神色间还颇有些得意。可见，在神宗心里，苏轼是比李白还厉害的才子，他更为北宋有这样的人才而自豪。可惜如此人才却一直不能重用，这也是神宗心中的遗憾。

如今的苏轼为官将近二十年，每到一处都颇有政绩，深受百姓爱戴。在文坛上，更成了名副其实的领军人物。名望官望皆是一流，神宗皇帝又如此喜爱苏轼，似乎万事俱备只差东风。说不准哪天，东风一来，苏轼就回朝了。

这股东风会不会来不知道，但李定等人决不允许它来，于是一件可笑的事情发生了。重文轻武的老赵早在祖宗家法里写下"不能杀士大夫和上书谏言人"的家规，可是这群小人居然各处搜集苏轼的诗词文章，夜以继日地做起了阅读理解，试图制造出一桩文字冤案。

苏轼赴任湖州后，依例要给朝廷写一份谢表，李定等人的阅读理解就从这份谢表做起并摘出好几处重点。

苏轼说："自己天性愚钝，学识浅陋，但凡为人都有一技之长，而我却没有。"

李定等的解读是："正话反说，阴阳怪气，过分的谦虚就是骄傲。"

苏轼说："承蒙先帝错爱，先后让我在馆阁任职，又蒙陛下厚爱，将两州托付于我。"

李定等的解读是："你的意思是自己已经是老资历了，想邀功请赏是不是？"

苏轼说："我如今愚笨不能顺应时代，也跟不上新进之人的脚步，好在我一个老头子也生不出什么事，或许还能在地方上照顾照顾百姓。"

李定等的解读："说谁是新进，你不生事，意思是朝中的人都爱生事吗？"

"新进"二字本无贬义，但自变法以来很多无能之辈借着支持新法一路平步青云，"新进"二字便专指这群见风使舵的小人。虽然如此，这一层贬义却是大家的心照不宣，于字面上来看，确实也挑不出什么毛病来。

驸马张诜向来喜欢苏轼的诗文，非常热情地为偶像印了诗集，这一下更方便李定等人做阅读理解了。六月二十七日，何正臣率先上奏弹劾苏轼，说苏轼"妄自尊大，藐视朝廷"。还说苏轼"只要出现天灾和盗贼就说是新法造成的"。如此还嫌不够，又加上一句"苏轼对于朝廷的讥讽之词已经在民间广为传播，苏轼写在诗文里的就够多了，谁知道他背地里还说了多少讽刺朝廷的话，实在应该大明刑赏，以正视听"。

七月二日，舒亶、李宜之也登场了。

舒亶先来。

苏轼曾说："岂是闻《韶》解忘味，迩来三月食无盐"，这一句是说百姓买不起官盐，三个月都吃不上盐。

舒亶："苏轼这是讥讽陛下实行官盐法不当。"苏轼确实认为官盐法不当，可这两句也是客观描述，讽刺之意并不明显。

苏轼曾说："赢得儿童语音好，一年强半在城中。"这是说，因为青苗法，农人不得不经常往城里跑，庄稼也顾不上种了，唯一的好处是，孩子们学会了城里口音。

舒亶："这是讥讽青苗法令百姓受苦。"舒亶这话倒也不错，苏轼确实有讽刺之意，但诗里说的也是客观事实，青苗法确实令百姓苦不堪言。

此外，又说："苏轼总是自以为是地讥讽朝政，甚至将这些话刻在石碑上，根本没把圣上放在眼里，就是万死都不足以谢罪。"

苏轼确实写了不少诗文讽刺新政，但绝没有不敬天子的意思，更没有不臣之心，以死罪论处实在太严重太夸张。可这些人本就是想置苏轼于死地，为了多一些“证据”，竟然扭曲事实，颠倒黑白，便是那些完全正常的诗文也能被解读出一些别的意思。

苏轼曾说：“读书万卷不读律，致君尧舜知无术。”意思是：“若不读律法，就是读上万卷书也没办法辅佐君王成为尧舜那样的明君。”舒亶的解读是：“陛下正在推进新法，苏轼却说不读律终无术，分明是讥讽陛下。”

李宜之就更厉害了。苏轼曾在一篇文章里说：“古之君子，不必仕，不必不仕，必仕则忘其身，必不仕则忘其君。”大意是说：“古时的君子不会要求自己必须做官或者必须不做官，必须做官就会忘了自己，必须不做官就会忘掉国君。”事实上，这句话孟子早就说过，孟子说孔子从政之时“忘其身”，一心为君分忧，去政之后就专心治学“忘其君”。苏轼的意思很简单，不要非给自己设限，做官时就好好做官，做学问时就好好做学问。

李宜之的解读是：“苏轼这是在教天下人都不要做官，简直就是不忠不义，于大节有损。”忠君爱国、积极入世正是儒家所提倡的，李宜之竟然连孟子的话也不放在眼里，非要给苏轼定罪，真是欲加之罪，何患无辞。

显然，这群人经过了缜密的准备和计划。小丑们挨个登场，压轴的则是李定，他唱的这出叫“细数苏轼四宗罪”：其一，苏轼早年没什么学问，不过是侥幸得了一个才名，这样一个无能之辈却动不动讥讽朝廷；其二，陛下宽宏大量，给了他很多机会，他却不知悔改，不仅不知悔改还变本加厉，一再狂傲悖上；其三，苏轼巧舌如簧，最会蛊惑煽动人心，令陛下不能教化子民；其四，苏轼怎么说也是个读书人，应该知道要以礼事君，却因一己私利恼羞成怒公然诋毁陛下，这是明知故犯。

这四宗罪，样样该杀。

朝堂之上尽是弹劾苏轼的声音，神宗耳边天天都是“苏轼真正藐视的是陛下你”这样的声音，天子威严公然受到挑战，如何不愤怒？再者假话说多了也就成了真的，神宗一连四日接到弹劾苏轼的奏折，单从表面来看这个事情也已经非常严重，似乎不得不立案调查了。终于，神宗下令由御史台彻查苏轼一案。

李定等人弹冠相庆，高兴得简直要跳起来。御史台是最高监察机构，李定正是御史中丞——御史台的最高长官。说来讽刺，古时父母亡故，做子女的都要守丧三年，李定当年竟为了官运不报母丧，被司马光怒骂禽兽不如。如今，这样的人却成了监察机构的最高长官。

此刻，李定正欢欢喜喜地准备押解苏轼，他还想煽动神宗罢免苏轼的官职，在押解路上就让苏轼在监狱过夜，以囚犯待之，神宗没有同意。虽然如此，李定还是非常高兴，眼下他急需一个押解苏轼的人，这个人不能心慈手软更不能是苏轼的粉丝，此外，还得行事干练有气势。这样的人并不好找，苏轼文名大盛又一身正气，很多人都十分敬仰这位大文豪，他们自然是不愿意押解苏轼的；再者，能说得过、镇得住苏轼的人也不多。李定感叹："要找一个能押解苏轼的人可真难。"最后终于找到皇甫遵押解苏轼。

驸马王诜最先得到消息，他赶紧派人通知在河南商丘的苏辙，苏辙闻讯只觉天都塌了，立刻派人去湖州给哥哥送信让他有个心理准备。然而皇甫遵早就出发，苏辙又如何快得过？好在皇甫遵行到镇江时因儿子突然生病耽误了几天，这才让苏辙的信抢先一步到达。抓捕之事属于机密，不可随意泄露，驸马王诜也因此背了一个泄密之罪。

苏轼收到信后说不清是何滋味，如今的他只想简单平淡地过日子，谁知命运还真是喜欢这起起伏伏的游戏，匆匆安顿好府衙事务后皇甫遵也来了。

七月二十八日，皇甫遵身穿官服气势汹汹地来到湖州府衙大厅，两个御史台士兵紧跟其后，各立一旁。苏轼听说皇甫遵如此阵势还真有些心虚，但事已至此，只能出去相见，只是不知该穿官服还是便服。

苏轼认为自己如今已然是个罪人应当穿便服，通判祖无颇却说尚未定罪，当穿官服相见，苏轼有些心慌，最终听取了祖通判的意见，着官服见皇甫遵。

皇甫遵一言不发，表情严肃，身后的两个士兵眼含凶光，一动不动，空气冷到了冰点。苏轼只好先开口："微臣知道多次得罪于朝廷，万死不足以谢罪，只求大人慈悲，允我见家人最后一面。"

皇甫遵这才淡淡道："还没到那一步。"

祖通判问："想必大人带了公文来。"

皇甫遵立刻严厉道："他是何人？"

待祖通判回禀身份后，皇甫遵才将诏令拿出来，原来是要将苏轼革职并传他进京问话，苏轼略松一口气。看过公文，皇甫遵就要押解苏轼上路，王夫人并家中老幼早已闻讯赶来，一家人哭哭啼啼。苏轼心如刀割，脸上却云淡风轻，还给王夫人讲起了故事：

以前有个叫杨朴的人很有才华，尤其会写诗，但他极不愿意做官，偏偏皇帝遍访群贤找到了他，他只好进京面圣。到了京都，皇帝命他当场作诗，他连说不会。

皇帝又问："你临走之前难道没有朋友为你写诗送别吗？"

杨朴答："没有，只有我的妻子为我作了一首诗。"

皇帝便说："读来听听。"

杨朴便读起诗来："且休落魄贪杯酒，更莫猖狂爱咏诗。今日捉将官里去，这回断送老头皮。"

苏轼说要不夫人你也为我作一首诗吧，泪眼滂沱的王夫人还真被逗笑了。她十分理解丈夫宽慰家人的苦心，她也知道，如今这番情形，家里得靠她撑着，于是默默擦干眼泪。

皇甫遵一行蛮横霸道，羁押苏轼好似拿一盗匪，府衙早乱作一团，人人都怕得不敢出门，只有张师锡和王氏兄弟送别苏轼，聊以宽慰的是，长子苏迈获准陪父同行。苏轼登舟之时，湖州百姓倾城而出，泪如雨下。

舟行途中苏轼一度想自杀，事情来得太快，他实在不知自己犯了什么罪，但很显然这项罪名不小，皇甫遵是御史台的人，御史台向来只处理大案。或许是死罪，或许还会牵连不少亲友，倒不如现在投江自杀，一了百了。可再一想家中妻儿实在放心不下，事情毕竟还没有到最后一步，想到这儿，苏轼暂时打消了轻生的念头。

苏轼被羁押的消息早已传开，听到风声的人都远远躲开生怕受到牵连，不少亲友们也就此绝交。然而真正的朋友从不会轻易离去，苏轼路过扬州时，发现好友鲜于子骏已经在岸边等候，希望见他一面，谁知官差断然回绝，苏轼心如死灰。

这边苏轼和苏迈两个被押往京都，另一边王夫人带着一家老小二十多口人去河南投奔子由，好好的一个家突然就被拆散。家中突逢变故，王夫人心力交瘁，好在有王氏兄弟同行，不料途中又遇官兵。他们正是为苏轼的诗词文章而来，这些人凶神恶煞，为了找那些可疑的诗文，将苏家的行李翻了个底朝天，一家人吓坏了，尤其是孩子们。一番野蛮搜查后，官兵们终于走了。王夫人又悲又气，认为都是写诗惹的祸，一气之下将苏轼的诗文烧了大半。

八月十八日，苏轼被押入京都御史台的监牢。因御史台周边的柏树上有很多乌鸦，御史台也被称为乌台，御史们也常被戏称为乌鸦嘴。

两天后，审问开始了。

李定等人早已收集了上百首苏轼的诗词文章，这些诗文经过他们的一番解读都被标记为“大有问题”，有的诗文确实怨气颇重，有的则完全与时政无关，李定等人就这些“问题文字”一番解读，然后等苏轼点头认罪。

刚开始时，苏轼还存着一丝侥幸心理，想辩解一番，只承认自己在杭州写的《山村五绝》有批评新法的意思，但经过二十多天的唇枪舌剑后，他终于意识到辩解无用。这些人一心置自己于死地，若不认同他们的说法，他们便轮番上阵，软磨硬泡，所谓的审问不过是一场注定打不赢的口水战。还是省省力气吧，苏轼决定遂了御史们的意，于是对自己写的所有讽刺新政的诗文都供认不讳，不仅如此，就连御史们的恶意解读也都一一承认。总之，苏轼承认御史们口中的“问题文字”的确大有问题。

御史们很满意，但显然他们还想要做得更好，于是问苏轼还有没有写别的诗文讽刺新法，苏轼否认。御史们哪肯相信，立刻在各地贴告示，要求上缴苏轼所有的诗文，人心惶惶哪敢不从，于是又来了上百篇“问题诗文”，御史们也开始了第二轮的解读和审问，苏轼再次一一承认，不过是将第一轮的审问重复一遍罢了。

苏轼又一次认罪，御史们喜不自胜，然而他们要扳倒的可不止苏轼一人，于是审讯进入第三轮。御史们询问苏轼是否与其他人诗文往来非议新法，苏轼不想连累朋友，坚持说没有。御史们自然不会相信，没几天，御史台的审讯室来了好些相关人士，苏轼只好承认与朋友有书信往来。于是此案更加复杂，苏轼的许多朋友被牵扯进来，朝中人心惶惶，李定则八面威风。

然有一日，李定竟当着众人夸起了苏轼，说苏轼真乃奇才。众人一脸错愕，李定却慢条斯理地说：“在审讯苏轼时，有很多诗文都是他二十年前所写，可他竟说得一字不差，果然是个奇才。”言毕，还发出几声叹息，这不知道的还以为李定是苏轼的粉丝。然而，李定如此感叹后，继续对这位奇才严刑逼供，审讯期间，御史们更是一时不快就对苏轼打骂凌辱，就连隔壁牢房的苏颂都为之不忍，用他的话来说是“诟辱通宵不忍闻”。苏颂其人非常博学，与普通士大夫不同，他除了精通经史子集外还是一位科学家，于天文、地理、医药都颇有研究，还发明了世界上最早的天文钟，后来还在哲宗时做到宰相，此刻也是时运不济被诬陷入狱。御史台的监牢也当真荣幸，同时关着两位苏姓大才。

两个月后，审讯终于结束。苏轼离开地狱般的审讯室，在牢房中静静等待末日宣判。在这末日中，竟然还有一个狱卒日日为他准备洗脚的热水，如此狼狈之下还有人如此恭敬，苏轼的魅力当真不一般。

苏迈依旧每天为父亲送饭，苏轼曾嘱咐他平日里不要送鱼来，除非听到自己有杀身之祸。一日，苏迈钱财用尽需要去别处借钱，只好托付京中的几位亲友为父亲送饭。这几位亲友不知道这个约定，很不巧地做了一条鱼送到牢房。

看到这条鱼后，苏轼的世界坍塌了。

虽早已做好心理准备，可当坏消息真的来临时，苏轼还是无法接受，从小父亲就教导他要修身齐家治国平天下，他也一心致君尧舜，如今却要因不尊君的罪名死去，实在有些讽刺。想到一家老小无人照顾，苏轼更是心如刀绞。眼下，也只好全部托付给子由了，自己这个做哥哥的，不仅连累弟弟一起受苦，身后事也得托付给弟弟，实在是不称职。苏轼越想越伤心，只觉眼前一片灰暗，然而这灰暗里依然还有一支笔、一页纸，苏轼定了定神，再一次提笔铺纸，写下一首诀别诗来：

圣主如天万物春，小臣愚暗自亡身。百年未满先偿债，十口无归更累人。是处青山可埋骨，他年夜雨独伤神。与君世世为兄弟，更结来生未了因。

大意是说："我主英明，在他的统治下万物都散发出春天一般的朝气，可我却愚昧不堪，屡次批评时政，实在是自取灭亡。我早早死去偿债不要紧，可怜我家中十多口人从此无依无靠，只能拜托弟弟你照顾。我死后，你就将我埋在这苍翠的青山上吧，就让我做一个孤魂野鬼独自忍受风吹雨打。这都是我活该，子由你不要为我伤心，我们来世再做兄弟。"

一首不尽，又写一首：

柏台霜气夜凄凄，风动琅珰月向低。梦绕云山心似鹿，魂飞汤火命如鸡。眼中犀角真吾子，身后牛衣愧老妻。百岁神游定何处，桐乡知葬浙江西。

这一首大意是说："御史台的监牢真是凄清，一到夜里风儿哭，铃儿哭，月儿也哭。梦里的我开心得像只小鹿，醒来后却可怜得像只将要下锅的鸡。妻儿的面容时时浮现在眼前，可我只能对不起他们了。江浙的百姓如此爱戴我，我死后，就将我葬在这一带吧。”

苏轼此次入狱，湖州、杭州的百姓一连几月为他虔诚祈祷，甚至做消灾道场，苏轼十分感动，因此交代子由将自己葬在那里。

这两首诗真是闻者伤心，听者落泪。一向毒舌的苏轼竟然会夸“圣主如天万物春”，不仅如此，还会如此乖巧地表示与人无尤，全是他咎由自取。林语堂先生说，苏轼这两首绝命诗明着写给子由，实则写给神宗。苏轼因诗获罪，这诗又是在狱中而写，传到神宗手中的可能性确实很大。神宗本就爱惜苏轼，无奈苏轼总跟他对着干，若看到苏轼一副“我主英明，我错了”的样子且还如此真诚，定会十分感动，感动之余从轻发落也是极有可能的。

事实上，神宗心里确实非常矛盾。他是一个有想法有魄力的君主，年纪轻轻便力排众议变法图强，朝堂党争不断，变法队伍鱼龙混杂，变法早已举步维艰，王安石也辞官回家，朝中人来人往，只有他一直在艰难困苦中坚持推进新法。

更难得的是，这位君主不仅敢破敢立，还胸怀宽广，惜才如金，苏轼一再批评新政，神宗虽不悦却从未真正追究，当日多少人因反对新法被罢黜，可苏轼直到自请出京之时神宗依然心有不舍。这样一个人，怎会让神宗不矛盾？神宗的态度大约是：“苏轼啊苏轼，你不支持我就算了，为何屡屡站在我的对面？为何要反对我最想要做的事？我毕竟是一国之君，天子威严不可轻犯，你竟不知吗？”

这一日，神宗来到后宫看望祖母曹太后，也是如今的太皇太后。曹太后虽然病重却也瞧得出这位年轻君主的忧虑，便问神宗为何心事重重。

神宗如实回答：“变法日益艰难，大业未成，苏轼却一再嘲讽批评新政，实在令人心烦。”

曹太后又问：“这个苏轼如今居何处，供何职？”

神宗再次如实相告。

曹太后语重心长道：“我还记得当年仁宗皇帝因制科考试发现苏轼兄

弟俩，那日仁宗皇帝非常高兴，对我说为子孙寻得两个太平宰相，真没想到苏轼竟然会因诗入狱，不会是有小人诬陷吧？大宋开国以来还从未有此先例，我如今病重，不可再有冤屈发生，免得伤了中和之气。”

神宗对曹太后一向敬重，对他来说，曹太后的话非常有分量。几日后，曹太后病情更加严重，神宗便想大赦天下为祖母祈福。曹太后却说，不需大赦天下，赦苏轼一人即可。不久，神宗果然下令大赦天下，这意味着，苏轼暂无性命之忧。李定等人却急了，又开始胡言乱语起来。

这一次，王珪也出场了，当着神宗的面，读了苏轼的一首诗：

凛然相对敢相欺，直干凌空未要奇。根到九泉无曲处，世间惟有蛰龙知。

这首诗名为《王复秀才所居双桧二首（其一）》，写的是两棵桧树，桧树也叫圆柏。诗的意思是：“两棵桧树相对而立，气势凛然不可侵犯，笔直向上直入云霄。更令人称奇的是，树根也一直伸到九泉之下，没有一丝弯曲，这大概只有蛰伏在地下的龙才会知晓。”

当然，王珪另有一番解读：“所谓飞龙在天，苏轼却偏偏认为天上的龙不知道桧树的笔直，只有地下的蛰龙才知晓。龙是天子的象征，苏轼眼中的龙不在九天却在九泉，分明是有不臣之心。”

神宗有些不悦：“怎么能这么读诗呢？这就是在写桧树，跟我无关。”

章惇也在场，他说：“龙不光可以指天子，也可以指臣子。”章惇敢当着王珪的面为苏轼辩解，是个讲义气的。

神宗对章惇的话表示赞同：“此话甚是，诸葛亮不也自称卧龙吗？”

王珪二比一惨败，只好点头微笑表示自己错了。李定等人却更急了，继续上书危言耸听，说苏轼最会蛊惑人心，即便如今大赦天下也不能赦免苏轼。不仅如此，就连与苏轼有过诗文往来的司马光、张方平、范镇、王诜等三十多人也该一并杀之。这一番言论简直就是疯言疯语，也令神宗十分反感。这群人真是不知见好就收，也不知道跟王珪学着点，说话太没轻重。司马光是谁，那是小小年纪就知道砸缸的聪明人物，1069 年（熙宁二年）变法刚开始，司马光就是保守派的头号人物，即便如此，神宗依然想重用他，一再提他为枢密副使，只不过司马光不满新法才连上五道奏折请辞。范镇、张方平等哪个不是元老重臣？驸马王诜更不用说，再怎么说也是神宗的妹夫，神宗怎么可能因为几首诗就将他们统统杀光？

这一番栽赃陷害连王安石也看不下去了，老王远在南京也上书给神宗，言简意赅道："当今是太平盛世，怎能乱杀才士？"想当初老王最烦的就是苏轼，如今看来，二人的矛盾多来源于政见不合，与彼此的为人倒无甚干系。

至此，神宗已有意赦免苏轼，但一想到苏轼这张嘴，一想起那些讽喻新法的诗词，还是有些不开心。这怎么办？神宗眉头一皱，计上心来。

一天夜里，苏轼刚躺下准备睡觉，忽见牢房里进来一个人，那人也不言语，将包袱一扔就在地上睡起觉来。苏轼有些诧异，但也没想太多便继续睡觉，正睡得香却被人突然叫醒。叫醒他的正是新来的那位，睡眼蒙眬中似乎听到那人说了两句"恭喜"，苏轼正迷迷糊糊，那人已转身离开。

那个神秘人正是神宗的黄门侍郎，是神宗特意派来考验苏轼的，所谓为人不做亏心事，半夜不怕鬼敲门，神宗认为苏轼若真有不臣之心，定会惶恐不安，夜不能寐。然而这小黄门却说苏轼神色自若，倒头就着，夜里更是鼾声如雷。这个答案令神宗十分满意，他决定对苏轼从轻发落。

十二月二十八日，最后宣判。

苏轼被贬为湖北黄州团练副使，且无权签署公务，简单来说，就是一个只有小小虚衔没有权力的犯官，主要是犯不是官。万幸，无性命之忧。其余涉案人员也受到不同程度的处罚，其中，王巩、王诜还有苏辙三人被罚得最重。

王巩被贬遥远的宾州，今广西境内，罚得最重也最冤，他与苏轼虽然交往密切，但平日里，只谈论诗词书画并未提及新法长短，大概是得罪过御史台的人，被人借机报复。驸马王诜因与苏轼来往密切加上泄露押解密令，被削去所有官爵，作为皇亲，已算轻判。苏辙则被贬到江西筠州做酒监，早在苏轼被捕之时，苏辙就主动上书希望为兄补过，愿被削去一切官位。事实上，苏辙此番被贬，确实是为兄补过，他一向谨慎，跟苏轼来往的文章中也没多少文字讽刺时政，但没办法，谁让他有这么一个不省心的哥哥。其余那些与苏轼只有书信来往但交往不密切的人，如张方平、司马光等也被罚铜二十斤。

苏轼终于走出了牢房大门，他微微抬起头看天，只觉得阳光有些刺眼，但就是这一刺眼也令他心情愉悦，毕竟他已经四个多月没见到阳光了。这一天，苏轼只觉得天儿蓝，风儿轻，鸟儿叽叽喳喳特别可爱。终于都过去了，苏轼深呼一口气，忽觉一身轻松。死地后生，作诗的灵感又来了，这该死的灵感真是挡也挡不住，苏轼一作就是两首。其中有这么几句：

平生文字为吾累，此去声名不厌低。塞上纵归他日马，城东不斗少年鸡。

这大意是说："我这一生，文字就是我的累赘啊，名声太盛惹得小人嫉妒。不过塞翁失马，焉知非福，我苏轼可不是那些斗鸡少年可比的。"斗鸡少年是个典故，唐玄宗喜欢斗鸡，贾昌又极擅长斗鸡，人称"神鸡童"，因此得到唐玄宗的恩宠，被封为"五百小儿长"，靠着斗鸡，荣华富贵了四十多年。此后，民间也兴起斗鸡热，还流传着这么几句诗："生儿不用识文字，斗鸡走马胜读书。贾家小儿年十三，富贵荣华代不如。"

苏轼这是借贾昌讽刺李定那些只知阿谀谄媚的官场小人，这诗若被李定等人拿来做文章，至少能给他安上一个"不满处分，对朝廷怀恨在心"的罪名。苏轼自然也知道这一点，作完诗后又自言自语："我怎么还不改？"因诗获罪，出狱当天就又写起诗来，苏轼真是无药可救了。

1080 年（元丰三年）大年初一，新年新气象，京都百姓们正热热闹闹地放鞭炮、贴春联，苏轼则在御史的押送下启程前往黄州，苏迈一路跟随。

文同本是苏轼的表哥，几年前，苏轼曾做媒将文同的儿子说与子由的女儿，文苏两家也算是亲上加亲。可眼下还真是悲上加悲，文同去世还不满三年，苏轼兄弟又双双被贬。文家就住在河南陈州，苏轼此行正好路过陈州，便决定去祭拜祭拜文同。不久，苏辙也来到文家。

苏轼赴任徐州时，子由一路相送还在徐州待了三个多月，那段日子二人形影相随，十分快乐。苏轼卸任徐州后，也曾去探望子由，那时两家人还一切安好。如今再见，却双双跌入谷底，二人十分感慨。眼下却没有太多时间给他们感叹人生，兄弟二人一番商量后决定苏轼和苏迈先去黄州，之后再由子由护送苏轼的其他家眷去黄州与他们会合。

二人商量好后，便各自行动。苏辙如今被贬为小小酒监，情况勉强比苏轼好一些，却还要照顾两大家子人，负担很重。他打算先回陈州带两家人到九江，让自己的家眷在那里等候，然后送哥哥的家眷去黄州。

苏轼则和苏迈向黄州行去。正月时节，北方寒风凛冽，时而大雪纷飞，路上更没几个行人，父子俩在冰天雪地中缓缓前行，十分凄清。然劫后重生，想着一家人还能在一起，苏轼已非常满足。

京都越来越远，黄州越来越近，沿途景色也渐渐显出春意，岭上灼灼红梅，热情似火，香中有韵，清极忘寒。一阵风过便随即起舞，或化作春泥，或隐入皑皑白雪，或随溪水奔向远方，开得从容，落得潇洒。然人在失意之时，看什么都像看自己，听什么都像听自己。此刻的苏轼就是这样，他眼前却是这样一幅景象："一片寂静幽谷，遍地荒草荆棘，只有梅花凌寒独开，然这东君偏不懂怜惜，一场寒风生生吹落半树梅花。"花落水流红，更触动苏轼愁情万种。苏轼觉得这梅花孤标傲世却偏生在幽谷荆棘中，开落皆是寂寞，与自己同病相怜。苏子有诗曰：

春来幽谷水潺潺，的皪梅花草棘间。一夜东风吹石裂，半随飞雪渡关山。何人把酒慰深幽，开自无聊落更愁。幸有清溪三百曲，不辞相送到黄州。

苏轼从不允许自己一味消沉，一番愁苦后依然有“幸有清溪三百曲，不辞相送到黄州”一句，如此，这寂寞冷清之中便生出一丝安慰、一丝希望。

辞别梅花后，苏轼继续前行，行到黄州岐亭时，与一位身骑白马的汉子打了个照面，苏轼发现这个人很眼熟，同时他发现对方也觉得自己很眼熟，二人对视几秒后终于认出了彼此。所谓人生四喜，不过是久旱逢甘霖，他乡遇故知，洞房花烛夜，金榜题名时。眼下，苏轼正是他乡遇故知，还是十多年前的故知，又是在如此需要故知的情况下，实在惊喜。

那人正是陈慥，二人相识于凤翔。多年前的一天，苏轼在山中游玩，碰到几位年轻公子打猎，便在一旁观看起来。几个年轻人正在追逐一只飞鸟，山中乱箭齐飞，然每一箭都巧妙地避开了那飞鸟。这时另一位年轻人缓缓拿出弓箭，只见他气定神闲，一箭就射中目标。

“好！”苏轼一边拍手叫好，一边走上前去交朋友。一番交谈后，才知这位英姿飒爽的年轻人叫陈慥，没想到这么招人喜欢的小伙子竟是自己那个讨厌上司陈希亮的儿子。陈希亮武将出身，或许是受父亲影响，陈慥非常喜欢舞枪弄剑，性情洒脱豪迈，因他挥金如土又十分新潮，被陈老爹视作浪子。陈慥的梦想是做游侠，一心仗剑走天涯，苏轼怎么也想不到陈大侠居然过起了隐居生活，更想不到会在这种偏僻的小山村与他相遇，毕竟陈家有豪宅良田，日子比这儿舒服多了。不管怎样，久别老友再次重逢实在是一桩再喜不过的喜事。

听说苏轼被贬黄州，陈慥豪迈一笑，邀苏轼到家中做客。苏轼父子这便来到陈家，在天寒地冻中走了这么久，能在友人家中喝上一口热茶，实属幸福。陈家虽然简陋，全家人却质朴热情，屋内欢声笑语，热闹极了。如此热闹了五天，父子二人拜别陈家老小，继续赶路。临行前，苏轼与陈慥约定以后要时常相聚，黄州城离这儿不过一两日路程，苏轼和陈慥确实有机会时常见面。

第九章

农人苏东坡

○
○
×
●

1080年（元丰三年）二月一日，苏轼父子抵达黄州。与以往不同的是，这一次苏轼是作为犯官被流放，没有权利参与公务，更没有官舍可住，朝廷发放的俸禄更是十分微薄，聊胜于无。说白了，就是在当地官员的看管下服刑，只是监牢比御史台的大些，行动也更自由些。

好在苏轼名震天下，威望颇高，走哪儿都有人认识，倒也能勉强找个安身之处。这安身之处就在黄州定慧院，寺院里的住持对苏轼礼遇有加，苏轼父子便与和尚们一处吃斋，虽是借住，也总算安定下来，不用再受奔波之苦。

人地两生，门前冷清，苏轼觉得自己要多惨有多惨，悲伤极了。然此时，有一个人却非常高兴，他就住在黄州对岸的武昌，仰慕苏轼许久，只是一直无缘相见。听说苏轼来了黄州，便马上渡江而来。这一日，距苏轼被贬黄州还不到十天。

此人正是苏轼的四川老乡王齐愈，王家属于皇亲，富甲一方，祖上颇有家财，曾在四川乐山犍为修建一座书楼，该楼建得十分讲究。苏轼丁母忧时，还曾游览过这座书楼，狠开了一把眼界，感叹道："云是昔人藏书处，磊落万卷今生尘。"王齐愈，字文甫，一个妥妥的富二代，不知为何搬来了湖北。

此番与他同来的还有他弟弟王齐万，有客来访，苏轼自是十分欢喜，很快，三人就"久仰久仰，幸会幸会"地聊了起来，聊着聊着发现大家居然都是四川人，马上又用家乡话开聊，一聊就是大半天。王氏兄弟临走前，苏轼热情地出门相送，送了又送，望了又望，手儿挥了又挥，直到看不到人影了才恋恋不舍地回去。此后王家兄弟经常来探望苏轼，一来二去彼此就熟络起来，苏轼才知王家兄弟竟然就是那座书楼的主人，三人更是惊喜不已，不住感叹"有缘有缘"。

不久，老朋友朱寿昌也差人送来水果美酒并一封书信，信中满是鼓励和宽慰，简直就是一个温暖的小太阳，令苏轼非常感动。其实，这个小太阳比苏轼大了整整二十二岁，说起来，也是一位十分传奇的人物。朱寿昌的父亲是工部侍郎，朱寿昌成年后袭父亲官位入仕，仕途平顺，生活富足，然他经常心绪忧愁，甚至会突然痛哭流涕起来。

如此这般却是为何？原来朱母刘氏出身寒微，只是一个小妾，在朱寿昌很小的时候就被赶出家门。朱寿昌思母心切，久而久之，竟成了一桩莫大的心事。待他长大成人后便四处寻母，平日里也极少吃荤，为的就是多积功德，早日与母亲团聚。然而，一直到熙宁初年，年过半百的朱寿昌依然没有打听到母亲的下落。之后，他决定辞官寻母，发誓找不到母亲就不回家。与此同时，朱寿昌坚持念经拜佛，以血为墨抄写《金刚经》，希望自己的虔诚能感动神灵。若真有神明存在，又怎能不被朱寿昌的孝心感动？1070年（熙宁三年），朱寿昌终于在同州找到母亲，那时的刘氏已经七十岁，且在多年前就已改嫁还生了几个儿子。虽则如此，朱寿昌依然十分高兴，将母亲和自己同母异父的弟弟们都接入府中照顾。母子分离五十年，终于团聚。这便是二十四孝中"弃官寻母"的故事。

朱寿昌寻母一事在当时传为美谈，王安石等知识分子们纷纷写诗称赞，苏轼也是其中一员，苏、朱二人便在那时结识，距今已有十年。百善孝为先，朱寿昌这样的孝子自然也是重情重义之人，得知苏轼的情况后，马上送来温暖。

锦上添花易，雪中送炭难，苏轼收到的炭火却不止王氏兄弟和朱寿昌的这两盆。

子由就不用说了，司马光、范镇等人也十分关心这位后辈，时时写信问候，李常更是一有机会就来黄州探望。杭州的故交们还凑钱雇人送来地方特产，其中，陈师仲尤其令人感动。他虽也被乌台一案波及，但毫不避讳，依然频繁地给苏轼写信，不仅如此，还经常在诗文里提起苏轼，并将苏轼早期的诗文编著成集。苏轼大为感动，感叹道："何相爱之深也！"

深爱苏轼的可不止这一位。苏轼有一位老朋友叫马正卿，字梦得，是太学的学官，也就是太学生们的老师。大约二十年前，苏轼曾去马梦得家中拜访，谁知等了许久都不见马梦得的身影，百无聊赖之际，就在马梦得家里抄了一遍杜甫的《秋雨叹》。

杜甫一向忧国忧民，自己的茅屋被风吹破了，还念叨着其他受冻的百姓们，恨不得变出千万间房子来，大庇天下寒士俱欢颜。这《秋雨叹》也是差不多的意思，唐玄宗天宝十三年（754 年），秋雨不断，连下两月不止，庄稼因此遭殃，杨国忠却挑了长得好的禾麦给皇帝看，还说“没事没事，这雨没有迫害到庄稼”。彼时的杜甫穷困潦倒，眼见民不聊生却又无可奈何，只得写诗遣怀，一边忧国忧民，一边感叹自己老大无成。

问题来了，苏轼为什么要在马梦得家中写杜甫的《秋雨叹》？我想大概是因为他太欣赏杜甫了。就好像我们无聊之时也会在纸上写写画画，内容则多是熟悉或喜欢的东西，比如一首歌词、一首小诗，或偶像的名字等。苏轼曾说：“杜子美虽一生困厄，却一饮一食都不曾忘君，诗人以来，一人而已。”这个评价非常高，无聊之时，写几首杜甫的诗也就再正常不过。

苏轼本是随意为之，写罢就起身离去，谁知马梦得却认真了。他性情耿介，得罪了不少老师同学，本就觉得待在太学没什么意思，看到苏轼抄的这首《秋雨叹》后竟深受触动，第二日就辞官回家，再不入仕，此后便时不时地在苏轼身边晃悠。听说苏轼被贬黄州，居然要来黄州跟苏轼做伴。也是一个奇人，一件奇事。马梦得不远万里与好友同患难令人称奇，苏轼能有这样一位朋友更令人称奇。

黄九、秦七、晁补之、张耒等苏门弟子也一如从前，毫不避讳，时时来信问候。这四人给了苏轼极大的安慰，在写给友人的书信中，苏轼曾表达过这么个意思：“我如今要什么没什么，但总能交到一群非常棒的朋友。黄庭坚、秦观、晁补之、张耒四人，都是一等一的人才，但大多数人还都不知道他们，只有我知道。”这语气，很有些得意。

张耒的拜师时间比较模糊，但很显然，苏轼在这时就已极看重张耒，将他与秦七、黄九等人相提并论，因此，张耒拜师的时间应该在这之前。

苏轼身边的朋友似乎还是不少，但这完全不能与之前相比。曾经的苏轼是全民偶像，享誉全国的大文豪，文化圈中无人不知，无人不晓。如果说北宋文坛是一个太阳系，那么苏轼就是那个璀璨夺目让人无法忽略的太阳。粉丝上至皇室宗亲，下至黎民百姓，就连陷害他的人也被他的才华所折服。平日里，几乎天天都有人拜访。可如今，很多人为了避嫌与他断了来往，或者暂时不敢跟他来往，苏轼不禁感叹“故人不复通问讯，疾病饥寒疑死矣”。不过，他也很能理解这些人，并认为是自己连累了亲友，十分自责。

虽然司马光、范镇、苏门弟子等人依然毫不避讳，但黄州实在偏僻，用苏轼的话来说，“真在井底”，他们也多以书信交流。离得近的也就徐州太守、陈慥、马梦得等几个，可这些人也不能日日来访。苏轼生性爱热闹，更习惯了热闹，以前十有八九的时间都是与朋友一起度过，如今却是自己苦熬，似乎已经被世界遗忘。这样的处境，可以说从天堂落入了地狱。

事实上，经历这样一番生死打击后，苏轼整个人都蔫儿了，有客来访固然可喜，他自己却不愿主动见人，整天闭门读书，沉默寡言，甚至白天睡觉，晚上出门，昼夜颠倒起来，每写信给好友，也要叮嘱一番，比如“不要将我的信给别人看”，或者“看完就赶紧烧掉”。苏轼非常喜欢武昌西山的景色，好友陈慥劝他在那里买块地养老，他想到自己是戴罪之身，生怕再被小人做了文章，只好放弃。

这样的日子教人如何不愁？何以解忧？唯有杜康。苏轼本就爱喝酒，偶尔也会在晚上出去喝上一杯，可就是在这种本该放松的时刻，苏轼依然提醒自己不可多喝，免得酒后失言招来祸事，如此小心翼翼，实在心酸。

一天夜色朦胧，苏轼像往常一样出门散心，走着走着就来到长江边上，长江岸边十分寂静，只听得水声阵阵。天边的月亮缺了大半，只剩一角隐隐挂在梧桐树梢。苏轼环顾四周，唯自己一人而已。抬眼望去，不远处一只孤雁正在枝头盘旋，突然受惊般扑腾起来飞向别的地方，好一会儿过去，似乎还没找到满意的地方，便很无奈地飞向江中的一座孤岛。月华如水，万籁俱寂，苏轼只觉一阵孤寂袭来，好似浓雾笼着大地般久难消散，良久，缓缓吟出一首《卜算子》：

缺月挂疏桐，漏断人初静。谁见幽人独往来，缥缈孤鸿影。
惊起却回头，有恨无人省。拣尽寒枝不肯栖，寂寞沙洲冷。

来黄州路上，苏轼与梅花同病相怜，此刻又与一只孤雁共情了。

“拣尽寒枝不肯栖，寂寞沙洲冷”，这是一种怎样的倔强，又是一种怎样的寂寞。

寂寞中的人最爱思考，苏轼亦是如此，即便是泡澡的时候，他也要对自己发出灵魂拷问：“我是在洗澡吗？不，我不是在洗澡，我是要洗掉一身的荣辱。”与此同时，他也在不断地自我开解：“所谓境随心转，若我永远沉溺在当下的烦恼中，那才是真的被心所困，真的要完蛋了，如今只要能有一张床安身便也该知足了。”苏子有云：

心困万缘空，身安一床足。岂惟忘净秽，兼以洗荣辱。

多番心理建设后，苏轼受伤的心灵似有所恢复，作息也回归正常，即使是白天，也能在黄州乡间的小路上看到他的身影。一日，苏轼在定慧院附近的小山坡上遛弯儿，小山坡里长满了野花野草，在这一团花草树木中，苏轼竟瞧见了一株海棠。显然，黄州人并不懂得海棠的名贵，否则怎么忍心让它长在一丛藩篱之中。苏轼定定地瞧着这株海棠，这哪儿是一株海棠？分明是另一个自己，竟又与一株海棠共情了。

如今的苏轼看山不是山，看水不是水，日月星辰、花鸟虫鱼、风霜雨露，目之所及，皆是自己。一个喜欢热闹爱说话的人却只能对着山川大泽唉声叹气，这无异于一道酷刑。

若王夫人在他身边，或许会好些。苏轼想念妻子想念家，父子二人借住在定慧院里，虽吃住无忧，总没有家的味道。这年五月，苏轼终于迎来了日思夜想的家人。五月二十五日，苏轼听说子由即将送妻儿老小到黄州，一大早就与苏迈到距黄州城二十里的市集迎接。父子二人十分激动，在市集等了又等，终于等到了日思夜想的家人。分别将近一年，一家人终于团聚，当下哭一阵笑一阵，说不出的滋味。

苏轼家大业大，十多口人不能再住在定慧院中，好在黄州太守徐大受十分仰慕且照顾苏轼，让苏轼一家住进了临皋亭。临皋亭本是个临水而建的驿站，专供过往的官员歇脚之用，如今已废弃多时，十分简陋。不过，倒也能住下苏轼这一大家子，苏轼很满足，心里也踏实多了。

眼下，最重要的问题是怎么吃饭，单靠俸禄必然要饿死一家老小。苏轼从来就不知道节俭，是个典型的月光族。王夫人虽一直勉力维持，可惜碰上这样一个大手大脚的丈夫，实在是攒不下几个钱来。眼看就要山穷水尽，苏轼终于学会了节俭。他规定每日最多花一百五十钱，每月取四千五百钱出来，分作三十份挂在屋梁上，每日取一串，花不完的就招待客人。这么一算，家中积蓄还能支撑一年多，心大如苏轼，相信一年后情况自会好转，便想山空之前就先这么坐着吃吧。

有了家人的陪伴，苏轼脸上渐渐有了笑容。谁知不久，乳母任氏却病逝了。任氏年事已高，哪经得起这番奔波？这一年来更是尝尽悲欢离合，再加上来黄州后水土不服，老人家就此撒手人寰。任氏将苏轼从小照顾到大，苏轼成家后又照顾苏轼一家老小，对苏轼来说，这位乳母早已是一位没有血缘关系的亲人。任氏的离开，令苏轼十分难过。谁知，这只是个开始。坏消息一个接一个，子由到筠州不久，十二岁的女儿就染病身亡，苏轼的堂兄也在赴任途中因病去世。

苏轼悲痛无比，深以为人生无常，试图在佛理中寻求解脱，甚至向安国寺长老学习打坐禅修，有时一连几日住在安国寺。在禅境中，苏轼进行了深刻的自我反思，对乌台一案也开始释怀，他对子由说，或许这一场灾祸正是要将他引入一个全新的境界。

禅修的日子格外宁静，在这宁静中，苏轼的心境发生了前所未有的变化。他一遍遍问自己，当初意气风发的自己为何会落魄至此？因为神宗皇帝的不信任，因为小人的毁谤嫉恨，因为生不逢时……他可以找出许多个理由来，然最终却将矛头指向自身。

在写给好友李之仪的书信中，苏轼表达了这么一番意思：

我自小读书不过是为了应试中举，可进士及第后我仍不满足，继续参加制科考试。那一科的名称是“直言极谏”，自那以后我总是大谈古今、妄论是非，好像只有这样才能对得起“制科”二字。然而，我那些言论不过是书生空论，就好像鸟儿虫儿自歌自唱罢了，对国家而言又如何谈得上损益？动辄将利害得失挂在口中，正是制科人的不良习气。贬谪黄州后，我经常默默反省，这才意识到自己这三十年来的所作所为都是因为太在意得失荣辱，太过书生意气。

给老朋友章惇的回信也十分恳切，章惇如今青云直上成了副宰相，他曾写信劝诫苏轼改过自新，苏轼是这么给他回复的：

子厚兄，以前，你总跟子由苦口婆心地劝我管好嘴巴，我却总自以为是，辜负你们一片苦心，以至身陷囹圄。本以为悔之晚矣，不料天子宽容，我才能再度回到人间。我若再不改过，就真的没良心了。如今想来，我过去几十年的行为就好像一个人生病后，发了狂自己往海里跳，病好后就只觉得惭愧，怎么敢再犯？现在的我日日粗茶淡饭，念经明理，不会再像以前那样不知天高地厚，子厚不必担心。

这一番话就是神宗看了也要感动，感动到落泪。谁能想到，这些话竟出自苏轼苏子瞻之口？曾经那么嚣张的苏贤良怎就变得如此乖巧了？这是学会明哲保身了吗？学会讨人欢心了吗？学会世故圆滑了吗？

当然不是，苏轼这些话，并非外交辞令，而是肺腑之言。成长往往是被动的，如果可以，我想没有人愿意长大。成长本身不是优点，而是一种需要。与其说成长是痛苦的，不如说痛苦才能让人更好地成长。在痛苦中思考，在思考中看到不足，然后改变。

苏轼变了，他不再像从前一样对自己讨厌的事情一味口诛笔伐，而是敛去一身傲气，试着与这些东西相处，但这也并不意味着他要从此独善其身，卖乖讨好。恰恰相反，他依然存着兼济天下之心。在写给友人李常的书信中苏轼这样说："我如今虽然又老又穷，然而，道理贯心肝，忠义填骨髓，若有一日需要为天子百姓献身，我也会毫不犹豫，至于生生死死，且随他去，我已不在意了。"

傲骨依在。

乌台冤屈，黄州冷清，这样极致的痛苦最易生出一个自怨自艾的弱者来，苏轼却借痛苦之力脱胎换骨，变得更加强大。更难得的是，他身上的纯良正直、泛爱亲民并没有减少半分，虽不在庙堂，却依然心系国家百姓，随时准备奉献自己。

不过，此刻的苏轼既无丝竹悦耳，又无案牍劳形，更没什么机会为祖国和人民奉献。闲来无事，他决定安心著书。苏洵去世前曾为《易经》作传，可惜还未写完就早早辞世，只写得半本《易传》。临终前，他再三嘱咐苏轼和苏辙务必完成此书。之后，两兄弟便继续父亲未完的工作，如今也都做了不少笔记，就差个汇总整理。苏轼主动承担起《易传》的整编工作，大约一年后，一本完整的《易传》面世了。在此期间，苏轼也在为《论语》作传，写成一本《论语说》。儒家向来强调"立功，立言，立德"，立言一事，苏轼算是完成了。他说：“《论语说》写成后，虽死无憾。”

著书之余，苏轼也不忘读书，常常读到夜半三更方才就寝。不仅如此，对于好文章，他总要反复读上几遍，认为书读百遍，其义自见。一天夜里，他读《阿房宫赋》，一遍读完又一遍，还不时发出感叹。屋外的两个老兵都听熟了，一人说：“也不知这文章有什么好，值得这样三番五次地读。”另一人说：“当然好啊，我就喜欢那句‘天下人敢怒不敢言’。”

这番对话正好被苏轼的儿子苏过听见，苏过第二天还将此事说与父亲听，苏轼大笑道：“他倒听懂了关键之处。”

苏轼读书不仅要反复吟诵，有时还要抄上几遍，这是他从小就有的习惯，苏轼称之为“日课”。一日，好友朱载上前来拜访，等了许久，都不见苏轼出来，于是打算下次再来。正要走时苏轼来了，讪笑道：“实在不好意思，我刚刚在做日课，一时忘了时间。”“日课”二字引得朱载上一阵好奇，便问苏轼什么是日课。苏轼如实回答，客人才知原来这日课竟然是抄书。

朱载上是黄州的一名学官，朱老师很不解，苏轼向来过目不忘，何须抄书？苏轼却说：“哪里哪里，光《汉书》就已经抄了三遍。”朱老师表示不信，跟苏轼要了抄写的《汉书》来看，然而，眼前这份《汉书》，朱老师却看不懂了。原来苏轼抄第一遍时以三个字记录一段故事，第二遍则用两个字记录，到第三遍时只用一个字来记录，也难怪朱老师会看不懂。

朱老师随意说出上面一个字，苏轼都可顺着说出上百字来且一字不差，几番测试，皆是如此。朱老师大为感叹，没想到苏轼这样的大文豪竟还如此勤勉，回去后就对学生们说：“比你们聪明的人还比你们努力，你们还有什么资格偷懒？”得，苏轼这一显摆，只怕朱老师的学生们又要多出许多作业来。

苏轼一向喜欢热闹，也不能整天整夜待在家中对着书本，否则定要闷出病来。可一出门，似乎也没什么地方可去，黄州这样的小镇，生活实在简单枯燥，在江边看看水，一天就过去了。苏轼看水看得无聊，还学会了打水漂儿这个技能，时不时在河边扔石头玩。可打水漂儿终究不是长久之计，于是苏轼开始找乐子，具体来说就是到处闲逛，找各种人聊天。

有时在田间跟农民聊种田，有时在山间跟樵夫聊砍柴，有时在河边跟渔夫聊打鱼，有时又在市集上跟小贩聊买卖。若别人实在不爱说话，他也要一番尬聊，实在无话可说就让别人给他讲个鬼故事来听，人家若说不会，还要别人随便编一个故事来，惹得旁人一阵哄笑。偶尔也会有醉酒之人对苏轼骂骂咧咧地推搡，苏轼不仅不生气，还开心地说："终于没人认识我了。"

俗话说生活中不缺少美，而是缺少一双发现美的眼睛。黄州虽小，倒也不缺有趣的地方，而是缺苏轼这样一个有趣的人。有趣的人往往能看到有趣的事儿，发现有趣的地方，苏轼很快就发现了一个十分有趣的地方，那便是黄州对岸的樊口。早年间他与子由扶父丧回乡时曾在樊口的一家酒店吃饭，店老板十分热情，令苏轼印象深刻。来黄州后，苏轼再去樊口，更觉惊喜，好像发现了新大陆般。苏轼觉得樊口新鲜遍地，趣处多多，还将这些趣事都记在小本本里：芋头有一尺来长，柿子、橘子遍地都是，米很便宜，一斗才二十文，鹿肉更便宜，羊肉的味道怪得像北方的牛肉，酒坊的村酒很不错……

因十分喜欢樊口的酒，苏轼便经常往樊口跑，日子久了，与那家酒坊老板也混熟了。此人姓潘单名一个丙字，也是个读书人，乡试还得了第一，是个解元。谁知科考之路似乎止步于此，再后来，他便放弃科考，在樊口开起了酒坊，生生将苏轼吸引了来。潘丙性情豪爽，不仅喜欢喝酒，还酿得一手好酒。苏轼最喜欢豪爽之人，也极爱饮酒，两人凑在一起，性情又如此投契，便常常煮酒吟诗，高谈阔论，可谓"酒逢知己千杯少"。

从潘丙口中，苏轼还听得一桩奇事。据说在苏轼来黄州的前一个月，子姑神曾附身在一位姓郭的人身上，言谈间出口成章，能诗会文，还说："苏公快要来黄州了，可惜我不能与他一见。"相传，子姑神是一位穷苦人家的姑娘，曾在正月十五死去，因此南方百姓有正月十五"迎子姑"的习俗。

又是一年正月十五，潘丙听说子姑神又在郭家现身，便拉着苏轼一起去看。苏轼去后，可真是开了眼了。子姑神又借凡人之口说话了，而且是对着苏轼说的，语气十分委婉恭敬。大约说苏轼是当世的大文豪，何惜方寸之纸，让世人知道她的存在。苏轼大感惊讶，之后还真的写了一篇《子姑神记》为这位子姑神做宣传。

出于潘丙的缘故，苏轼还认识了潘丙的侄子潘大临。潘大临也是个读书人，与叔叔潘丙一样，科考十分不顺，后来便在樊口做起了渔夫。他的诗写得非常好，颇有黄庭坚的风采，后来还成了江西诗派的重要成员。苏轼十分欣赏大临的诗，二人也成了忘年交。

有了潘丙和大临，苏轼去樊口去得更勤了，有时还会带上另外两位市井朋友，他们便是开药铺的郭遘和不知道在做什么的古耕道。此二人于文墨不大通却都十分讲义气，尤其是古耕道，特喜欢行侠仗义，打抱不平。后来苏轼去岐亭看陈慥时，潘丙、郭遘、古耕道三人还十里路上送朋友，一直将苏轼送到黄州城外的女王城，几人一路说说笑笑，累了就席地而坐，喝酒聊天，颇有名士风流。

平日里，苏轼也十分喜欢串门，经常去邻居处蹭吃蹭喝。

一日，邻居做了一种点心，酥脆可口，当得知这样好吃的点心还没有名字时，苏轼显得十分兴奋，对主人说不如就叫这点心“为甚酥”吧。又有一次，苏轼蹭到一种酸酒，他说这酒这么酸不会是做醋时错放了水吧？于是又给这种酒取名为“错着水”。为甚酥，你为什么这么酥脆？错着水，你怕是错着了水吧？苏轼取名，十分写实。

一花一世界，一叶一天堂，一切都是那么有趣，佛祖诚不欺我，苏轼如是感叹。他越来越能体会到平淡小事中的乐趣，心中的焦虑也逐渐化为一种宁静。有了这份宁静，苏轼竟也能闲得住了，有时甚至能在临皋亭中坐上整整一天，愣是将简陋的临皋亭看出十分颜色来，在写给友人的书信中对临皋亭大夸特夸，说他通常一觉醒来，拉开窗帘就能看到水上帆点阵阵，远处水天一色，如此美景令自己恍然不知身在何处。

后来，徐太守还专门在临皋亭旁给他辟出一间书房，如此一来，苏轼更得意了。他听说范镇的儿子范子丰新建了园子，立刻写信给范子丰炫耀自己的临皋亭，大约吹了这么一番牛："我从临皋亭出发，走上十来步就能看到一片大江，江中有一半水来自峨眉山，我平时喝的用的可都是峨眉山的雪水，江水风月本就没有固定的主人，只有我这个闲人才能做它们的主人。听说你最近新建了园子，估计是不如我这临皋亭，我唯一比你差的地方大概就是不能缴税吧。"

不知道的人还以为苏轼住着江景别墅，实际上，他连一间像样的客房都没有。陈慥曾写信给苏轼说要来黄州看他，这令苏轼又喜又忧。喜的自然是有朋自远方来，愁的是没地方给陈慥住，只因临皋亭太小，一家人本就非常拥挤，只勉强空出一间屋子。然而，当时正是夏天，天气十分炎热，空出的那间屋子尤其热，根本没法住人。

苏轼为此费了十分脑力，想着要不和陈慥在寺庙借宿一晚或者直接在江中的船上凑合几天，如此窘迫竟然也敢跟范子丰吹牛，似苏轼这般脸皮能与城墙拐角一般厚的也着实少见。事实上，直到陈慥到达黄州后苏轼也没想出个妥帖的办法，苏轼这厢还在想着要不跟陈慥一起睡渔船，却见黄州百姓们一个个排着队邀请陈慥去自家小住。

苏轼方知，陈慥混得着实不错，在黄州一带非常有名气，竟是个响当当的人物，难怪黄州百姓如此热情。然而，人在江湖，义字当头，陈大侠全部婉言谢绝，非常有义气地住在苏轼那间闷热的屋子里，这又给了苏轼嘚瑟的资本。

陈慥如此仗义，苏轼却是个十足的损友。话说陈慥年轻时也是一位风流浪子，一心做游侠，身边围了不少歌伎舞女，可自娶了夫人柳氏后就被收拾得服服帖帖。问世间情为何物，不过是一物降一物，这句俗语是个真理。

陈夫人性格泼辣，颇有侠义心肠，且十分厉害。陈慥若敢有什么小动作，即使宾客在旁也敢毫不忌讳地将他骂上一顿。陈慥对这位夫人却无可奈何，十分害怕。如此可怜，苏轼却还作诗打趣，诗曰：

龙丘居士亦可怜，谈空说有夜不眠。忽闻河东狮子吼，拄杖落手心茫然。

陈慥，小字季常，自号龙丘居士，十分喜欢探究佛理，经常与苏轼一起参禅论道，有时谈在兴头上竟会忘了睡觉。陈慥在佛海中畅游，自认修得八风不动，可一听到夫人狮子吼般的骂声，瞬间瑟瑟发抖不知所措。因苏轼这一首损诗，陈慥的名字也流传至今，后来人还用“季常癖”来打趣怕老婆的人，更以陈、柳二人为原型编出一个河东狮的故事来。

与谁关系好便要损谁，苏轼向来如此，就是徐太守也没能逃过他的魔爪。徐太守对苏轼十分照顾，一到重阳节就邀请苏轼去栖霞楼畅饮一番。某个重阳节，徐太守又在栖霞楼设宴，还带着自己的三位爱妾一起出席，三位爱妾个个年轻貌美，能歌善舞，其中又数胜之姑娘最为出挑。那一日，她献了好几支舞，舞罢觉得十分乏力，便靠在徐太守身上休息，徐太守则一双醉眼望着身边的美人。胜之十六七岁，正是如花似玉的年纪，徐太守却年近花甲，垂垂老矣，苏轼在边上瞧着，暗暗道：“好个老牛吃嫩草。”当下作词戏谑，词曰：

双鬟绿坠。娇眼横波眉黛翠。妙舞蹁跹。掌上身轻意态妍。

曲穷力困。笑倚人旁香喘喷。老大逢欢。昏眼犹能仔细看。

这是说胜之姑娘青春貌美，顾盼生姿，舞姿轻盈堪比掌上起舞的飞燕。一曲舞罢，十分疲累，正靠在徐太守旁边娇喘连连。这徐老头虽老眼昏花，却还能细细看上一番。

多年前，他也戏谑过好友张先。张先八十岁时纳了一个貌美的小妾，老张头十分开心，还作了一首诗，诗曰：

我年八十卿十八，卿是红颜我白发。与卿颠倒本同庚，只隔中间一花甲。

苏轼听说此事后，立刻作诗调侃，诗曰：

十八新娘八十郎，苍苍白发对红妆。鸳鸯被里成双夜，一树梨花压海棠。

梨花洁白如雪，一树梨花自然是指白发苍苍的老张头，海棠鲜艳粉嫩，自然是那貌美的小妾。加上鸳鸯被里成双夜这个前提，不得不说十分有画面感，也不知老张头这一树梨花看后作何感想。

来黄州一年左右，苏轼才为生计考虑起来，眼看山要吃空了，苏轼觉得是时候做点什么了。可他生来只会读书，不会赚钱，又能做什么呢？“要是能跟那些农民一样有块耕地就好了。”苏轼叹道。马梦得知道苏轼有这个想法后还真给他弄来一块地。

马梦得抛弃官职追随苏轼，每天都盼着苏轼发大财，这样他也能有酒喝，有肉吃。谁知这些年来，苏轼越过越穷，如今竟连吃饭都成了问题。连苏轼本人都觉得马梦得跟错了人，实在没眼光，还写诗打趣：

马生本穷士，从我二十年。日夜望我贵，求分买山钱。我今反累君，借耕辍兹田。刮毛龟背上，何时得成毡。可怜马生痴，至今夸我贤。众笑终不悔，施一当获千。

大概是说：“老马是个穷鬼，跟着我也有二十年了，这些年来，日日夜夜地盼着我挣大钱给他买宅子买地。谁知我如今反连累了他，还要借别人的地来耕种。老马呀老马，在乌龟背上刮的那点毛，什么时候才能织成毯子呢？可怜的老马，到现在还夸我贤，别人笑他，他也不觉得后悔，给他一块他能当一千花。真是个憨憨。”

马憨憨弄来的这块地正是向徐太守申请来的，这地本是一块废弃多时的营地，徐太守对苏轼一向礼待，便很痛快地批了。

苏轼并非说说而已。

1081年（元丰四年）二月，苏轼带着全家老小开始拓荒，一家人早出晚归，经过数日的劳作，这块地终于有了一些起色。这还是一片荒地吗？不，这是一块希望之田，苏轼不由得畅想起来。眼前已经出现一片嫩绿的稻田，蓝天白云下一片齐整的绿色十分好看。旁边还有一块金黄的麦田，麦穗粒粒饱满，开心地点头哈腰。旁边的菜园子则满是新鲜的瓜果蔬菜，十分诱人。菜园子旁还有一个五彩缤纷的果园，园里有桃树、李树、枣树、桑树、橘树、杏树等，每棵树上都结满了果实，孩子们就在果园中摘果子吃，可是果子这么多该摘哪一个？真是挑花了眼！果园后竟然还有一片苍翠欲滴的松树林，一阵风过，顿时涛声阵阵。松树林旁则立着一农家小院，几间茅屋质朴简约，屋后则是一片郁郁葱葱的竹林，阳光从林间洒下，明媚温暖，惬意极了……

真是越想越兴奋，雀跃的心情马上就转换成了行动力，苏轼与家人抓紧劳作，邻里朋友也来帮忙，一群人热火朝天，埋头苦干。正这么翻着土，忽听童子说发现了一口暗井，这可把苏轼高兴坏了。一群人赶紧过去一看究竟，原来这井水来自岭上的一汪清泉。数月不雨，泉水不足，水位太低便无法流下山来。前日一场大雨，泉水便涌了下来，这才被童子发现。苏轼一番勘探后决定开沟挖渠，将泉水彻底引到荒地来。有了水源，开荒事业更加顺利。不多久，这块荒地就可以耕种了。

可惜种水稻的时节已过，苏轼只好直接种麦子，陆续又种了其他庄稼。几个月后，这块荒地便现出一片生机，禾麦果蔬一应俱全，苏轼则成了这里的农场主。看着自己的山头一片欣欣向荣之景，苏轼自得极了，可瞧着瞧着，总觉得少点什么……对了，这吃饱了得消食，还需要一些茶叶来解腻，于是写诗向一位僧人朋友要桃花茶籽，诗曰：

不令寸地闲，更乞茶子艺。饥寒未知免，已作太饱计。

眼下还不知道能不能丰收，苏轼就已经开始担心吃得太饱，他这般未雨绸缪大概不会有拖延这样的毛病。

恭喜苏轼，头一回做农民就做得十分合格，经过农人的指点，苏老农的粮食果蔬都长得十分好，这年冬天，麦子也大丰收。因为没来得及种水稻，一家人没有米吃又没钱买米，王夫人就将大麦与红豆煮在一起当饭吃，美其名曰“二红饭”。

苏轼学会了种田，王夫人夫唱妇随，学会了织布。夫妻两个自己动手，丰衣足食，过上了男耕女织的田园生活。

白居易曾在东坡开荒，那是朝也上东坡，夕也上东坡，还自称白东坡。苏轼觉得自己这块地就在城东，也算得东坡，于是称自己为苏东坡。然则白居易在东坡种田只是为了体验农家生活，他却是为了养家糊口。这么一想，他觉得陶渊明才是自己的知己。

陶渊明罢官归隐后，也是自己种地糊口。不过他实在没有当农民的天赋，虽勤勤恳恳地学种田，依然是“草盛豆苗稀”，经常吃不饱饭，只能盼着天快些黑，睡着了就不觉得饿了。然而即使这样，陶渊明依旧过得快活，正因为如此，苏东坡才越来越喜欢陶渊明，时时吟诵老陶的那篇《归去来兮辞》，还将《归去来兮辞》改编成一首歌，教田里的小朋友跟自己一起唱。苏东坡的农场里经常出现这么一幅画面：一老一小对着牛角，打着拍子唱着歌，时而发出阵阵笑声。果然是上可与玉皇大帝喝酒，下可与田间小儿嬉戏，苏东坡做得庙堂高官，更做得乡间农人。

既做了农民，就得靠天吃饭，苏东坡也切身体会了一把农民的不易，收成不好时只能节衣缩食，消食茶更派不上用场。没想到年近五十，苏东坡竟认真地节俭起来，还十分严肃地写了一篇《节饮食说》贴在墙上：

东坡居士自今日以往，早晚饮食，不过一爵一肉。有尊客盛馔，则三之，可损不可增。有召我者，预以此告之，主人不从而过是者，乃止。一曰安分以养福，二曰宽胃以养气，三曰省费以养财。

大意是说："从今天起，东坡居士每顿饭不可超过一种肉，不能超过一爵酒，如果有客人来，饮食可多加些，但最多只能增加到三倍。如果有人请我赴宴，我也一定要提前告知他我的饮食标准，如果主人超过这个标准，我就要好好劝他了。原因有三：一来，安守本分可以带来好福气；二来，宽松肠胃可以养出好身体；三来，节省开支可以省下一笔小钱财。"

如此看来，节俭实在是好处多多，简直就是生活智慧。东坡居士一向大方，还将这样的生活智慧分享给了不少朋友。不过这智慧说到底还是省钱的智慧，东坡居士的智慧却不止于此，闲暇之时，他还做起了厨子，兴致勃勃地研究起做菜来。

黄州的猪肉很便宜，有钱人不爱吃，穷人不会吃，苏东坡便发明出一个做猪肉的法子："在锅中加入少量水，将猪肉放进去用温火慢炖，大约还要放些其他调料。之后，耐心等待就好，时候一到便大功告成。"这便是大名鼎鼎的东坡肉，苏东坡还专门为此写了一首《猪肉颂》：

净洗铛，少著水，柴头罨烟焰不起。待他自熟莫催他，火候足时他自美。黄州好猪肉，价贱如泥土。贵者不肯吃，贫者不解煮，早晨起来打两碗，饱得自家君莫管。

做了东坡肉，再做东坡羹，有《猪肉颂》自然也有《东坡羹颂》。这《东坡羹颂》也是一道菜谱，大约是这么个流程："将一些蔬菜洗净后一起下锅，加上一些简单的调料，开火慢煮，然后在上面架上一层笼屉，在里面蒸上米饭，但一定不能让菜汤碰到米饭，否则会影响米饭的口感，待蔬菜汤做好后再将米饭放到另一个锅里蒸熟。”

这道菜谱非常细致，看起来也不难操作，据说这东坡羹非常受欢迎，饮食清淡，喜欢素食的人尤其喜欢。我想最开心的应该是王夫人，有个爱做菜的丈夫一定省心不少。

自己种地自己吃，多收多吃，少收少吃，闲时还能发明几个小菜改善伙食，王夫人又能织布做衣，苏东坡觉得衣食已不必担忧，是时候改善一下自己的居住环境了。

1082 年（元丰五年）正月，苏东坡在东坡盖起了房子，足足有五间。房子建成之时正好遇上下雪，苏东坡便将这屋子取名为雪堂，并在雪堂的墙壁上画满雪景。此外，还在雪堂门前给自己写了几条警示之语：

出舆入辇，厥痿之机。洞房清宫，寒热之媒。皓齿蛾眉，伐性之斧。甘脆肥酸，腐肠之药。

大意是说：“出入乘车坐轿子，容易导致四肢萎缩。待在清幽的府宅里，容易伤寒中暑。倾城佳人往往是摧毁性命的斧子，美酒佳肴更是腐烂肠胃的毒药。”

如今的苏东坡没有华丽的轿子坐，没有宽敞的屋子住，更没有美食佳肴可以吃，要什么没什么，便试图给自己洗脑，那些都是坏东西。这几句话乍一看令人捧腹，还带着那么一股酸葡萄的味道，但又何尝不是一种无奈之下的自我开解，却多少有些心酸。

此时，苏东坡来黄州已有两年，他渐渐习惯了这里的生活，开始做长远打算。虽说有了东坡，还建了雪堂，但这毕竟是官府所批，苏东坡只有使用权没有所有权，官府哪天想收回就收回了。大丈夫之爱家，则为之计深远，苏东坡觉得买地置产才是正经。他听说黄州东南的沙湖土地肥沃，是块好田，略有些动心，便在三月初七，趁着天气晴朗，呼朋唤友去沙湖看田。谁知走在半路却突然下起了雨，一行人被淋成了落汤鸡，几个朋友四处避雨，十分狼狈，苏东坡却非常淡定，在雨中边歌边行。好在这雨来得快去得也快，不久天又晴了。

唯大英雄方能本色，是真名士自风流。痛痛快快地淋了一场雨，怎能不写诗作词，这便有了一首《定风波》：

莫听穿林打叶声，何妨吟啸且徐行。竹杖芒鞋轻胜马，谁怕？一蓑烟雨任平生。

料峭春风吹酒醒，微冷，山头斜照却相迎。回首向来萧瑟处，归去，也无风雨也无晴。

大意为："大雨既来，就不要听那穿林打叶的雨声，还不如一边唱歌一边前行。我自有竹杖草鞋，轻快方便胜似骑马，怕什么？有一身蓑衣在，一生风雨又怎样？料峭春风吹过，我的酒也醒了，刚觉得有些冷，山那头的斜阳却向我洒下一片温暖。回望来时的那条路，我自从容归去，无所谓风雨，也无所谓晴。"

风雨不惊，来去自如，好一个从容洒脱的苏东坡。只是，这一场雨终究是白淋了，沙湖与东坡居士无缘，买卖没成。不久，就迎来寒食节，连日阴雨不停，苏东坡的心情非常低落，连写两首五言诗，每一首都凄凉无比。

一曰：

自我来黄州，已过三寒食。年年欲惜春，春去不容惜。今年又苦雨，两月秋萧瑟。卧闻海棠花，泥污燕支雪。暗中偷负去，夜半真有力。何殊病少年，病起头已白。

大意是说："自我来到黄州，已经过了三个寒食节。每年都惋惜春天，然而春天自会离去，惋惜也没有用。今年春雨不绝，这两个月好似秋天一般萧瑟。我听说海棠花也凋谢了，花瓣落在污泥中一定十分狼藉。海棠花被春雨摧残，就好像一个人在睡梦中被大力士背走一般，令人无可奈何。又好像一个生病的少年，病好后却发现自己的头发全白了。"

二曰：

春江欲入户，雨势来不已。小屋如渔舟，蒙蒙水云里。空庖煮寒菜，破灶烧湿苇。那知是寒食，但见乌衔纸。君门深九重，坟墓在万里。也拟哭途穷，死灰吹不起。

这一首的意思是："春雨一直下个不停，江水也因此高涨，屋子就好像在蒙蒙水云里漂浮的一叶渔舟。家里的厨房空荡荡的，只好用湿芦苇点燃破旧的灶火，煮一些寒菜来吃。本来不知道今天是什么日子，看到乌鸦嘴里衔着纸钱我才知今天是寒食。很想为朝廷尽忠，然而君门似有九重之深，将我拒之门外。想回到故乡，然而家乡也远在万里之外，不能回去。我很想效仿阮籍在穷途末路时哭一场，却发现自己心如死灰，连一滴泪都流不出。"

不到一个月前，苏东坡还说"谁怕？一蓑烟雨任平生"，如今怎么像变了一个人？仔细想想，若真的洒脱自在、从容快乐，怎会下一场雨也能联想到人生之风雨？若真的一点都不怕，又怎会告诉自己别怕？《定风波》实则是他的自我鼓励，是他与逆境斗争的勇气，更是他对自己的期许。他希望自己能"一蓑烟雨任平生"，可这样的境界，确实极难达到。何况，他所经历的这番风雨，着实不小。

试想，一位见多识广、才气冲天的文艺全才，却被困在黄州这样消息闭塞的小镇，该有多郁闷！仁宗皇帝眼中的太平宰相，如今竟连吃饭都成了问题；从小养尊处优的少爷，硬是被生生逼成了一个下地干活的老农。作为犯官，他也不能辞官归隐，一走了之。进不能为朝廷尽忠，退不能回归故乡，致君尧舜的热情，只换来九死一生的坎坷。年华老去，前途黑暗，苏东坡的悲凉可想而知。虽然他屡次自我排解，几番自我鼓励，可在他内心深处，依然有一股深深的忧伤，连日阴雨不停，这股忧伤也随之被触发。

这样的天气，既不能游山玩水，又不便访友谈心，苏东坡只好铺纸研墨，肆意挥毫，将万千愁绪尽数宣泄于几页宣纸。这便有了著名的《寒食帖》，又名《黄州寒食帖》。这幅行书气势奔放，放荡不羁，被誉为天下第三行书。第一行书为王羲之的《兰亭序》，第二行书为颜真卿的《祭侄文稿》，第四行书是王珣的《伯远帖》。此三人最耀眼的头衔都是书法家，可见《寒食帖》的艺术成就之高。苏东坡虽位列北宋四大书法家之首，然《寒食帖》在他自己的书法作品中也属上乘。若没有黄州的这一番苦难，或许苏东坡也写不出这样好的作品。

寒食过后，雨渐渐停了，苏东坡也终于可以出门散心了，他若稍出个远门，十有八九是去赤壁。

黄州之外，长江之滨，有崖似鼻，是为赤壁。因著名的“赤壁之战”，赤壁也渐渐成了文人们的游览胜地。赤壁之下有滚滚长江，赤壁之上有亭台楼阁，知识分子们常常在亭台楼阁中，对着滚滚长江一番凭吊歌咏。

两年前，苏东坡就曾与苏迈同游赤壁，二人泛舟江上，十分尽兴，之后，苏东坡便时常来赤壁游览。当然，作为黄州的一处著名景点，赤壁也深受当地老百姓的喜爱，天热的时候，孩子们干脆在江中游起泳来，偶尔还能在水中摸出几块好石头。那些石头温润精巧，大小不一，颜色各异，十分好看。苏东坡素来喜欢收集石头，便拿点心跟孩子们交换，日积月累换得将近三百颗，还将这些石头存在一个铜盆里。后来，庐山的佛印派人向苏东坡致意，苏东坡就将那盆宝贝石头送给了佛印，美其名曰“怪石供”。从此“怪石供”便成了苏东坡与佛印的定情信物，当然，这个情是友情。

转眼便是夏末秋来，七月的某个夜晚，苏东坡独自再次来到赤壁，看滚滚长江奔流向前，气势豪迈，洒脱不羁，回想自己一生坎坷，心中顿时涌上千言万语。接着，一首《念奴娇·赤壁怀古》诞生了：

大江东去，浪淘尽，千古风流人物。故垒西边，人道是，三国周郎赤壁。乱石穿空，惊涛拍岸，卷起千堆雪。江山如画，一时多少豪杰。

遥想公瑾当年，小乔初嫁了，雄姿英发。羽扇纶巾，谈笑间，樯橹灰飞烟灭。故国神游，多情应笑我，早生华发。人生如梦，一尊还酹江月。

这首词大气磅礴，豪情万丈，被誉为千古绝唱，彻底打开豪放一派词风。此后，人们不再只哼晓风残月，也爱唱大江东去。

可能有人要问了，这大江为何是东去而不是西去或者南北而去？这是因为中国地势西高东低，因而有大江东去、百川东到海、滚滚长江东逝水等句。词中的周瑜风流倜傥，气质潇洒，谈笑间便赢得赤壁之战。可能又有人要问了，赤壁之战不是因为诸葛亮借来了东风才大胜吗？苏东坡怎么将赤壁之战的功劳算在周瑜头上？再说，周瑜小气得很，苏东坡怎么会欣赏这样的人？我们之所以对周瑜有这样的印象，多半是受了《三国演义》的影响。

小说演绎毕竟不是真正的历史。事实上，诸葛亮并没呼风唤雨的神通，赤壁之战的主要功臣也确实是周瑜。周瑜不仅足智多谋，更是一位羽扇纶巾的儒将。据《三国志》记载，诸葛亮三步一骑，周瑜则是一步三骑，要比诸葛亮聪明许多。不仅如此，周瑜还性度恢廓，雅量高致。这样的人怎会发出“既生瑜，何生亮”之叹？又怎会被气得吐血而亡？正如鲁迅先生所说，《三国演义》“状诸葛之多智而近妖”，而周瑜实在是被丑化了。

真实的周瑜少年得志，文武双全，还精通音律，在他面前抚琴奏乐一定要十分小心，因为只要错了一个音符，即使他喝醉了也能听得出，且会立刻给你个眼神。加上周瑜风度翩翩，人送雅号“周郎”，据说姑娘们为了引起周郎的注意，故意弹错音符，因为“曲有误，周郎顾”。

这样的周瑜，苏东坡怎会不欣赏？赤壁下，一片江水波澜壮阔，乱石穿空，惊涛拍岸，卷起千堆如雪白浪，苏东坡不禁思绪乱飞。他想起初娶小乔，羽扇纶巾，谈笑间樯橹灰飞烟灭的周瑜。这样的少年英雄着实令人羡慕。想当初，他自己又何尝不是一位人人称羡的少年郎！如今却是两鬓微白，流落异乡。想到这儿，苏东坡顿觉人生如梦，于是举起一杯酒，对着长空，对着江水，对着清风，对着明月，一饮而尽。

人生如梦，实是一番无奈，然就是这样的无奈依然被苏东坡写得豪情万丈。苏东坡填词，可以悲伤，可以无奈，可以消沉，但仅仅是可以，这个量很小，他很少作凄惨之语，更不会极尽渲染之能事，让负面情绪任意泛滥。

苏东坡是一个真正的理想主义者。

有人说理想主义者太过天真，不知生存艰难，总要去远方寻找星辰大海，却不知远方的那条路布满荆棘。事实上，理想主义者比任何人都知道那条荆棘之路有多么难走，可即便如此，他们依然要出发，且义无反顾。

或许，有一些人刚出发，就被那些荆棘吓了回去。这样的人，只能算一个伪理想主义者。他们只是空想家，一旦遇到现实的挫折，便愤世嫉俗，顾影自怜，认为自己生不逢时。真正的理想主义者不仅是思想家，更是行动派，不管现实多么艰难，也会坚持心中所热爱。不如意时，他们也会低落，会抱怨，但最终，他们会反求诸己，将手里的宝剑磨得更加锋利，而后披荆斩棘继续前行。

骂骂咧咧地抱怨很容易，将苦日子过成好日子很难。苏东坡便是后者，他从不当逃兵，总是尽力与这个世界相处，与自己相处。他克制，所以日子再怎么灰暗，也不会纵情声色麻痹自己。他自强，所以再怎么坎坷低落也不会一味怨天尤人。所以，他能写出豪情万丈的《赤壁怀古》。

“晓风残月”一向是婉约词的代言，苏东坡《赤壁怀古》一出，“大江东去”立刻成了豪放词的代言。柳七的词，当由一容色俏丽的江南女子来唱，该女子最好犹抱琵琶半遮面，挂着两滴眼泪，每一字都是我见犹怜的美人形象。苏东坡的词，则需一群关西大汉来唱，这群人最好手执铁板打着拍子，每一句都是豪气干云的汉子形象。

读柳永的词瞬间变成了淑女君子，声音温柔细软。读苏东坡的词则不自觉就提高了嗓门，瞬间出现一群“女汉子”和真汉子。不管是柔声细语地读苏词还是豪迈洒脱地读柳词，都会十分奇怪。只能说，世间好词不止一种，婉约，豪放，各有魅力。

还是在这个七月，苏东坡又去了一趟赤壁，这一次，与一位姓杨的道士同行。杨道士是个杂学家，弹琴、吹箫、画画、炼丹、看相、酿酒、治病无所不通，两个月前，来黄州拜访苏东坡。如此妙人，苏东坡自是十分欢迎。

杨道士的到来，给苏东坡的生活增色不少。苏东坡爱喝酒，杨道士会酿酒，闲来无事，苏东坡也跟着学起了酿酒，拿着杨道士的秘方，一头扎进厨房，十分热情地操作起来，待所有步骤都完成后，便静静等待酒香飘起。苏东坡还作了一首《蜜酒歌》，大概是说：“东坡居士要酿酒了，第一天，瓮里的酒开始小小地沸腾，好像鱼儿吐着泡泡。第二天，酒水不再沸腾，转而泛着清澈的亮光。第三天，东坡居士打开酒瓮，哇，香气扑鼻，满城飘香。”

当然，这一切都是东坡居士在等待中的想象，待三日打开酒瓮后，并没有香满全城，苏东坡喝了蜜酒后还闹起了肚子。是杨道士的秘方有误吗？自然不是，只因东坡居士酿酒太不严谨，往往是差不多，应该是，可以了吧，结果酿出一瓮坏肚子的酒水来。

东坡居士酿酒，重在参与。

七月十六日晚，苏东坡约杨道士同游赤壁。二人泛舟江上，饮酒论诗，是时，月色朦胧，雾薄风凉，江水茫茫，水天一色，舟行水上，似要乘风而去。苏东坡歌兴大发，一曲唱罢又一曲，杨道士也吹起洞箫当起了伴奏。一个箫声悠扬，一个歌声清亮，可谓一桩美事。可唱着唱着，苏东坡的歌词就变成了“渺渺兮予怀，望美人兮天一方”。“美人”当然不是美女，而是指神宗皇帝，看来苏东坡还牵挂着庙堂之事，杨道士似乎感受到了这份愁闷，箫声也随着如泣如诉起来。苏东坡继续高歌，一直从“月出皎兮，佼人僚兮”唱到“月明星稀，乌鹊南飞”。这时，杨道士的伴奏愈加悲凄起来。

苏东坡也有些凄然，停住歌声，问杨道士：“箫声何以如此幽怨？”杨道士十分低落：“月明星稀，乌鹊南飞，不正是曹孟德的诗吗？你看这里，西能看到夏口，东能看到武昌，不就是曹孟德当年被周瑜所困的地方吗？想当初，他攻荆州、夺江陵，战船绵延千里，是何等的英雄人物！可如今，不也化作烟尘随风而逝了吗？天地广阔而永恒，人却渺小而短暂，好像天地间一蜉蝣、沧海中一粒米，真羡慕长江，好似有无穷的生命。”

苏东坡却乐观起来，对杨道士说：“你看看这水流，虽然一直向前，但从未真正离去。你再看看这明月，时圆时缺，可终究没有半分增减。若说变化，宇宙不也时时刻刻在变化吗？若说不变，人虽一生短暂，人类又何尝不是千秋万代地繁衍了下去，我们不也与万物一样永恒吗？有什么可羡慕的？再说，天地间，万物各有其主，若非自己所有，便是一毫也不能多取。山间清风与江上明月，目遇之成色，耳听之为声，取之不尽，用之不竭，只有这些才是大自然最宝贵的馈赠，你我却皆可享受，有此等美景足矣，又何必忧愁？”

杨道士听后，转悲为喜，二人继续开怀畅饮，“望美人兮天一方”的无奈与“绕树三匝，何枝可依”的凄凉都在清风明月中化为乌有，舟中杯盘狼藉，二人却是一夜好眠，不知东方既白。

此番经历，皆在苏子一篇《赤壁赋》中。这篇怀古之作，开头虽略有些伤感，但最后，苏东坡又像往常一样，自我开解，渐显出一股超然来。

九月的一天晚上，苏东坡与朋友在雪堂饮酒作乐，喝得尽兴，不觉忘了时辰。返回临皋亭时，家人早都睡着了，门也敲不响，于是他干脆在江边欣赏起夜景来。长江辽阔无边，在夜色下显得十分静谧，苏东坡忽然觉得如今的自己早已将“荣辱”二字放在身外，唯一没办法解脱的就是这身皮囊而已。所谓“尚有身为患，已无心可安”。心已安，又何来安心之说。只是这身皮囊还需要衣食住行，自己也不得不为此继续忙碌奔波，真希望乘一叶小舟，在大海中了却余生。苏东坡的灵感总在酒醒之时突然迸发，此刻酒尚未醒，灵感却提前报到了，无纸无笔，苏东坡直接对着长江放声高歌：

夜饮东坡醒复醉，归来仿佛三更。家童鼻息已雷鸣。敲门都不应，倚杖听江声。

长恨此身非我有，何时忘却营营。夜阑风静縠纹平。小舟从此逝，江海寄余生。

全词塑造了一个醉酒后随性从容的苏东坡，但和《赤壁赋》一样，虽整体洒脱，但多少有一丝惆怅。这首词，还闹出一个乌龙。不知怎的，第二天一早这首词就传遍了大街小巷。有人说：“不好了，苏东坡昨晚乘舟潜逃啦，不好了……”徐太守吓坏了，苏东坡潜逃他可是第一责任人，赶紧去临皋亭一探究竟，到临皋亭后才发现，苏东坡还在睡大觉。徐太守哭笑不得。

十月，苏东坡又去了一趟赤壁。一天晚上，他与两位客人自雪堂向城内走去，彼时正是深秋时节，树叶枯黄，落得满地都是。月光自树枝丫中挥洒下来，人影也在落叶上斑驳起来，这一番景象令苏东坡酒兴大发，想着若有美酒菜肴就好了，正好对着清风明月畅饮一番。正这么念叨着，朋友说他家有鱼，苏东坡一下来了精神，就差酒了，可惜家中的酒已经喝完了。转念又想，王夫人一向周到，或许存了备份也未可知，便回家寻酒喝，果然贤惠的王夫人一直给他留着一壶备用的美酒。

有酒有菜还等什么，三人立刻出发，在赤壁下，吹着小风，喝着小酒，聊着小天，一番享受后各回各家。那天夜里，苏东坡做了一个十分有趣的梦，梦里一个道士问他：“今日游赤壁可还开心？”苏东坡并不认识那人，便上前请教名字，然那道士却不言语。苏东坡突然想起夜游赤壁时看到一只孤鹤自江中飞过，潇洒飘逸，倒像是一只仙鹤，眼前的道士也有一股神仙风流，莫非这道士就是那只仙鹤？于是又开口询问，道士依然不言语，却意味深长地笑了起来。

苏东坡突然醒来，眼前哪有什么道士，只有一片月光而已。彼时，他睡意全无，于是披衣起身，将夜游赤壁、夜梦仙鹤之事全部记录下来，这便有了《后赤壁赋》。这篇文章，飘逸潇洒，超然自在，颇有庄子之风。全篇未写一件伤感之事，更无一字自我开解，苏东坡完全乐在其中。可见，他的心境与从前又不相同。此前，他说“谁怕？一蓑烟雨任平生”，如今，他眼中渐渐不见风雨，真正快乐起来。寂寞沙洲虽冷，终究没让他冷上太久。

大多数时候，苏东坡都在临皋亭、东坡和雪堂三个地方穿梭。临皋亭是苏子瞻睡觉的地方，东坡是苏老农劳作的地方，雪堂则是苏学士的会客读书之地。苏东坡每日从城中的临皋亭出发，走出城门，再行过一段泥巴路，便来到东坡和雪堂，经常“朝嬉黄泥之白云兮，暮宿雪堂之青烟”。这一段泥巴路不过一两公里，却因苏东坡的一首《黄泥坂词》成了一条十分出名的路。

《黄泥坂词》作于这年（1082 年，元丰五年）年底，就在《后赤壁赋》后不久，这首黄泥歌大约是说：“我早上出门时，与黄泥路上的白云嬉戏，晚上则在雪堂的青烟中睡觉。鱼儿鸟儿都不会被我惊扰，樵夫对我也十分傲慢，这种没人认识的感觉真是好极了。今日我又喝醉了，在路上边走边歌，走着走着突然有些发困，于是我扔了手杖，在草地上倒头就睡。也不知过了多久，我听到父老乡亲叫我起来，原来他们怕路过的牛羊从我身上踏过。我赶紧坐起身来，向家中走去，抬头一看，天已经黑了，月亮和星星都出来了，它们可真是我的好朋友，清晨送我出门，夜晚又照我回家。我边走边歌：归来归来兮，黄泥不可以久嬉……”

文末一句“归来归来”，明着说要回家，回到临皋亭，实际在说，他要像陶渊明一样归隐田园，享受田园。当然，真正要归隐的人，不会说太多归隐的话，而是“采菊东篱下，悠然见南山”，在田园中享受生活。苏东坡此处说着归隐，多少还是忘不了朝堂之事，但整体来看，与《后赤壁赋》一样，全词几乎没有自我开解，一片肆意享受之态。

诗穷而后工，文章憎命达。其实不仅诗文，所有的艺术皆是穷而后工。苦难是灵感的重要来源，对于一个有才华的人来说，只要他足够倒霉就一定能创造出佳作。若还能跨过这层苦难，便能同时在生活和艺术中生出新气象来。显然，苏轼就是那个才气冲天又跨过苦难的人，黄州是他四十多年来的最低谷，也是他自密州后的又一个艺术高峰，就是在这里，苏东坡的创作力空前爆发，诞生了赤壁三曲以及《定风波》《临江仙》《黄泥坂词》《寒食帖》等著名文艺作品。

虽说苏东坡如今只是个犯官，但依然像以前一样，一有新作就被人四处传诵，何况他这一时期的诗文个顶个地好。不知不觉中，苏东坡的文名更胜从前，又吸引了大批文人墨客、奇人异士。

1082 年（元丰五年）三月，庞安常来黄州拜访苏东坡。那时，苏东坡刚从沙湖看田回来，因淋了雨，肩膀上的风湿又犯了，一时疼得厉害。祸兮福所倚，苏东坡万没想到自己的粉丝里居然有一位医术精湛的大夫，此人正是庞安常，听说苏东坡病了，立刻翻山越岭上门为偶像医治。庞医生擅长针灸，往往一针见效。可他治得了别人却治不了自己，患耳疾多年始终不见好转，渐渐地，竟完全失聪了。苏东坡只好用写字代替说话，大约庞医生早已习惯如此交流，苏东坡往往只写几个字，他就能知晓意思。苏东坡打趣道："我以手为口，你以眼为耳，咱俩可都不是寻常人哪。"

有了庞医生，苏东坡再也不怕胳膊疼了。不仅如此，这庞医生还是个风雅的知识分子，苏东坡也多了一个与他喝酒论诗的朋友。

那年寒食后，又一位新朋友来到雪堂，此人名叫米芾，是个绘画高手，晚年所著《画史》，一直流传至今。此外，他也极擅长书法，正是"苏黄米蔡"中的米。彼时，米芾年方二十二岁，却已是书画名家。这位青年才子十分仰慕苏东坡，便托马梦得为他推荐，这便来到黄州，来到苏东坡的雪堂。

苏东坡的朋友大都是能诗作文、能写会画的文人雅士，但似米芾这样杰出的书画大师倒也不多，聊艺术也得是棋逢对手才有意思，苏、米二人正是这样，两位书画大师越聊越兴奋，苏东坡十分激动，还拿出自己压箱底的宝贝来招待米芾。这宝贝是吴道子的一幅真迹，苏东坡从不轻易示人，米芾看后终身不忘，还将它写入《画史》。

快乐的日子总是短暂的，转眼米芾也该离开了，苏东坡为他设宴饯行，酒酣之时灵感四溢，于是取来文房四宝。片刻，一幅墨竹便跃然纸上。寻常人画竹都是一节一节地画，苏东坡则是一笔画好竹竿，然后点上竹节，整个过程行云流水，一气呵成。这正是墨竹一派的写意画法，苏东坡将其发扬光大再加上自己的灵感创意，整幅画作十分清奇。

米芾头一次看人这样画竹子，颇觉新鲜，细细品味一番，越觉有味儿，不禁拍案叫绝，多年后，还将这幅墨竹写入《画史》。这幅墨竹，的确是一幅不可多得的精品，苏东坡自己也很满意。米芾目睹作画过程已是十分开心，当得知这幅画是送给自己的，开心便又多了几分。

这件事很快传到王诜的耳朵里，王诜可是苏东坡的头号粉丝，偶像每有新作，他都要想办法看上一眼，于是对米芾说“借墨竹一赏”，谁知这一借就再也没还，堂堂驸马居然耍起了无赖。米芾十分后悔但也无可奈何，只能委屈巴巴地在《画史》里写上一句“后晋卿借去不还”（王诜，字晋卿）。

这王诜也真是的，想要苏东坡的画来求一幅就好，何必夺人所爱？不过王驸马品位高，一般的字画也难入他眼，苏东坡的画虽属精品，但如那幅墨竹一般的也是极少数。若王诜真来求画，倒也未必有合适的给他。王巩就曾向苏东坡求画结果空手而归，倒不是苏东坡小气，只是送给好友的定然得是极好的画作，然大多时候苏东坡对自己的画作都不是十分满意。

当然，这些被苏东坡认为不怎么样的画作也都是上乘之作，很多人求之不得。王文甫的儿子王禹锡就十分喜爱苏东坡的字画，他的态度是多多益善。苏东坡与王文甫私交甚好，是王家的常客，王禹锡有近水楼台之便，时常向苏东坡求字求画，苏东坡几乎有求必应，三年时间里王禹锡就攒了两大箱子的字画。后来王禹锡进京入太学读书，只好将这些字画托付给父亲保管，临行前还十分郑重地给两个箱子上了锁，王父哭笑不得："一家人不用这样吧。"然而，王禹锡是认真的，这些字画就是父亲也不能给。

不久，琴师崔闲也来黄州拜访。崔闲抚得一手好琴，苏东坡时常与他讨论琴曲之妙。说起来，崔闲与苏东坡还有些渊源。欧阳修作的《醉翁亭记》，一度非常受欢迎，音乐家沈遵被其中的琅琊景致所吸引，专门跑到滁州醉翁亭，在山间谱成一曲《醉翁操》。欧阳修听说这件事情后也主动为这首曲子填词，然而词曲并不和谐，成为一桩憾事。这崔闲正是沈遵的琴友，苏东坡则是欧阳修的学生，二人如今在雪堂时时唱和，不由得想起《醉翁操》这桩旧事来。一日，崔闲又弹起《醉翁操》并邀请苏东坡为此曲填词。苏东坡欣然答应，在琴音袅袅中，苏东坡的灵感也渐渐涌现，竟真填出一首词来，且与曲十分和谐。此词一出，《醉翁操》才算真正圆满，苏东坡不仅贡献了一首流行歌曲，也了却琴界一桩憾事。若不懂音律，又如何能填得好歌词？可见苏东坡于琴曲也是个行家。

这年（1083 年，元丰六年）十月，一位传奇道士赵吉来拜访苏东坡。他自称已经得道，如今已活了一百多岁，只要看上别人一眼就能知道这个人的脾气秉性和健康状况。赵老道的故事十分传奇，据说他原来在筠州以要饭为生，身边总带着一只宠物，平日里蓬头垢面，喝醉了还要骂人，是人见人怕的疯子。后来被驴踢死，几年后却又从坟头爬出来，复活了。复活后继续在筠州要饭，待苏辙到筠州后，赵老道主动求见苏辙，还传给他一些养生之道。苏辙听了他的指点后果然十分有益，还与他结为朋友。之后，赵老道表示想结识苏东坡，苏辙便为他写了一封引荐信。

如今，赵老道正带着苏辙的引荐信来雪堂拜访，苏东坡性子随和，热情好客，又喜欢参禅论道，何况这人还是子由引荐而来，因而对赵老道十分热情。赵老道在雪堂一住就是半年，想来与苏东坡处得很不错。

除了这些新朋友，老朋友们也来了不少，这令苏东坡更开心。

1083年（元丰六年）春，巢谷来黄州投奔苏轼。巢谷也曾是个读书人，也曾进京应试，还在备考时结识了一群准备参加武举的朋友。巢谷本就侠肝义胆，与这群武人朋友一见如故，同气相求。在这群朋友的影响下，巢谷弃文从武，后来还投入一名武将门下。可惜这人后来获罪被诛，临终前托巢谷将自己的家财转交给妻儿，巢谷仗义答应，也因此不得不隐姓埋名，四处流浪。眼下，巢谷已是五十六岁高龄，却依然在江湖漂泊，想是过不下去了才来投奔苏东坡这个同在天涯飘零的人。好在苏东坡虽然穷了些，倒也饿不着巢谷。不仅如此，如今的苏东坡一副任尔东西的模样，十分看得开，加上他幽默诙谐，还能时常安慰安慰这位老朋友。说起苏东坡的幽默，那也是鲜有人敌。

这年六月，也就是巢谷来黄州半年后，苏东坡患上了眼疾。因这个讨厌的眼疾，苏东坡连肉都不能吃了，这令他十分郁闷，他还将这件烦心事记在小本本里：

余患赤目，或言不可食脍。余欲听之，而口不可，曰：我与子为口，彼与子为眼，彼何厚，我何薄？以彼患而废我食，不可。子瞻不能决。口谓眼曰：他日我痁，汝视物吾不禁也。

大意是说："我得了红眼病，有人对我说不可以吃肉。我很想听他的话，可是嘴巴不同意。嘴巴对眼睛说：'我是苏子的嘴巴，你是苏子的眼睛，你怎么就比我重要了呢？为什么因为你生了病就不让我吃肉，不可以这样。'我感到很为难，这时，嘴巴又对眼睛说：'将来我要是生疮了，肯定不影响你，你想看什么就看什么，我绝对不拦着。'"

就是在病中，苏东坡依然玩笑得欢快。不过那次眼疾十分严重，为了养病，苏东坡一连数月不出门。吃瓜群众纷纷猜测起来："苏东坡到底去哪儿了？”正好这个时候散文大家曾巩病逝了。“原来如此！”有人似乎发现了真相般感叹，“玉皇大帝急着用人，苏东坡肯定跟曾巩一起被天庭召回去了。”于是苏东坡被死亡，死亡日期就是曾巩病逝的那天。谣言愈传愈真，一直传到神宗耳边。神宗赶紧向人打听，然而那人也不了解实际情况，大约说自己也听到了传言却不知是真是假。神宗一听，怕是八九不离十，一连几天吃不下睡不安，一直碎碎念：“再难遇到苏东坡这样的人才了！”

范镇也听到了这个“消息”，老人家哭得十分伤心：“可怜的子瞻，你好生命苦。”哭罢，还打算差人去苏东坡家中吊唁，好在他虽上了年纪，行事倒还算稳妥，冷静下来后，命人先去黄州打探，这才知自己差点闹了笑话。

苏东坡对这个谣言的看法是：都是星座惹的祸。他曾说过这么几句话：

退之诗云：我生之辰，月宿直斗。乃知退之磨蝎为身宫，而仆乃以磨蝎为命，平生多得谤誉，殆是同病也。

退之指韩愈。这几句大约是说：“退之曾说‘我出生那天，月亮正好睡在南斗宫’，由此可知，退之是个摩羯座。好巧，我也是。退之一生得到了很多赞誉和毁谤，好巧，我也是。看来，摩羯座的确是个苦命的星座，我与退之真是同病相怜哪。”

也是在这一年（1083年，元丰六年），王巩遇赦北归，专门来黄州看望苏东坡。苏东坡对这位老朋友一直心存愧疚，常说是自己连累了王巩。王巩平日里生活讲究，乌台一案却远贬岭南蛮荒之地，着实不易。看到王巩从岭南平安归来，苏东坡感到十分安慰，老友相见更是无比激动。

王巩来黄州时还带着一位歌伎，这位歌伎自小生在京都，王巩被贬时，家中老小都留在岳父家中，只有这位歌伎随王巩同赴岭南。苏东坡对她十分佩服，更有几分怜惜，便问这歌伎：“岭南的日子应该不好过吧。”

谁知这位歌伎却说：“此心安处是吾乡。”

这一回答令苏东坡对她愈加钦佩，还为她写下一首《定风波》：

常羡人间琢玉郎。天应乞与点酥娘。尽道清歌传皓齿。风起。雪飞炎海变清凉。

万里归来颜愈少。微笑。笑时犹带岭梅香。试问岭南应不好。却道。此心安处是吾乡。

词的大意是："我总是羡慕王巩，他风流俊朗就连上天也对他格外怜惜，赐予他这样皓齿明眸的美人。美人的歌声婉转动听，好像随风而起的雪花，炎炎夏日也因此变得清凉，难怪大家对她夸赞不停。这女子自蛮荒的岭南归来，容颜却变得更加年轻美丽，一颦一笑都带着岭南的淡淡梅花香。我问这女子岭南的日子应该不好过吧，她却说只要心安，哪里都是故乡。"

身边的歌女尚且有如此气度，想必王巩就更不一般了。

此外，陈慥、参寥等老朋友也来黄州探望，陈慥住得近，一年至少来一次。参寥虽不方便来，来一次就能住一年。苏东坡是个喜欢热闹的人，如今又过上了热闹的生活，热闹程度更不亚于徐州当年。他身边有朝廷命官、文人雅士，还有江湖豪杰、山野农人，朋友遍布各行各业、各个阶层，可谓越来越入世。与此同时，他也越来越出世，日日打坐参禅，还曾去道观闭关整整四十九日。从某个角度来说，苏东坡的入世、旷达，很大程度上是他长期参禅悟道的结果。

受佛道思想影响，苏东坡也越发悲天悯人起来，对动物也生出许多同情来。他一看到那些任人宰割的鸡鸭鱼羊，就想到了当初在乌台大牢的自己，决定再不杀生。不仅如此，他还劝朋友不要杀生，在他的影响下，陈慥也不再杀生。当然，不杀生不代表不吃荤，对于那些已经死掉的鸡呀鸭呀鱼呀虾呀，苏东坡还是吃得十分欢快。这更说明，他并不是要吃斋积德，而是打心底生出一丝众生平等的觉悟来。

一日，王天麟来黄州拜访苏东坡，聊着聊着就说起了岳州、鄂州一带弃杀女婴的现象。由于家里贫苦，很多人家生了孩子养不起，便将刚落地的婴孩溺杀，做父母的多少心有不忍，往往闭着眼睛弃杀婴孩。因重男轻女的思想，被杀的也多是女婴。苏东坡对动物尚且怜悯，何况是刚出生的小娃娃。杀婴成俗，简直骇人听闻，苏东坡颇感心酸，又悲又气，以致连饭都吃不下。他突然想起鄂州太守正是自己的好朋友朱寿昌，于是立即写信给好友，希望这位朋友借助官府的力量制止这种陋习。关于怎么制止，苏东坡也说得十分具体，比如应该普法，增强鄂州百姓的法律意识，告诉他们杀婴是要坐牢的，对于一犯再犯的人更要严惩不贷。此外，他认为那些弃杀婴孩的家庭也是生活所迫，不得已而为之，父子亲情实乃天性，只要熬过头几天，即使后面再有人劝其杀害婴孩，做父母的也不忍再下手，因此建议朱太守能够适当地给予补贴。

苏东坡的这些办法正是他在密州时的经验之谈。后来，他发现黄州也有这种陋习，于是充分发挥自己的主观能动性，召集了一批爱心人士成立救儿会慈善基金，向富户募捐。他自己虽泥菩萨过河也，却依然每年捐钱十千，苏东坡每月花四千五百钱，十千是苏家老小两个月的生活费。救儿会的基金由安国寺的和尚和古耕道管理，志愿者们则在各地展开调查，若有穷苦人家养不起孩子，就主动送去钱财物品。

不管是戒杀还是成立救儿会，苏东坡从不想做什么功德，种种善举完全出自一片泛爱之心。为功德而做功德并非真正的功德，只有出自本心的善举，才真正称得上是功德一件。苏东坡为了这些婴孩劳心劳力，大约也是此时，他与朝云的孩子也出生了。苏东坡来黄州不久，便将朝云纳为妾室，王夫人自然是同意的。

古时男尊女卑，绝对的男主外女主内，做妻子的不仅要打理家务，还要侍候丈夫洗澡更衣等，十分辛苦。所以，大家小姐嫁人时通常有陪嫁丫鬟，这丫鬟不仅要侍候女主人，同时要帮女主人侍候男主人，这侍候当中就包括帮男主人暖床这件事，毕竟传宗接代是大事，女主人总有不方便的时候，若做得好了就可以升级为妾。妻对妾有绝对的领导权，妾实在是妻的好助理，比如《红楼梦》里的王熙凤和平儿。此外，妾的地位十分低下，可与男主人同床却不可同席，一般而言，不会危及妻子的地位。

因此，陪嫁丫鬟成为妾室是十分常见的事情，就算不是自己的陪嫁丫鬟，给丈夫纳妾也是一件十分寻常的事情。贤惠的妻子还要主动为丈夫纳妾，即使不主动，也不能反对丈夫纳妾。

王夫人是当时典型的贤妻，纳妾一事，她自然同意，甚至很有可能是她主动操办的。据记载，苏轼身边有六七个姬妾，后来都一一散去，只有朝云一直伴其左右。有人指责他对姬妾十分无情，真的如此吗？

这个传言主要因为三件事。

一者，传闻苏东坡以妾换马，据说苏东坡被贬黄州前好友蒋某为其饯行，饯别宴上蒋某看上了苏东坡的侍妾春娘，便问苏东坡，春娘是否要同往黄州。听说春娘要回娘家时，蒋某十分开心地提出用一匹马换春娘。苏东坡二话不说，立马答应下来。谁知这春娘是个刚烈女子，听到苏东坡要拿自己换马，当时便吟出一首诗：

为人莫作妇人身，百年苦乐由他人。今日始知人贱畜，此生苟活怨谁嗔。

言罢，一头撞死。

好一个能诗善文的刚烈女子，好一个薄情寡义的苏东坡。这个故事着实精彩，苏东坡何止薄情，简直没有人性。且不说苏东坡来黄州是何等处境，身边除了苏迈哪有什么侍妾。即便真有，他对官伎尚且不忍为难，又怎会对自己的妾室这样无情？

这则故事其实出自冯梦龙的一本小说《情史类略》，被冯梦龙游戏过的又何止苏东坡一人？庄子、王安石等都惨遭冯梦龙的毒手。冯梦龙为何如此戏谑并不重要，重要的是《情史类略》只是一本小说，既是小说就是作者的虚构，不可当真。

二者，是说苏东坡将怀有身孕的姬妾随意送人。这个故事是说苏东坡晚年被贬时，将家中姬妾一一遣散，只有朝云一人幸免。这些被遣散的姬妾中还有两人已有身孕。后来，这两名被遣散的姬妾还将孩子生了下来，俩孩子就是梁师成和孙觌。据说他二人与苏东坡的儿子苏过十分亲密，梁师成更是将苏过当自家亲哥哥，对家中管账的说只要是苏过用钱，一万贯以下都可以直接拿去，不需要给他说。

这个故事乍一看似乎还有些兄弟情深，仔细一想却不是这么回事，即使梁师成对苏过真的那么大方，难道就不能出自朋友之义吗？况且，苏东坡在《朝云诗》中说："予家有数妾，四五年相继辞去，独朝云者随予南迁。"

这里说得很清楚，四五年来妾室们都相继离去，只有朝云愿意陪苏东坡南迁，苏东坡当时被贬谪惠州，惠州蛮荒，当时的条件下，去惠州等于自寻死路，朝云也是年纪轻轻就死在惠州。那样的地方，又有几个人愿意去？若真愿意去，苏东坡定会感激，怎会驱逐？况且，两名妾室同时怀孕也不大可能，当时的苏东坡已经五十九岁，这样的高龄还能一下生俩孩子，只能感叹老苏家的基因太过强大。就算真的有俩孩子，他连别人家的孩子尚且愿意收留，在自己穷苦之时还愿意成立救儿会，且囊中羞涩之时还要为救儿会捐钱，这样的人怎会连自己的亲骨肉都不要？因此，驱逐怀孕妾室也是无稽之谈。

三者，因为朝云。有人说了，王闰之夫人故去后，苏东坡何不将朝云扶为正室？朝云在他最落魄的时候陪伴他，到死却还只是一个妾室，实在无情。且不说苏东坡有没有过这样的想法，即使有也是不可能实现的。因为妾室的地位非常低，大宋法律明文规定，不可以妾为妻，否则要受到非常严重的惩罚。

循王赵宗景就曾以身试法，结果死得很惨。赵宗景有一个爱妾，夫人过世后，他便想将这位妾室扶正。碍于北宋的法律，他先将爱妾安顿到民间，将她包装成普通人家的姑娘，然后迎娶到王府做夫人。结果，不仅被撤去“开府仪同三司”的头衔（开府仪同三司，从一品），爱妾也被遣送回娘家。赵宗景毕竟是皇亲，已经是从轻发落。彼时的苏东坡却是一个被贬的犯官，本身就是罪臣，若再将朝云扶正简直就是拉着朝云一起跳火坑。因此，以不将朝云扶正来指责苏东坡无情，完全是强盗逻辑。

此外，还有人指责苏东坡私生活混乱。这大约是因为，苏东坡认识不少歌伎，并为她们作过不少诗词，便有人附会出一些名人八卦来。

前面我们已经说过，歌伎在北宋已经是一种文化现象，文人聚会总会召伎助兴。北宋还专门设有官伎，供官员们休闲之娱。苏东坡很少去秦楼楚馆，没什么机会认识私伎，因此他平常接触的基本上都是官伎。但北宋律法规定官员只可以召伎歌舞助兴，谈笑喝酒，绝不可“私侍枕席”。与伎有染，是一项十分重大的罪名。苏东坡一生坎坷，总有人想置他于死地，若他真的私生活混乱，他的死敌们怎会不趁机做文章？李定等人又何必费尽力气在诗文中给他找罪名？可见，苏东坡不太可能与伎有染。

还有人指责苏东坡不专一，说他已经有王闰之了，却还要纳朝云为妾，除此之外，竟还有五六个妾。这就不得不考虑当时的时代背景了，在当时来说，纳妾确实是非常正常的事情，我们不能用今日的标准来要求古人。

再者，妾其实也可以用来称呼家中蓄养的歌伎，至于其他妾，只是歌舞助兴，还是与朝云一样与苏东坡有了夫妻之实就不得而知了。就算有，在那个时代背景下也非常正常，但也不太可能。为什么？因为苏东坡并不沉溺于女色且极注重精神享受。在密州时，他读《庄子》开解自己，在黄州时也是在禅境中修炼自己。王巩受他牵连远谪岭南，苏东坡还写信劝他不可因一时不如意就纵情声色，可见苏东坡是一个非常克制的人。歌伎求诗的时候苏东坡也大大方方地赠予，但从不作香诗艳词，这样克制又坦荡的人大概不会有什么低级趣味。也正因如此，他对精神层面的追求非常高。王闰之夫人虽贤惠，却无法在精神层面与他共鸣，因此他需要朝云这样与他心有灵犀的灵魂知己。王弗不仅贤惠，而且颇通诗书，也算是他的精神伴侣。苏东坡不是贪恋的人，如果王弗没有早逝，或许他也可以为王弗一人守候。

言归正传，朝云被纳为妾室后，为苏东坡生了一个儿子，苏东坡给孩子取名叫苏遁，小名干儿。这干儿如今可成了家里最小的了，比苏东坡的长孙还要小上几岁。四十多岁又添儿子，苏东坡十分高兴，作《洗儿诗》一首：

人皆养子望聪明，我被聪明误一生。惟愿孩儿愚且鲁，无灾无难到公卿。

苏东坡的愿望虽好，然又愚又鲁的人，自然是不可能无灾无难到公卿的。当然，苏东坡这是在戏谑自嘲。不过，他的儿子们虽然不是愚且鲁，目前来看，倒也确实没体现出十分过人之处。苏遁只是个刚落地的小娃娃，苏迨和苏过才十岁多点，只有二十多岁的苏迈能写写诗，但才华远不及苏东坡年轻的时候，几个儿子似乎都平平无奇。

苏东坡还写过这么两句诗：子还可责同元亮，妻却差贤胜敬通。元亮是陶渊明的字，这意思是说："儿子资质一般，自己尚可以像陶渊明一样责子，但妻子却非常贤良，不似敬通妻那般凶悍。"

苏东坡虽表达了儿子资质平平的意思，但很显然，他这句的重点是要夸王夫人。诗中的敬通妻又是何许人也？敬通妻，我国古代一位有名的悍妇，不仅不给丈夫纳妾，还在丈夫老年时将其赶出家门。这可怜的敬通就是东汉名士冯衍，辞赋一流且大有气节，王莽篡政时坚决不肯出仕，后来一直怀才不遇。苏东坡说自己的文章虽不如冯衍，但慷慨大节不输于他，又说冯衍也被流离放逐，与他十分相像。唯一不同的是冯衍有悍妇，自己却有贤妻。

读这句诗，总觉得冯衍更可怜了，苏东坡确定不是在秀恩爱吗？多年前在密州时，他就说王夫人善解人意，比刘伶夫人好太多。在镇江赈灾时，专门为王夫人作一首词，明明是自己想夫人了，还厚脸皮地说是夫人想念自己了。在《后赤壁赋》中又说自己正因没酒喝而发愁时，却发现王夫人一直为自己备着一壶好酒。这么一看，苏东坡明着暗着没少秀恩爱，还秀得如此随意自然，不着痕迹。原来在秀恩爱这个领域里，苏东坡也是个高手。

除了夸媳妇儿，苏东坡还特喜欢夸孩子。虽然说“子还可责同元亮”，但实际上他觉得自己的孩子比陶渊明的五个儿子强多了。陶渊明在《责子》诗中是这么说儿子的：

虽有五男儿，总不好纸笔。阿舒已二八，懒惰故无匹。阿宣行志学，而不爱文术。雍端年十三，不识六与七。通子垂九龄，但觅梨与栗。天运苟如此，且进杯中物。

老陶的意思简单来说就是：“我虽然有五个儿子，但个个不爱读书。老大懒得无人能比，老二也是无心向学。老三老四连六七都分不清，老五整天就知道吃。唉，大概是天意如此，且喝上一杯吧。”

老陶作这诗时已经四十四岁了，五个儿子三傻两呆，实在郁闷。黄庭坚认为这是老陶的戏谑之语，然更多的人认为老陶的确有五个傻儿子，还分析起了原因，有人说是近亲结婚造成的，有人说是老陶喝酒太多造成的。八卦到此结束，事情的真相不得而知，但苏东坡是坚决不会这么说孩子的，他觉得几个孩子虽非天赋异禀，倒也勤奋好学，若有一两句好的简直要被他夸上天。

一日夜里，一家人正闲话家常，苏东坡看到窗外明月皎洁，清风阵阵，突来了兴致要与苏迈联诗。父子二人你一句我一句，一首诗就来了：

清风来无边，明月翳复吐。松声满虚空，竹影侵半户。暗枝有惊鹊，坏壁鸣饥鼠。露叶耿高梧，风萤落空庑。微凉感团扇，古意歌白纻。乐哉今夕游，获此陪杖屦。

苏东坡觉得苏迈很不错，十分得意地说：

传家诗律细，已自过宗武。短诗膝上成，聊以感怀祖。

前两句的意思简单来说就是“我儿苏迈很不错，已经超过宗武了”。宗武是杜甫的儿子，天资聪颖，小小年纪就会背父亲的诗，被杜甫寄予厚望。往远了说，苏东坡与杜甫也能扯上一些关系。唐武则天时，曾有四位宫廷诗人被尊称为“文章四友”。这其中有两位：一位叫苏味道，是苏东坡的远祖；另一位叫杜审言，是杜甫的祖父。杜甫本身是个大诗人，祖父也是大诗人，儿子又聪明机灵，便很自豪地说作诗是他老杜家的事。苏东坡这里“聊以感怀祖”一句透着一股相似的味道，这味道便是“作诗是我老苏家的事”。

苏东坡一旦厚起脸皮来，也是鲜有敌手，不过还有比这更厚脸皮的事。一日，他将杜甫的一首诗抄了一遍，抄完后还在下面写上一句“此东坡居士之诗也”。朋友就纳闷了：“明明是杜甫的《屏迹》，什么时候成你的诗了？”

东坡居士的歪理来了，对那人说：“你看，现在吃的米粮，最早不也是由神农氏种出来的吗？现在家家户户都有粮食，若他们的粮食被偷了，就会被称为失主，会有人说失主是神农氏吗？这首《屏迹》最初确实是由杜甫所作，但每个字写的都是我东坡居士的生活，所以这就是我的诗。”

《屏迹》到底说了什么，且来看最有趣的几句：

失学从儿懒，长贫任妇愁。百年浑得醉，一月不梳头。

这几句用四个字来总结便是“懒、穷、醉、颓”。如今的苏东坡，穷是真穷，不过尚能接济比他更穷的巢谷，且修得“苟非吾之所有，虽一毫而莫取”，对钱倒也无甚执念。醉也是真醉，诗情画意美酒美事如何不醉？懒则非懒，颓亦非颓，东坡居士的懒和颓，实则是一种随性、一种洒脱。

这种随性和洒脱也时时流露在他的诗文中，要么是“一蓑烟雨任平生”的从容，要么是“挟飞仙以遨游”的超然。然而，其中多少还有那么一丝“何时忘却营营”“望美人兮天一方”的惆怅。可见对朝廷之事，苏东坡还并不能完全放下，至少是藕断丝连。

事实上，神宗皇帝也一直惦着苏东坡。1080 年（元丰三年）是新法推行的第十三个年头，神宗觉得或许该重新起用以司马光为首的保守派了，毕竟这群老臣很有才华且忠心不贰，实在不该长期弃而不用。那年九月，神宗列出一份起用清单，上面就有苏东坡的名字，那时苏东坡被贬黄州才半年。

神宗拿着这份起用名单与朝中各位重臣商量，名单上拟任司马光为御史中丞，苏东坡为翰林学士，其他旧臣也担任要职。王珪看到起用名单后，当时就不淡定了，若这批人真的被起用，朝堂简直要改天换地。三旨相公内心慌乱，面上依然微笑着表示吾皇英明。

退朝后，三旨相公赶紧找蔡确商量，二人一心要将此事搅黄。正逢西夏内乱，神宗想趁机攻打西夏，王珪等人为了转移神宗的注意力，便煽风点火地表示此举可行。果然，与西夏开战后，神宗对苏东坡等人的关注减少了很多，偶尔提到起用旧人之事，王珪等人也以各种理由搪塞。

没多久，神宗又想让苏东坡修国史，王珪投反对票，神宗虽是一国之君，但也必须考虑宰相府的意见，虽不悦但也没说什么。后来，神宗又提议让苏东坡修撰日历，王珪等人又以沉默表示反对，然神宗十分坚持，还撂下话来：大败西夏后，立刻起用那份名单上的人。

几个月后，宋军惨败。

起用旧人之事就一拖再拖，竟一直耽误了三四年。或许是因为苏东坡病故的谣言多少让神宗体验了一把失去的痛苦，1084 年（元丰七年）正月，神宗竟亲手写下苏东坡的任命手札，说“人才难得，不忍终弃”云云，命苏东坡到河南汝州任团练副使。

此番任命，苏轼依然是团练副使，犯官一个，似乎只是挪了个地方。

但仔细一想便能体会神宗的良苦用心。汝州就在河南，离京都开封非常近，神宗的意思含蓄而明显，简单来说就是“我要起用苏东坡了，某些人该闭嘴闭嘴”。然则，若明着说要起用苏东坡，王珪等人势必又要找出一堆理由来反对，为了堵上这些人的嘴巴，神宗只好如此。

宦海生涯，沉久必浮，浮久必沉，这份任命文书令苏东坡十分感慨。这几年他安心做一农夫，日子倒也安稳，安稳得不想动弹，本想申请继续住在黄州，可转念一想，神宗也是一片好意，还是接受吧。于是，照例写了一篇谢表。神宗读过谢表后又发出粉丝般的赞美：苏东坡简直是个天才。

这时，又有人开始做阅读理解，说苏东坡思过思得不到位，在谢表里口出怨言。神宗表示“苏东坡绝无此意”，眼神坚定，语气比眼神更坚定，小人们就此闭嘴。

黄州诞生了苏东坡，东坡有菜园子、有雪堂，更有无数热情而有趣的朋友。真要离开，苏东坡还是非常不舍。好在，他如今乐天知命，这些伤感并没有持续太久。听说苏东坡要离开，黄州的朋友们一下子炸开了锅，排着队请他吃饭，府衙官员也大设酒宴为他饯别。

这些年来，苏东坡在黄州没少参加官府的宴会，对官伎们也十分熟悉，其中有不少人向他求过诗词。这次饯别宴上，又有一位官伎向他求诗，这位官伎名叫李琪。此刻，她正取下自己的围巾，请苏东坡在上面题字。歌伎们果然十分懂情趣，就连题诗也要题在围巾上。面前的姑娘容色清丽，气质婉转，苏东坡却对她没什么印象，便随意写下两句诗来：东坡五载到黄州，何事无言及李琪。

这两句看着简直就是打油诗，实在是平平无奇，显得十分敷衍。不仅如此，写完这两句后，苏东坡就自顾自地喝酒去了，大概是还没想明白为什么没有提李琪。李琪这厢虽然着急，但也只能默默等待，可等了好久苏东坡都没有动笔，只好上前提醒，请苏东坡作完全诗。这时，苏东坡又随意写下两句：恰似西川杜工部，海棠虽好不吟诗。

诗里的杜工部指的是杜甫，杜甫曾在海棠遍地的西蜀生活十年，却没有写一首关于海棠的诗。这是因为杜甫的母亲就叫海棠，古人讲究避讳，起先只避讳君主的名号，不能直接说或者写君主的名字，后来发展到避尊亲名讳，因此杜甫不可以写“海棠”二字，否则就是对母亲的大不敬。类似的事情也发生在苏东坡身上，经常有人请苏东坡写序，然而苏东坡的祖父就叫序，为了避祖父讳，苏东坡多用引字来代替。

这两句诗，苏东坡借杜甫避母讳这一典故解释了为什么没有提及李琪，同时将李琪比作名贵的海棠，给足李琪面子。前两句的平平无奇，反倒衬得这两句格外新奇，实在是构思巧妙。此两句一出，在座宾客马上拍手叫绝。这样的写诗技巧，在后来人中也有，郑板桥有一首《咏雪》：

一片两片三四片，五六七八九十片。千片万片无数片，飞入梅花总不见。

这首诗，前三句都十分平常，简直像小孩子数数，最后一句却意境忽转，将全诗从低谷突然推向高峰。前几句愈是平淡，最后一句便愈能给人惊喜之感。苏东坡这诗却还好在用典用得十分清新自然，恭维的尺度拿捏得正正好，如此信手拈来还能恰到好处，也只有大家方能如此。

似李琪这样求诗的人非常多，苏东坡多在酒宴上即兴发挥，倒也不费事。潘大临和潘丙的另一个侄子潘大观却要苏东坡为他们手抄“赤壁二赋”，苏东坡表示还是抄《归去来兮辞》更有意义。不想，他二人竟得寸进尺：“那就将‘赤壁二赋’和《归去来兮辞》一起抄来吧。”

苏东坡十分后悔自己多嘴，辞赋那么长，必须要用蝇头小楷来抄，他一向性子急，最讨厌抄小字。然而，朋友之事，他无不尽力为之。为了这两个年轻人，东坡居士一天一小段地抄，出发的日子到了还没抄完，只好又延后了几天。给潘氏兄弟抄完辞赋，并将黄州的一切事宜托付给潘丙后，苏东坡再一次启程了。

第十章

田园将芜胡不归

○
○
×
●

1084 年（元丰七年）三月，黄州的一切安排妥当后，苏东坡一家又启程了。因要访友，苏东坡便先行一步，苏迈则带着一家人紧随其后，父子二人约定在九江会合。

苏东坡先去看望对岸的王氏兄弟，在王家待了两天后，老朋友杨绘邀他去自己的治所兴国军游玩，苏东坡便和赵老道、陈慥、参寥三人一起前往兴国军。杨绘见到苏东坡等人十分开心，大设酒宴，一群人又是一番畅饮。如此过了几天，杨绘的学生李翔又要做东，邀请大家去他家做客，苏东坡还在李翔家里的一面墙壁上题字，多年后，李翔将这间屋子命名为"怀坡阁"，意为怀念苏东坡，并在屋里挂了一幅苏东坡的画像。

四月份，苏东坡到达慈湖，下一站是九江。王氏兄弟、潘丙、古耕道等将近二十位邻居好友专门乘船到慈湖送别苏东坡。对于大家的这一番情谊，苏东坡表示非常感动和感激，然后劝朋友们还是回去吧，别送了，众人表示一番不舍后各自离去。

参寥本是僧人，九江庐山有很多寺庙，他可以在那里歇脚，因此继续与苏东坡同行。陈慥则坚持要送苏东坡到九江，到九江后二人才万分不舍地道别。乌台一案后，苏东坡从京都前往黄州，一路萧瑟寒冷，行到岐亭遇到陈慥时才喝上了一口热茶，那是苏东坡奔赴黄州途中的第一丝温暖。苏东坡到黄州后，陈慥更是时常探望，四五年间来了七次，苏东坡也曾三次去岐亭看望陈慥，两人每年至少要见两次面。几年间，苏东坡共为陈慥作诗五首，一首写岐亭路上偶遇陈慥，三首写去岐亭拜访陈慥，还有一首写今日之别。他将这几首诗合编成一部《岐亭五首》，十分认真地作了序后，送给陈慥做纪念。

刚别过陈慥，苏东坡就迎来刘格，老友刘恕知道苏东坡要来九江，特意派弟弟刘格前来接应。九江最美是庐山，来九江，怎能不看庐山？稍事休息后，苏东坡和参寥两个就与九江的朋友们一起去庐山游玩。走进庐山，苏东坡只有一个感觉：惊艳。山中极其幽静，只听得溪涧水流汩汩，偶传来一声鸟鸣，更添几分静谧，眼前云雾缭绕，似在仙境，山中景致更是变幻无穷，让人应接不暇。苏东坡觉得庐山哪儿哪儿都美，一双眼睛都不够用了，还对参寥说："这样的美景胜地，再好的诗词也写不出来，此行我绝不写诗。"苏东坡非常兴奋，在山里走着看着，时不时夸上一句好景致也。

不知怎的，苏东坡游庐山的消息被山里的僧人们知道了，个个奔走相告，竟然都来看苏东坡了，和尚们欢喜又激动，简直不知说些什么好。此情此景，颇有些偶像爬山被粉丝认出的意思。苏东坡诧异又欢喜，欢喜中还有一丝得意，不由得感叹道：

芒鞋青竹杖，自挂百钱游。可怪深山里，人人识故侯。

参寥笑他："不是说此行绝不作诗吗？"苏东坡不好意思地干笑了两声，接着，又连作两首诗，看来他早就忍不住了。

苏东坡此番游庐山，还带了一本《庐山记》，这本书可谓庐山旅游指南，详细记录了庐山的大小景点和前人对庐山的经典题咏。此刻，苏东坡正在看关于庐山瀑布的题咏。一首是李白的《望庐山瀑布》：

日照香炉生紫烟，遥看瀑布挂前川。飞流直下三千尺，疑是银河落九天。

苏东坡觉得，李白这首诗，构思新奇，想象浪漫，气势如虹，又清新自然，千言万语只有一个字：好！

另一首是徐凝的《庐山瀑布》：

虚空落泉千仞直，雷奔入江不暂息。今古长如白练飞，一条界破青山色。

苏东坡觉得徐凝这诗平平无奇，把雄伟壮观的庐山瀑布写得虚弱无力，读完后还讥笑了两声。据说白居易认为这诗很不错，还曾大加褒奖。苏东坡却认为此事不可信，白居易那么优秀的诗人怎么会如此没眼光？因此这个“据说”不靠谱。当然，苏东坡此刻并不着急考证此事，而是想赶快一睹庐山瀑布真面目。于是加紧脚步，向庐山瀑布走去，快要到时就听得一股巨响似狂狮怒吼，震耳欲聋。走近一看，只见庐山瀑布自悬崖倾泻而下，浩浩荡荡，气势非凡。亲眼看见庐山瀑布的雄伟壮观，苏东坡更觉得徐凝的诗糟糕透顶，于是写诗戏谑：

帝遣银河一派垂，古来惟有谪仙词。飞流溅沫知多少，不与徐凝洗恶诗。

谪仙指李白，这是说：“庐山瀑布就好像垂下凡间的银河一样，可惜，古往今来只留下李白这一首好诗。庐山瀑布水花四溅，可就是这么多的水星子也洗不干净徐凝写的这首恶诗。”苏东坡这几句，不管是夸李白还是贬徐凝，都非常极致。“不与徐凝洗恶诗”一句，说好听点是戏谑，说不好听点就是赤裸裸的嘲笑，徐凝的诗确实缺乏想象力，虽没李白的好，但也不至于是一首恶诗，苏东坡实在是毒舌。

游完庐山后，苏东坡向筠州行去，他要去看望子由。兄弟二人五年未见，苏东坡的心情很激动。这几年大家都十分不易，乌台一案，子由照顾两大家子人，将苏东坡一家送到黄州后，又安顿自己的家眷搬迁，路上花掉不少钱。再加上被贬为小小的酒监，俸禄骤减，早已入不敷出，负债累累。不仅如此，到筠州后还被当地官员排挤，日子似乎还不如苏东坡，郁闷之余，他也读佛老排遣。这几年，兄弟二人经常在书信中交流佛理道法，互相安慰。

子由听说哥哥要来看自己，十分欣喜，想起云庵和有聪两位禅师一向仰慕哥哥，便想着将这个好消息告诉他们。当他找到这二位时，却听两人正兴致勃勃地说着什么。原来前一天晚上，两位禅师都梦到与子由一起迎接五戒禅师。子由听后，不由得哈哈大笑，难道五戒禅师就是自己这个不省心的哥哥吗？这时，苏东坡的书信正好送到，信里说今天晚上就能到达筠州。子由与两位禅师立刻出发，在城外二十里处等候，准备迎接五戒禅师。久别重逢，兄弟二人激动又欢喜，寒暄几句后，子由马上向哥哥介绍了两位禅师，一群人说说笑笑往筠州城走去，途中还在建山寺歇了一会儿。

歇脚的时候，两位禅师跟苏东坡说起了昨夜的梦，这一说倒扯出苏东坡的一个梦来。苏东坡说："我经常梦见自己是个僧人，在陕西一带游历。母亲怀孕的时候还梦到一个瞎眼和尚来家里借宿。"

云庵听后，大为吃惊："五戒禅师就是陕西人，还瞎了一只眼睛，算来已去世五十年。"

"我今年刚好四十九。"苏东坡十分惊讶。

有聪禅师也加入谈话："难道苏学士就是五戒禅师的转世吗？"

苏东坡哈哈一笑，此后还经常一副僧人打扮，说自己是"戒和尚"。"戒和尚"这次来筠州待了有七八天，和子由说了好些知心话，临走前，子由再三提醒他害人之心不可有，防人之心不可无，还是少说话为好。如此操心，不知道的还以为子由是哥哥。

离开筠州后，苏东坡又回到九江，还接到了佛印同游庐山的邀请。佛印大苏东坡四岁，天赋异禀，三岁会读《论语》，五岁就能背三千首诗，也是个神童来着。少年时精读五经，学习禅法，二十八岁出家，精研大乘佛教空宗一派，往来于各个名寺古刹，四处弘法，为人称颂，宋神宗慕其大德，赐号佛印。苏东坡在黄州时就常与佛印书信来往，然一直没有机会见面，此番佛印刚好在庐山逗留，这才有了见面的机会。苏东坡也很想见见这位名僧笔友，于是和参寥两个又去了一趟庐山。

接下来几日，苏东坡和佛印玩得倒甚好，佛印是名僧，身边总跟着一群僧人。一次出游时，一行人在路上看到一篇十分不错的碑文，不由得停下脚步，细读起来。回来后，苏东坡又想起那篇碑文，便问同行的侍者，谁还记得碑文内容。

谁知还真有一位侍者记得，当下就开始默诵，虽没做到一字不差，但也对了个十之八九。苏东坡大感惊讶，忙问这侍者名字，对方说自己叫自顺。苏东坡参禅悟道多年，经常与人打禅机，与佛印这样的名僧在一起，更要说一些禅言禅语。他对自顺说“逆则烦恼，顺则菩提”。此后，大家都叫自顺“顺菩提”。

不久，苏迈带着一家人来到九江。苏东坡发现自己还有好多地方没去，如今只能拣一两个重要的去了。他选中了庐山的东林、西林二寺，去西林寺的时候还留下了著名的《题西林壁》：

横看成岭侧成峰，远近高低各不同。不识庐山真面目，只缘身在此山中。

西林寺归来，苏东坡也该与家人继续赶路了，与参寥就此分手，二人约定将来汝州再见。这时，苏迈也该去江西德兴县上任了，一家人送苏迈到湖口。临别时，苏东坡送了苏迈一块砚台，砚台上还有他亲手刻的《迈砚铭》：

以此进道常若渴，以此求进常若惊。以此治财常思予，以此书狱常思生。

这几句铭文大意是说：“用这块砚台学习时应该如饥似渴，上进时要有所惊醒，治理财富时要想着资助别人，做官写狱书时要想着给犯人一线生机。”作为父亲，苏东坡希望儿子能够求知若渴，积极进取，泛爱他人，这也是他对自己的要求。

送别苏迈后，苏东坡带着一家人继续奔赴汝州，途经南京时正是六月酷暑，苏东坡与夫人双双病倒，一家人便在南京小住下来。

王安石退休后一直住在南京，他本就是个简朴的人，如今每天泡在佛经道法中，对名利更加淡泊，还将自己的府邸捐了出去，改造成佛寺，一家人正打算搬到一个小院里居住。王安石的退休生活非常简单，平日里，要么在家读书，要么骑着他的小毛驴四处闲逛。对他来说，庙堂之事，已是前生之事，上一次与朝廷有交集还是因乌台一案为苏东坡求情。熙宁变法时，苏东坡绝对是王安石最烦的人之一，后来王安石退出庙堂，苏东坡竟又成了他最牵挂的人之一，近几年来，他时常向人打听苏东坡的新作。

苏东坡在黄州时，一位和尚曾经邀请他为胜相院写一篇记文，苏东坡欣然答应，不仅详细描写了寺院的佛像建筑，还自我反省了一番，说自己几经波折皆是因为妄自言语，口业太重，这篇文章叫《宝相藏记》。一日，一位来自黄州的朋友将这篇文章带给了王安石，说是苏东坡的新作。王安石特别激动，当时正是黄昏，王安石不等仆人点灯便站在屋檐下借着夕阳的一点点光读了起来。读完全篇后，称赞道："子瞻，真乃人中之龙。"王安石对这篇文章爱不释手，一读再读，几遍之后，他觉得将文中"如人善博，日胜日负，自云是巧，不知是业"一句，改为"如人善博，日胜日贫，自云是巧，不知是业"更好。

这一句的原意是："自己经常妄论是非，似乎道理很多，但这就好像一个善于赌博的人一样，看起来是胜利，其实是失败，自以为很厉害，实则是造了口业。"王安石改一字后，意思便成了："就好像一个善于赌博的人一样，虽然天天赢钱，看起来是越来越富有了，实际上，他的精神却越来越贫穷了。"意思虽差不多，境界却大不一样，这篇文章本是为寺院所作，佛家讲究四大皆空，不存钱更是十戒之一，贫富之喻确实好过胜负之喻。此外，"日胜日负"也容易让人理解为一日胜利，一日失败，存在歧义，"日胜日贫"却没这个问题。

苏东坡听说此事后，不由得称妙，十分敬佩王安石。

之后，王安石又读到苏东坡的一首诗，写的是雪，其中有这么两句："冻合玉楼寒起粟，光摇银海眩生花。"王安石读到这儿时，不由得拍案叫绝，当时他的女婿蔡卞也在旁边，十分不解地问他："第一句说下雪后，房子变成了白色，成了玉楼，可是玉楼为什么会被冻着呢？粟是米的意思，跟雪又有什么关系？第二句倒好理解，下雪后白茫茫一片，像一片银海，阳光一照，确实晃眼。"

王安石白了他一眼："你真是一点都没看懂，这其中用了两个典故，道教中称肩膀作玉楼，称眼睛作银海。第一句的意思是，下雪后太冷了，冻得人不由得耸起肩膀，身上也起了像米粒一样的鸡皮疙瘩。第二句的意思是，雪地白茫茫一片，被光一照更加刺眼，令人头晕目眩。"

苏东坡学识丰富，用典信手拈来，学问不够的还真看不懂他的诗文，王安石为自己能看懂这诗颇为自得。说起来，此前王安石还因为学识不够被苏东坡打趣过几回。那时，王安石对解字一事十分热情，并摸索出一套理论，甚为自得。他解字，主要从结构来解，比如，他认为"波是水之皮"。苏东坡听后不以为然，戏谑道："如果波是水之皮，那滑就该是水之骨咯？"王安石一时哑然。接着，苏东坡又不怀好意地问他："鸠为什么是九和鸟组成？"王安石答不上来，苏东坡又戏谑开来："《诗经》有云：'鸣鸠在桑，其子七兮'，七子加上父母两个不正好是九只鸟吗？"

不过这一次，苏东坡表示能看懂这诗的人确实不多，王安石是其中一个，二人倒有些知己的意思。事实上，苏东坡也非常敬佩王安石的学问和文章，这几年来，他也愈加肯定王安石变法中积极的地方，认为自己当初的言论太过片面激进。此番路过南京，他决定去拜访王安石，于是修书一封向王安石致意。王安石听说苏东坡要来看自己，十分激动，算好了时辰，前去迎接，依然骑着他的那头毛驴。

十四年没见，两人略有些尴尬，苏东坡一句话打破沉默："轼今日竟敢穿着便服来见大宰相。”王安石哈哈一笑：“世间礼法岂是为你我这样的人设置的吗？”言下之意，你我皆非俗世之人，何必拘俗世虚礼。此后苏东坡经常去王家做客，二人非常有默契，只聊诗文不谈国事。如此过了一个月，苏东坡发现王安石并非心胸狭隘之人，觉得是时候聊聊国家大事了。于是十分认真地对王安石说：“荆公，晚辈有话要说。”

王安石顿时思绪乱飞，心中暗想要不是自己当初那么一意孤行，或许苏东坡也不会生出那么重的怨气，如此便不会被小人做了文章，不会有乌台一案，更不会被贬到黄州，苏东坡突然这么严肃，不会是要跟自己算账吧？王安石一番乱想，神色变得极不自然。苏东坡似乎看穿了王安石般，又说：“我想说的是国家大事。”

“子瞻，但说无妨。”王安石略略松了口气。

苏东坡道：“汉唐曾经那样强盛，最后却都走向灭亡，正是因为战事、牢狱不断。祖宗以仁治天下，就是要解决这些问题。如今边境年年打仗，东南也大兴牢狱，人民苦不堪言，你为何视若无睹？”

王安石表示：“这些事都是吕惠卿造成的，我如今不在朝堂，管不了了。”

苏东坡又说：“没错，在朝言朝，在外则不言，正是臣子侍君的常礼。可陛下一向以非常之礼待你，你又怎能以常礼待陛下？国家危难时，你怎可置身事外？”

王安石有些动容，当下表示自己一定向皇上进言，说完这话又非常担忧，嘱咐道：“今日这些话，只有我们两个人知道，不要对第三人提起。”

王安石如此小心，看来吕惠卿一事在他心中留下不小的阴影。王安石当年一心栽培吕惠卿，对他非常信任，谁知吕惠卿十分有野心，竟然想取代王安石。王安石曾给吕惠卿写了一封书信，在信中嘱咐吕惠卿“不要让皇上知道”。结果吕惠卿偏偏要将此事告诉皇上，尤其是将“不要让皇上知道”这几个字送到皇上眼前，试图给王安石安一个欺君罔上的罪名。

王安石突然又说：“如果杀一个好人、做一件坏事就能得到全天下，那么，拒绝这样做的人才算得上君子。”

苏东坡冷笑道：“如今的君子就算是为了一官半职也能干出杀人的事来。”

王安石不再说话，心想苏东坡经历这样一番风波后，怎还敢如此大胆说话？此后，二人再不提国事，继续谈论诗词文章，聊着聊着就聊到辞官归隐这个主题，王安石还邀请苏东坡在南京买宅子跟自己做邻居。这段日子，苏东坡发现王安石与自己印象中的非常不同，对他颇为佩服，甚至生出一种惺惺相惜的感情来。因此，王安石的这个邀请，令他有些心动，但也只是心动了一下。

就在这时，苏东坡家里发生了一件大事，幼子苏遁夭折了。在苏遁的洗儿宴上，苏东坡曾说希望这个儿子无灾无难到公卿，谁知他竟连一个生辰都没熬过。苏东坡今年四十九岁，暮年丧子，真如剜心刮骨。他在悼词中写道：归来怀抱空，老泪如泻水。朝云就更不用说了，终日以泪洗面，恨不能随孩子一起去了。

可是，日子总要过下去。

1084 年（元丰七年）八月，苏东坡辞别王安石，继续前行。临行前，为王安石留下一首诗：

骑驴渺渺入荒陂，想见先生未病时。劝我试求三亩宅，从公已觉十年迟。

大意是说：“荆公您骑着毛驴从山坡上下来，一脸病容，非常瘦弱，这令我想起了当年那个没生病的王安石，他指点江山，叱咤风云，那是何等风采。您劝我买地建宅子，与您做邻居，我也想啊，可惜可惜。若早些了解您的为人，十年前我便在您门下求学了。”

王安石十分惆怅，望着苏东坡的背影喃喃道：“这样的人，不知多少年才能再有一个。”

到仪真后，好友滕元发邀请苏东坡去金山寺一聚，苏东坡将家眷安顿好后，便去金山寺赴约。听说苏东坡在金山寺，秦观也赶来相聚，苏东坡本就十分欣赏秦观的才华，乌台一案后，很多人对他避之不及，秦观却一如从前，此后，他便对秦观的人品也十分佩服。可惜，这样一个品学兼优的年轻人总在科考路上磕磕绊绊。与欧阳修一样，苏东坡认为自己有责任提携后辈，这一次再见秦观，他觉得应该为这个年轻人做点什么，于是向王安石写了一封信推荐秦观，并在信里附上几篇秦观的诗文。王安石读后表示十分欣赏，秦观也多了一个被举荐的机会。

这段日子，苏东坡一直往来于南京镇江之间，江南的景致令他有些流连，这一带的朋友也有不少，因此，对王安石的卜邻之约越来越心动。再者，刚刚失去幺儿，苏东坡非常低落，不想再在路上奔命，朝云伤心过度，更经不起奔波。几番考虑之下，苏东坡决定不去汝州了。他开始认真查看田舍，可惜南京没有合适的地方，接着，又退而求其次在南京旁边的仪真买地，结果也没成。好友们听说苏东坡要在江南买田养老，都十分热情地邀请苏东坡跟自己做邻居，苏东坡十分纠结，一时难以决定。

苏东坡当年通判杭州时，曾去常州赈灾，到宜兴时，被那里的湖光山色和风土人情所吸引，还买了一块地，说将来要在那儿养老。此番，他又想起宜兴来，便在十月份又去了一趟宜兴。一入宜兴，苏东坡便觉心内豁然开朗，无比宁静，仿佛回到了故乡般，只想在那儿混吃等死。此番心境，尽在一篇《楚颂》中：

吾来阳羡，船入荆溪，意思豁然，如惬平生之欲。逝将归老，殆是前缘。王逸少云："我卒当以乐死"，殆非虚言。吾性好种植，能手自接果木，尤好栽橘。阳羡在洞庭上，柑橘栽至易得。暇当买一小园，种柑橘三百本。屈原作《橘颂》，吾园若成，当作一亭，名之曰"楚颂"。

阳羡指宜兴，这一段的意思是说："船行到荆溪后，只觉心境开阔，宜兴山美水美不正是我想要的吗？我将在这里养老归田，这大概是前世的缘分。王羲之曾说：人应当快乐地死去，这话一点不假。我生来就爱养一些花花草草，尤其喜欢种橘子。宜兴正好在洞庭湖边，种橘子十分方便。我应该买一个园子，种满橘树。屈原曾作一篇《橘颂》，若我真的能建一个橘园，就在旁边建一个亭子，亭子的名字就叫'楚颂'。"

之后，苏东坡还将这一段文字写成一幅行书，是为《楚颂帖》。可惜，现存的只有一幅竹编的摹品，风格与《寒食帖》相近，真迹和刻帖却都没有流传下来，成为书法界的一大遗憾。

屈原《楚辞》中有《橘颂》，东坡橘园中有《楚颂》，还是那个玩心不减的苏东坡。《橘颂》中有"苏世独立，横而不流"两句，举世浑浊而独醒，宁可横渡也不随流，这又何尝不是苏东坡的真实写照？《楚颂》《橘颂》，实为一种精神。

苏东坡这一趟来宜兴也十分幸运，在蒋之奇的帮助下又买了一处心仪的农庄。如此一来，在宜兴过日子倒也不用发愁了。苏东坡决定，以后就在宜兴生活，只是此事还得神宗批准才行。十月九日，他向朝廷提交了移居常州的申请，然而，审批下来之前也只能按原计划继续前往汝州。

十二月初一，苏东坡行到泗州，申请已交上去一个多月，却还没批。苏东坡心急，又写了一份申请，这一次言辞更加恳切。大约说自己如今吃不饱，穿不暖，离开黄州时天气也不好，路途遥远，为了快些到达只能行水路。风也寒，水也凉，一家人都病倒了，可怜的幼子也夭折了。如今刚行到泗州，离汝州还很远，然而钱也快用尽了，一家人没有屋子住，也没有粮食吃，眼看一家老小要饿死在途中，自己却无能为力。又说自己在离这儿不远的宜兴有一块薄田，也能勉强打点粮食煮点粥喝，希望圣上仁慈，允许他去常州宜兴居住。

写好申请后，苏东坡又赶紧差人送去京都。

苏东坡是真的快揭不开锅了，这段时间他经常写信给朋友说自己饿得慌，好像夜里的老鼠，孩子们会因为朋友突然送来食物而欣喜不已。好在，一路上时常有人接济。到泗州后，泗州太守刘士彦又热情接待了苏东坡，还邀他同游南山。

那日，天气晴好，苏东坡的心情也暂时好了起来，在南山玩了个尽兴，一直到深夜才回去，苏东坡还专门写词纪念此事。词中有“望长桥上，灯火乱，使君还”几句。意思是说天黑了，到处都是灯火，刘太守这才从长桥上回去。这几句词将刘太守吓个半死，他对苏东坡说：“苏公哪苏公，您一有新词，马上就会传遍京师。按照大宋律法，夜过长桥者得坐两年牢。我身为太守，明知故犯就更严重了。您赶紧将这首词收起来，千万不要再给人看到。”

苏东坡大笑：“我这一生的罪过，都是说话来的，刑期都不在两年以下。”苏东坡因诗名满天下，又因诗九死一生。个中滋味，实在不足为外人道，只能一笑置之。

也是在这时，苏东坡遇到了一位颇为传奇的方外之人，湛然先生梁公。梁先生鹤发童颜，神采奕奕，看起来也就二三十岁，有人说自己打小就见过梁先生，那时候的梁公就是二三十岁的样子。苏东坡听后惊讶不已，瞧着神仙一般的湛然先生，不由得想起许多神仙故事来：白日飞升的仙女谢自然、传奇道士司马子微、谪仙人李白……真是让人好不向往，于是作一首《水龙吟》记之：

古来云海茫茫，道山绛阙知何处。人间自有，赤城居士，龙蟠凤翥。清净无为，坐忘遗照，八篇奇语。向玉霄东望，蓬莱晻霭，有云驾、骖风驭。

行尽九州四海，笑纷纷、落花飞絮。临江一见，谪仙风采，无言心许。八表神游，浩然相对，酒酣箕踞。待垂天赋就，骑鲸路稳，约相将去。

全词用典甚多，上片大意是说：“相传仙人们都住在云海茫茫中，然自古以来也不知那些仙人到底在哪儿。人间却有司马子微这样的神仙，他住在赤城山的玉霄峰，清静无为，写下八篇修炼的法门。好似盘卧的龙，又似高举的凤凰。他向东望去，发现蓬莱云淡雾薄，似有神仙在召唤他。”

下片写李白与司马子微相遇之事，谪仙指李白。庄子《逍遥游》中形容大鹏的翅膀若垂天之云，因而这里的垂天赋指的就是《大鹏赋》。多年前，李白行尽九州四海，不远千里去江陵拜访司马子微。彼时，李白不过二十出头，司马子微却已年近八旬。李白还默默无闻，司马子微已是功成身退。然二人却是一见如故，喝酒聊天，十分潇洒。司马子微还称赞李白有“仙风道骨”，“可与神游八极”。那一日，落英缤纷，两位神仙似的人物相对豪迈一笑，在江边约定，等李白写完《垂天赋》后，就一起骑鲸游仙而去。

《大鹏赋》全称叫《大鹏遇稀有鸟赋》，翻译一下就是《李白遇司马子微赋》。大体是说，大鹏才华横溢，壮志凌云，有天遇到了稀有鸟，稀有鸟说大鹏你确实很有才华很优秀。这篇文章豪情壮志，文采斐然，李白一赋成名，在文化圈正式出道。从此，正式加入司马子微的豪华朋友圈。其中有“春眠不觉晓，处处闻啼鸟”的孟浩然，有“不知细叶谁裁出，二月春风似剪刀”的贺知章，有“念天地之悠悠，独怆然而涕下”的陈子昂等大诗人。“谪仙人”这个名号正是贺知章所赠。李白的加入令这个朋友圈更加豪华，后来人为了表达对他们的追慕之情，便给这个神仙团体取了个名字叫“仙宗十友”。

苏东坡这首词充满了浪漫主义色彩，描绘出一个遍布云车的仙境，一个仙风道骨的司马子微，还有一个谪仙风采的李白。与此同时，令人不由得想起那群神仙般的诗人。此时的他正在赴汝路上，对官场生活十分厌倦，愈加向往那种超然物外的生活。这其实还是在思归，苏东坡早期的思归是官场很烦，我想回家。如今的思归是田园很好，我想归隐。前者是逃避，后者是新生。有抱怨一定是因为有期待，嚷嚷着要走其实是非常不想走，真正的放下是没有期待，懒得抱怨，忘了提起，然后静静离开。

苏东坡少有大志，真能做到彻底退出官场而心无一丝波澜吗？我想至少此刻还是不能的。若仕途平顺，他自当为国效力，但若壮志难酬，他也能淡然处之，另寻生路。因此，他绝不再像年轻时一样，一边高举归隐大旗，一边又赖在官场，而是付诸行动，张罗田地，顺势而退。如今万事俱备，就等神宗点头同意。

1085 年（元丰八年）二月左右，苏东坡行到南郡，拜访了张方平，张方平与苏洵是至交知己，对苏东坡兄弟一向照顾。老张头如今已经七十九岁，苏东坡的到来令他十分开心，于是非常热情地留苏东坡在家里小住。

一日，老张头并几个儿子设宴给苏东坡接风洗尘，席间，又有一群年轻貌美的姬妾唱歌跳舞，苏东坡发现，其中居然有胜之。胜之曾是黄州太守徐大受的爱妾，徐太守去世后又做了张方平儿子的妾室，依然似玉如花，笑容明媚。此情此景多么熟悉：热闹的酒宴、热情的主人、美丽的胜之，只是胜之有了新主人。想起已故的徐太守，一种物是人非之感瞬间涌上心头，苏东坡竟伤心地大哭起来，如此形容逗得胜之笑个不停。胜之这一笑令苏东坡愈加伤心，他竟再也不愿意见胜之，还劝别人不要养歌伎。

在张方平家住了几天后，神宗的这一缕东风终于来了，苏东坡居住常州的申请通过了。终于可以好好过日子了，宜兴山美、水美、人美，朝廷的纷扰再与自己无关。一想到这儿，苏东坡就满心欢喜，可不知怎的，他的心底还是有那么一丝落寞。

神宗一直很欣赏苏东坡，熙宁二年（1069 年），神宗虽一腔热血地变法，却依然向苏东坡这个反对派虚心求教，对他的逆耳忠言也听得十分认真，并嘱咐苏东坡要经常为自己思虑。上元佳节，神宗本想在宫中举办灯会，苏东坡一番进言，神宗马上取消。后谢景温诬陷，苏东坡自请外放，宰相府想让苏东坡去颍州为官，神宗却将苏东坡派去繁华富庶的杭州。乌台一案，小人作梗，谗言漫天，舆论哗然，影响如此之大，最终，神宗还是将苏东坡轻判。其后，神宗几番想重用苏东坡，可惜种种原因未能实现，汝州调令，神宗的起用之意十分明显，然苏东坡却申请在京都千里之外的常州居住，拒绝得也十分明显，神宗竟然又准了。

苏东坡虽一直未得重用却屡屡被神宗感动，如今君恩未报却要告老归乡，实在遗憾。正这么遗憾着，朝中又传来噩耗，年仅三十八岁的神宗驾崩了，苏东坡悲痛万分，连写三首悼词。

两个月后，年仅十岁的哲宗即位。这时，苏东坡也到达常州宜兴。五月时节，天气温暖，宜兴山明水秀，苏东坡的心情好了许多。到宜兴后，苏东坡开始四处看房子，苏家需要一处住宅。朋友们也帮忙打听，好友邵民瞻为他找到一处古朴简约的老宅，苏东坡十分满意，立刻买了下来。一翻老皇历，几日后正是一个宜乔迁的好日子，很快，一家人就欢欢喜喜地搬到新居。这座宅子几乎花光了苏东坡所有的积蓄，不过他在宜兴还有几亩薄田，一处农庄，日后好好经营日子也不用发愁。在新家安顿下来后，苏东坡只觉得一身轻松，似乎将这一生都安排妥当了。

一天夜里，苏东坡正在乡间小路散步，走着走着，忽听到一阵十分委屈又凄凉的哭声。顺着哭声循去，发现一位白发苍苍的老妇人正一个人在院子里哭天抹泪。如此情景，真是令人十分不忍。苏东坡上前询问老人家为何哭得如此伤心，见有人来，老人也暂止了哭声，颤着声音说："我本来也不住这儿的，只是前几天，我儿子将家里的老宅卖掉了，我在那儿都住了一辈子了，没想到临老却要搬到这里来……"说着，老人家又哭了起来。

苏东坡便问那宅子卖给了谁，老人家又说："听说是被一个姓苏的买去了，好像还是个很有名的人。"

苏东坡方知自己买的宅子竟然就是这位老人家的，接着，他从家中取来房契，对这位老人说自己就是那姓苏的，要将房子还回去，还当着老人的面烧了房契。老人家惊呆了，直到苏东坡离开后还仿佛在梦中。后来，苏东坡又找到老人的儿子，大约说那宅子自己不住了，钱不必退了，房契也已经烧了，做儿子的要好好孝顺母亲云云。这一次，老人家的儿子也惊呆了，与母亲一样直到苏东坡离开还仿佛在梦中。

老人家终于又有了房子住，她的儿子也凭空多了一笔巨款。苏东坡却是房也没了，钱也没了，一家人只能再租房住，又是一番搬家之忙。王夫人对此事没有一句怨言，苏东坡这样的傻，她早已习惯，她总是由着丈夫的性子，尽力去支持他。再说一番风雨后，不仅是王夫人，家中大大小小也早已学会安贫乐道。

宜兴离镇江不远，苏东坡时常去金山寺拜访佛印。二人参禅斗法，十分有趣。一日，苏东坡又去拜访佛印，事先寄信一封，对佛印说“不必出山，当学赵州上等接人”。

赵州禅师属禅宗一派，是六祖慧能后的第四代传人，也是一位有名的苦行僧，一生到处游历，遍访古刹。一日，他游历归来，他的师父对他说：“你父母知道你回来了，想见你一面。”不想赵州早已舍弃红尘，对师父说：“俗尘爱网，无有了期，我已经出家为僧，不愿再见红尘中人。”为了躲避双亲，竟连夜离开。赵州禅师还有一句名言：“如果对方的学识在我之上，便是七岁孩童我也要向他请教。如果对方的学识不如我，便是百岁老人，我也教得。”至于待客之道，赵州禅师也有一套自己的说法。

唐五代时，赵王王镕曾来庙里访他，他却迟迟不肯出来相见，原来他正在坐禅，此刻还在蒲团上坐着。赵王身边的人很不高兴，问赵州禅师：“大王来了，你为何不前来迎接？”

只听赵州禅师说：“下等人来，我出山门迎接。中等人来，我下禅床迎接。若是上等人来，我便在禅床上迎接。我不敢将大王看作中下等人，所以在此等候。”

赵王听了，转怒为喜。

苏东坡这话的意思是：“你只管在你的禅房里待着，不必迎我。”佛印一想，这么重要的朋友，自己怎能不去迎一迎？只是若真要去迎，不显得自己境界太低了吗？略一思索，他有了主意。

苏东坡到金山寺后，发现佛印早早在山门外等候，便用早已看穿一切的口吻道："我就知道，你没有赵州禅师的境界。"佛印大笑，随后说了一首偈子：

昔日赵州少谦光，不出山门迎赵王。怎知金山无量相，大千世界一禅床。

这意思是说："赵州禅师不出山门迎赵王是因为他不谦虚，佛云诸相无相，金山寺就是无量相，大千世界本就是一张禅床，你以为我起床了吗？不不不，我还在禅床上躺着呢。"

如此看来，佛印的境界倒比赵州禅师还要高上许多。苏东坡听了，无言以对，暗自佩服。待苏东坡来到禅房后，佛印出招了："这里没有坐榻，不能招待居士。"苏东坡对答："那就借大师的四大当坐榻。"

所谓四大，即地、火、水、风。佛教认为这四种物质构成了整个世界。苏东坡的意思是没有坐榻便拿禅师你当坐榻吧。佛印笑嘻嘻道："我有一个问题，你若答得上来，我便将四大借给你，若答不上来，就将你腰间的玉带给我。"苏东坡表示同意，佛印继续道："四大皆空，五蕴非有，居士打算坐在何处？"苏东坡一时语塞，只得解下腰带。佛印大笑，对身边的侍者说："赶紧藏好玉带，这可是镇山之宝。"之后，又将一件僧衣送给苏东坡做纪念。

佛印待苏东坡着实不错，苏东坡输了玉带，他便送袈裟表示安慰。平时，若知苏东坡来金山寺拜访，他也要提前做一碗苏东坡最爱吃的猪肉。谁知一次，这碗猪肉居然被偷吃了。佛印觉得自己真是白忙活一场，很不开心，苏东坡却十分"没良心"地"嘲笑"他：

远公沽酒饮陶潜，佛印烧猪待子瞻。采得百花成蜜后，不知辛苦为谁甜。

诗中的远公指的是东晋时期的名僧慧远，这意思是说："当年，慧远为了迎接陶渊明专门为他备酒。如今，佛印为了迎接苏子瞻专门烧一锅猪肉。可怜的佛印，虽像小蜜蜂一般辛勤采蜜，却连蜂蜜被谁吃了都不知道。"

僧人通常要戒酒戒肉，若是平常僧人做这些，自然要被人说上一嘴，不过佛印与慧远都是大师，苏东坡与陶渊明也都是名人高士，禅师烧肉置酒待名士自然就成了不拘于俗的佳话。

除了与佛印斗智斗勇，苏东坡也时常和其他友人一起出游赏景，喝酒赋诗，十分惬意。他觉得，自己养老归田的愿望总算实现了，谁知，命运之轮又开始转动。

哲宗年幼，不能亲政。如今的朝堂正是神宗的母亲，哲宗的祖母高太后垂帘听政。高太后一直反对变法，如今大权在握，自然要废除新法，早在三月十七日，她就召回司马光，任其为副宰相，这意味着，保守派当权了，朝廷即将另换一番天地。

京城也热闹了起来，六月份最大的新闻是朝廷即将召回并重用苏东坡，京都众好友陆续来信向苏东坡送来好消息。六月底，朝廷果然下达正式文书差苏东坡知登州军州事，苏东坡终于不是犯官了。一家人非常开心，亲友们也纷纷祝贺。

苏东坡却高兴不起来，他告诉佛印，自己如今"如入蓬蒿藜藿之径"。又写信给友人周邠，说"岂意残年踏朝市，有如疲马畏陵坡"。意思是说，没想到自己知天命之年竟又要踏入朝中。这种感觉就好像一匹疲惫的马儿要踏过一个陡峭的山坡，令人畏惧。在写给米芾的信中，苏东坡也提起了这件事，说自己"忧畏而已"。

或许对朝中还有那么一丝留恋，想做点什么。或许感觉到大势已定，自己拒绝也没有用。或许，看到家人开心的样子，不忍让他们失望。最终，苏东坡还是接受了高太后的好意。

苏东坡到达常州宜兴的准确时间是1085年（元丰八年）五月二十二日，田园生活也就过了一个月左右。眼下，又要奔赴在路上了。七月底，苏东坡带领全家人向登州行去。路过密州时，当地的老百姓还专门出来欢迎，当年被苏东坡救下的婴孩也都长成了大孩子，纷纷出来看这位救命恩人，密州官府也十分热情地接待了苏东坡。

十月十五日，苏东坡抵达登州，快到登州城时，就看到等候多时的当地百姓，他们听说名满天下的苏学士要来此地做官便前来迎接，胆大的还问苏东坡是否能像马太守一样勤政爱民。前一任太守马默，爱民如子，政绩卓然，深受百姓们爱戴，苏东坡此番正是接他的班。百姓们如此热情又充满期待，苏东坡的热血有点沸腾了，十分恳切地表示一定竭尽全力，不辜负乡亲们的期待。

苏东坡说到做到，很快投入工作，他发现登州的财税和军政有不少弊病，决定大干一场。谁知，朝廷又下达文书，以礼部郎中之职召他回京。这一日，是他来登州的第五天。苏东坡一向喜欢游览各处美景，本还想着公务之余看看登州的景致，这下好了，没的看了。不行，来都来了，苏东坡决定挑一两个重要的去看一看。

民间传言，蓬莱阁经常有海市出现，那是一个宛如仙境般的存在，云雾缭绕中可见宫殿、亭台、车马、花草、树木等，世间所有，尽在其中，有时还能看到一群神仙。现代人自然知道这就是普通的光学折射现象，古人却认为那是仙境在凡间的偶然投影，出于这个缘故，蓬莱也成了传说中的仙境。苏东坡听说后，便决定去看海市。可他又听说海市蜃楼稍纵即逝，若想一饱眼福，必得有十分的运气才行。且海市多在春夏之时出现，如今正是冬季，更难得一见。

苏东坡时间紧迫，哪等得到春夏，为了瞧一瞧传说中的海市，专门去龙王庙祷告了一番。第二天，海市居然真的出现了，苏东坡也终于看到了传说中的仙境。苏东坡一边为看到海市兴奋，一边为自己祈祷灵验感到开心。还写了一首诗来记录这件事情，其中有这样几句：

人间所得容力取，世外无物谁为雄。率然有请不我拒，信我人厄非天穷。

前两句是说人间很多事情都可以通过努力得到，然还有很多事情在世间之外，非人力所能及。言外之意，或有命运，或有天意。后面紧接着说我向龙王祷告他欣然答应，可见我此前的困厄并不是天意。言外之意，我并非命该如此，或许还可以力尽人事，做点什么。可见，苏东坡此刻的心情十分欢愉，觉得连老天都在帮他。然很快，他就又淡定下来，诗末，他是这么说的：

斜阳万里孤鸟没，但见碧海磨青铜。新诗绮语亦安用，相与变灭随东风。

意思是："傍晚时分，太阳西斜，飞鸟也消失在云端，海市蜃楼消失了，碧绿的海水平静得好似一面铜镜。我写这一首诗又有什么用？海市随风而来又随风而去，不过是一场幻梦罢了。"

相与变灭随东风，世间种种不都是如此吗？苏东坡的心情又归于平静。久处黑暗，如今重见光明，苏东坡虽有几分欢喜，但并没有得意忘形。过去的生活告诉他，人生无常，几年参禅论道，他更知人生如梦，于是，他告诉自己，且随缘。

看完海市，苏东坡又要出发了，此次进京，风光无限。这份风光还吸引了不少趋炎附势之人，眼前所见果然没有一个坏人，就连李定都对他笑脸相迎。1085年（元丰八年）十二月，苏东坡抵达京都，三十六岁离京，五十岁再度归来，十五年时间，朝中已是一番沧海桑田。

第十一章

人人都爱苏子瞻

1085年（元丰八年）十二月，苏东坡再次回到京都，任礼部郎中，没几天后又被任命为起居舍人。神宗元丰改制后，起居舍人的权力提高了不少，不仅能常伴君侧，还可参与机密要事，实在是人人羡慕的显贵要职。苏东坡一生坎坷，深知高处不胜寒，如今从谷底直接飞入云霄，来得太快，恐怕又招来灾祸，于是主动请辞。

然而，请辞无效，高太后用定他了。起居舍人只是个开始，此后八个月内，苏东坡一路升迁直做到三品翰林学士。比较有意思的是，苏东坡做翰林学士后，李定隐瞒母丧之事被揭发，因而被罢免官职，这罢免圣旨正是由苏东坡负责拟定的。

作为翰林学士，拟圣旨是苏东坡的主要工作。拟圣旨必须简明扼要，往往要引经据典，非常考察学问。苏东坡去世多年后，有一位姓洪的人也做了翰林学士，自以为文才一流，问曾经侍候过苏东坡的仆人，自己可比得过苏东坡。这位仆人说："二位大人的文采自然都极好，我又如何能分得出高下。我只记得苏大人拟圣旨时从来不翻书，这点倒与您不同。"谁高谁低，显而易见。

京都非常繁华，苏府周围，珠宝店、绸缎店、药铺，应有尽有。酒馆更是到处都是，且十分讲究，店里菜品丰富有四五十种，歌伎也有很多，在廊下候了一排，随时准备为客人侑酒。苏东坡不大喜欢去酒馆，时常叫酒馆将菜做好后送到家中，也就是叫外卖。苏东坡的这个外卖非常精致，光餐具就值好几百两，大都是银质的，就连筷子也是象牙的。这倒不是苏东坡讲究，只是京都的消费水平摆在那儿，稍微好一点的酒馆都是如此配置。酒馆的服务态度也非常好，对于经常点外卖的客人，第二天才会来收餐具，对这几百两的资产似乎并不怎么紧张。

士大夫们的生活更是奢侈，苏东坡的朋友蒲宗孟，曾在熙宁年间做到翰林学士。他家的儿媳每天只做一件事情，那就是教丫鬟们做各种式样的“酥花”。酥花是一种点心，蒲家儿媳的主要工作是在点心上设计不同的图案，因为蒲宗孟说了，同一种花样的点心只能给客人吃一次。在讲究这个领域，果然是有钱人更有想象力。

蒲宗孟如今正在杭州做官，还遇到一位能人异士，此人虽已九十多岁，气色却跟小朋友一样好。蒲宗孟十分羡慕，便向他请教养生之道。老人却说：“没什么特别的，只要大人愿意摒弃女色，也能跟我一样。”这个方法令蒲宗孟十分失望，他觉得若要摈弃女色，就算长生不老也没什么意思，于是另辟蹊径，想出洗浴的养生之法。

具体来说，每天要洗两次脸、两次脚，每两天洗一次澡。洗脸分为“小洗面”和“大洗面”：“小洗面”时，由两个仆人侍候，只洗脸，中间换一次水；“大洗面”时由五个仆人侍候，要一直洗到脖子和肩膀，中间换三次水。洗脚也分为“小洗足”和“大洗足”：“小洗足”由两个仆人侍候，洗到脚踝，中间换一次水；“大洗足”由四个仆人侍候，要一直洗到膝盖，中间换三次水。最复杂的是洗澡，也分为“小洗浴”和“大洗浴”：“小洗浴”由五六个仆人侍候；“大洗浴”由将近十个仆人侍候，还要放药膏，衣服也要用香料熏染。

也不知这样的洗法到底是如何养生的，总之蒲宗孟觉得特别好，还给苏东坡推荐。苏东坡一番恭维后，十分严肃地劝蒲大人：“还有两件事想要提醒：一曰俭，二曰慈。”

士大夫生活奢侈，耽于酒色，与老赵不无关系。老赵杯酒释兵权时，对开国功臣们说：“各位年事已高，当官太累了，不如多买些宅子、田地和女人，每日唱唱歌、听听曲、喝喝酒，多好。”再加上他给文官们的待遇非常好，士大夫有钱享乐，老赵也允许他们享乐，形成这样的风气也就再正常不过。

以苏东坡如今的地位，自然也能过像蒲宗孟那样奢靡的生活，然他对物质生活并没有太大的追求，他要的是一种更高级的精神享受。在黄州时，苏东坡就经常参禅打坐，还与子由互相交流养生之道。如今他年纪越来越大，更要坚持自己的养生之法，其中很重要的一项就是与女人保持距离。苏东坡每隔一天就去宫中睡觉，不仅如此，还要早早起床，梳头一百下，穿好官服后，再躺下小睡一会儿。梳头小睡，大约是那些个方外之人教给他的养生秘法。

苏东坡觉得，自己的养生方法终究只是个皮毛，在养生这个领域，他更欣赏不养生的范镇。范镇一生不喜欢研究佛理，到死都没学过佛法，可他晚年时，清心寡欲，对什么事都不牵挂，身体十分健康。苏东坡认为范镇虽不学佛，却已参透佛理，即使毁谤佛祖，佛祖也不会介意。他眼中，范镇已然得道，说到底，还是要节欲。于是苏东坡自己节欲，劝朋友节欲。

宰相韩维退休后，时常对人说："我如今老啦，没什么可牵挂的了，只想日日在歌舞酒色中度过，不然都不知道怎么打发这无聊的时光。"韩维的两个女婿曾拜访苏东坡，谈话间还说起了韩老头的这一番言论。苏东坡听后不禁皱眉："韩相公如今年纪大了，日子也不多了，更应该好好珍惜身体，怎能以声色为乐？"说着说着还讲起了故事。

故事是这样的：

从前有一位老人，虽然没有参禅悟道，但一言一行都跟得道了似的。一天，他忽让家里人遍请好友，大摆酒宴。客人酒足饭饱后，老人对儿孙说："我马上就要离开人世了，有几句话要嘱咐你们。"听到老人这样说，儿孙们不禁大哭起来，一个个都围了过来听老人训话。

老人说："你们以后一定要五更就起床。"

"为什么？"儿孙们十分不解。

“因为早起才能做自己的事情，太阳出来后，就没有机会做自己的事了。”老人解释道。

“咱们家钱财万贯，不愁吃不愁穿，起那么早做什么？再说了，家里的事不就是自己的事吗？”儿孙们更不解了。

“钱财不过是身外之物，我如今即将离去，还不是一分钱都带不走吗？你们都好好想想，死的时候究竟能带走什么，这才是自己的事。”说罢，老人缓缓闭上眼睛，与世长辞。

讲完故事后，苏东坡又说：“二位还是劝劝韩大人，多做做自己的事吧。”

苏东坡虽拒绝奢靡的生活，但也不会一味节俭，该吃吃，该喝喝，该养歌伎养歌伎。苏东坡养歌伎实则是为了应酬，他戏称歌伎为“搽粉虞侯”。苏府时常会来一些俗不可耐之人，就喜欢看歌舞表演，苏东坡与这些人实在没什么共同语言，为了省些口水就召歌伎来应付，客人还以为自己受到了十分隆重的招待。真正与苏东坡志同道合的朋友们，则完全没有这种待遇，他们眼中，苏府没有歌伎，没有舞女，只有一个健谈的苏东坡。

苏东坡回京不久，子由也被朝廷召回，同样一路升迁，兄弟二人终于又在京都相聚。1086年（元祐元年），子由还修书上表，将苏迈从德兴县调任到京都附近的酸枣县。如此一来，苏迈回家也十分方便，这令他的朋友们非常羡慕：

翩翩苏公子，一官不远游。侍养两得意，人生复何求。

此时，苏迨已十七岁，到了娶媳妇儿的年纪，苏东坡开始四处物色好儿媳，不久便瞧上了欧阳家的一位姑娘。苏东坡与恩师欧阳修的两个儿子处得很不错，恰好欧阳家有一个女儿与苏迨年纪相当，性格也十分合适，苏东坡便亲自去欧阳家向欧阳太夫人提亲。老夫人早年间就经常听欧阳修念叨苏东坡，知道二人亦师亦友，便十分高兴地答应了。

苏迈与苏迨的名气都不大，倒是十五岁的苏过，小小年纪，写诗作文便大有乃父之风，在文化圈中大放异彩，人称小坡，这大坡自然就是苏东坡了。与平平无奇的大哥二哥比起来，苏过着实优秀。

事实上，平平无奇的苏迈，二十三岁就中进士，写诗作文不在话下，为官也颇有苏东坡的风范，在德兴县任职期间政绩卓然，深受百姓爱戴。《德兴县志》对他的评价是：文学优赡，政事精敏。多年后，当地百姓还专门立“景苏堂”来纪念他。

平平无奇的苏迨则师从理学创始人之一的张载，比苏迈还要优秀。张载志向宏大，非常人能及。用他的话来说那是要“为天地立心，为生民立命，为往圣继绝学，为万世开太平”。这样的大儒，对弟子的要求自然极高，而苏迨是张载众多弟子中最耀眼的一位，被称为门人之秀。苏迨二十五岁时以苏鼎之名考中进士，受张载影响，他并不流连科举，一生醉心于学术研究。张载晚年时还将其重要学术著作《正蒙》传授给苏迨，颇有些传衣钵的意思，苏迨不负厚望，仿照“论语体”将这本书编为十七篇，此举受到后来的理学大家朱熹的大力褒奖。朱熹认为，若非苏迨，《正蒙》一书很可能像张载的其他作品一样亡佚。

这样的平平无奇，是多少人一辈子都够不着的天花板。奈何有苏东坡这样一个有名气的爹，很容易被衬得普通。因此，苏过实在厉害，在父亲的强大光环下依然能在文化圈闯出一片天地。长大后的苏过在书画上的造诣也很高，与苏东坡一样，属于文艺全才。四川眉山的三苏祠有一副对联：千载诗书城，坐修竹林中，尽饶佳士；四贤桑梓地，问斜川集后，谁嗣高文。这里的四贤指的就是三苏和苏过，能与三苏并列，可见苏过非比寻常。

不过，如今的苏过只有十五岁，正是读书的年纪。苏东坡虽工作忙，应酬多，也会抽时间教苏过读书。一日，苏过读《王志传》，其中说王志住在建康的马蕃巷，苏东坡听到“马蕃巷”三个字后趁机对苏过进行了一番素质教育。他说：“这马蕃巷后来被传成了马粪巷，王志的儿孙们都非常谦和有礼，因此后人常用‘恰似马粪王家’来夸奖那些门风宽厚的人家，马粪在这里实在是一个好词。然而《李固传》中‘视胡广、赵戒如粪土’一句则是用粪土来贬斥胡、赵这样的小人。你看，粪土遇上王志那样的人就是好粪土，遇上胡广、赵戒这样的人就只能是污秽之物。遇上胡、赵二人，也是粪土运气不好。”

苏东坡眼中，读书作文重要，明理做人更重要。苏过读书时，苏东坡常常在旁边闭眼聆听，时不时给儿子指点几句。想起自己跟子由小时候也是这样在爹爹面前读书，苏东坡不由得会心一笑，听着苏过的读书声，更觉惬意幸福。

苏东坡早年间就因文章辞赋名震天下，如今高居庙堂，又是太后身边的红人，这光环就更夺目了。有人仰慕苏学士，有人敬畏苏翰林。一时间，苏东坡万众瞩目，好像一块万能磁铁般，雅的俗的、老的少的都被吸引到苏府。苏东坡为人，不喜拘虚礼，更不将人分为三六九等，贫富贵贱，一视同仁。有些人来访，带的礼物并不名贵，苏东坡全不在意，甚至看都不看一眼，不知情的人还以为苏东坡嫌弃礼物太轻。

苏府又恢复了徐州当年的盛况，应该说有过之而无不及，门庭若市，热闹极了。文人雅士齐聚苏府，写诗作文，好不风雅。苏东坡作文章从不像旁人一样绞尽脑汁，苦苦构思，而是笔下生风，乐在其中。对此，他颇为得意，且不止一次表达过这个意思。

比如：“某平生无快意事，惟作文章，意之所到，则笔力曲折，无不尽意。”大意是：“我这一生除了作文章，没什么快意事，我心中所想，这支笔总能充分表达出来。”

比如：“我一生之至乐在执笔为文之时，心中错综复杂之情思，我笔皆可畅达之。我自谓人生之乐，未有过于此者也。”大意是：“我这一生就数执笔写文章时最快乐，不管心中的情思多么错综复杂，我这支笔都能流畅又准确地表达出来。人生之乐，莫过于此。”

比如：“吾文如万斛泉源，不择地皆可出。在平地，滔滔汩汩，虽一日千里无难，及其与山石曲折，随物赋形。”大意是：“我总是文思如万泉涌，不管在什么地方都可随意流出。若是在平地，便汩汩不绝，日行千里。若是在曲折的山路上，也可随物体任意变换形状。”

简单来说，在作文这个领域，苏东坡认为：“我太棒了！”如今这番气象，他正是如鱼得水，十分快活。黄庭坚、秦观、晁补之、张耒也在这时会于京都。四人皆是全才，写诗、填词、作文、绘画、书法样样在行，如今也都是文艺圈中个顶个的名人。黄九诗名满天下，书法也仅次于苏东坡，在宋四大家中排第二，可谓诗字两绝。秦七最擅长填词，词风清丽婉约，如今正是火遍大江南北的大词人。晁补之与张耒二人专工书画，文章也作得极好，并称晁张，名动朝野。

这四人拜入苏东坡门下已有多年，如今正是苏门弟子中最耀眼的四位，当时的人还送了他们一个雅号：“苏门四学士”。与欧阳修一样，苏东坡爱才惜才，觉得自己十分有责任为北宋文坛培养下一代接班人，因此对于后起之秀们，他总是十分耐心地指导，不仅如此，一逮着机会就猛夸，恨不能敲锣打鼓让整个文艺圈都知道。四学士有如今的成就，离不开苏东坡的栽培和提携。苏门弟子中，除了这四位，就属李廌和陈师道最有名气，这两位也在这时受到苏东坡的大力帮助和提携。

李廌曾去黄州拜访苏东坡，也是在那时拜入苏门。李廌的文章气势宏大，用苏东坡的话来说有“飞沙走石之势，可敌万人”，苏东坡认为他是“张耒、秦观之流也”。然不知为何，李廌科考总是不中，日子过得非常穷困。苏东坡去汝州时，十分穷苦，好友还特意给他寄来一笔安家费。那时，李廌正好去拜见苏东坡，苏东坡一看李廌比自己还穷，就将这笔安家费转送给了李廌。

如今的李廌正在京都游学，急于出头的他经常拿着自己的文章去拜访各种达官贵人，结果无人赏识，碰一鼻子灰。苏东坡虽然非常赏识李廌，但他觉得李廌此举实在不体面，便劝他循序渐进，厚积薄发，同时，在生活中想方设法地接济李廌。在苏东坡的帮助下，李廌渐渐在文化圈崭露头角，名气也越来越大，宰相吕公著也忍不住称赞：“李廌是个奇才。”

1088 年（元祐三年）春天，又是三年一度的春闱，这一科考试，苏东坡担任主考官，黄庭坚和张耒为助理，李廌则是名气最大的考生。其他考生们都想一睹李廌的风采，考官们也做好准备，希望在万千考生中挑出这位奇才。考试还未开始，李廌就成了所有人心中的第一名。很多人对李廌说“这次你一定能高中”，李廌自己也信心满满，毕竟自己不仅有才华，文风还颇对主考官的胃口，似乎想不中都难。

果然，阅卷时，苏东坡读到一篇非常优秀的文章，从文风来看就是李廌所作。苏东坡当即就将这篇文章取为第一，想到李廌终于熬出头了，苏东坡很是欣慰。放榜之日很快就到，李廌到底是不是第一呢？男女老少们都十分热情地来看榜。然，很遗憾，第一名不是李廌，而是章惇之子章援。等等，怎么前十名中都没李廌的名字？围观群众颇感惊讶，继续往后看，谁知看完整个进士榜都没找到李廌的名字。众人七嘴八舌，唏嘘不已。李廌落榜，成为当时最大的新闻。

宰相吕公著更是惊讶：“这科的考官们居然会错过这样一个人才，实在失职。”苏东坡怎么也想不到自己会认不出李廌的文章，后悔、遗憾、愧疚，种种滋味涌上心头，总之觉得十分对不起李廌。最郁闷的当然是李廌本人，志在必得却名落孙山，只能感叹“时也，运也，命也”。此后，李廌彻底放弃仕途，一心著书立说，日子只能继续贫苦下去。

苏东坡只好尽己所能接济李廌，为了不让李廌难堪，足费了十分脑力，让自己的接济显得自然一些。他曾将御赐的宝马送给李廌，同时还给李廌写了一张马券。马券大概表达了这么个意思：“承蒙圣上赐我一匹宝马，李廌当时正好没马，我便将这马送给了他，不过李廌要是有了其他好马，肯定会卖掉我这匹马，为了方便他卖马，我就写下这个马券来证明马的身份。”

苏东坡知道李廌穷得要命，肯定会卖马，但在马券中却委婉地说李廌有了新马后才会卖自己送的马，十分照顾李廌的面子。这马券由苏东坡亲自书写，也算是苏东坡的墨宝一幅，本身就能卖一笔钱。此外，马券可证明这马不仅是苏翰林的马，更是御赐宝马，有了这一层背景，这匹马定能卖个好价钱。李廌卖了马后，日子确实好过了一阵子。

再说陈师道，这些年来，依然很有脾气地拒绝科举，一心钻研诗歌，如今也是大诗人了，更是江西诗派中仅次于黄庭坚的领袖人物。经过苏东坡的举荐，成为徐州教授，此后还做到太学博士（都是学官）。

当时的人觉得，李廌和陈师道也很优秀，于是又将这二人与苏门四学士合称为“苏门六君子”。这六人中，只有陈师道一直没有正式拜师，虽然他也行弟子礼。苏门弟子中，除了这六位，李之仪也比较有名。李之仪的文风清新洒脱，既平白如话又浓郁悠远，既流畅洒脱又百转千回，可谓语尽意不尽，意尽情不尽，是花间词中的一股清流，最有代表性的当属那首《卜算子》：

我住长江头，君住长江尾。日日思君不见君，共饮长江水。
此水几时休，此恨何时已。只愿君心似我心，定不负相思意。

苏东坡虽是北宋文坛中泰山北斗般的存在，然他并不当自己是个权威，与弟子们亦师亦友，互相批评，苏府的学术氛围十分轻松浓厚。在这里，每个人都可以畅所欲言，每种才华都能被看见。一时间，苏府高手云集，百花齐放。几位书画大师王诜、米芾、李公麟也时常出入苏府。

乌台一案，王诜受苏东坡牵连被削官罢爵，公主也因此长病不起，神宗只好恢复王诜的官职，可惜，为时晚矣，没多久公主就一命呜呼。公主去世后，王诜很快被流放，哲宗即位后才再次回到京城，可他从未迁怒于苏东坡。

王诜对苏东坡的喜爱近乎狂热，平日里，若知道苏东坡有了新作，一定要四处打探，想方设法弄到自己手中。多年前，他就骗走苏东坡送给米芾的画，此番，他与米芾齐聚苏府，却依然没有还画的意思。碰到这么个赖皮，米芾十分无奈。

一天夜里，黄九、张耒、晁补之三人一起来找苏东坡玩，四个人烤着火炉聊着天，十分惬意，聊着聊着就说起了苏东坡在黄州作的《黄泥坂词》，越聊越兴奋，黄九几个都想一睹真迹，一阵翻箱倒柜，将原迹找了出来。

可惜，这首《黄泥坂词》本是苏东坡醉后所作，写得十分潦草，隔了这么几年更加难以辨认。好在苏东坡的记忆力非常好，当即回忆起来，苏东坡说一句，张耒写一句，终于有了一份完整的《黄泥坂词》。从此，苏东坡家中多了一份张耒手抄的《黄泥坂词》，原迹则被张耒拿了去。

王诜果然消息灵通，第二天一早，就派人到张耒处“借《黄泥坂词》一阅”。张耒坚决不借，他可不想当第二个米芾。王诜委屈巴巴地向苏东坡告状，还抱怨苏东坡有好东西不给他。苏东坡既无奈又觉得好笑，只好将《黄泥坂词》亲自抄写一份送给王诜。

米芾也算是苏东坡的老朋友了，如今是太学里的老师，书画愈加长进，书法仅次于苏东坡和黄庭坚，可排天下第三，画作也清新自然，自成一派，人称“米家山水”。米芾是个典型的艺术家，极有个性，平日里喜欢穿奇装异服，尤其爱戴高帽子。若问这个帽子有多高，试想一下，米芾坐的轿子是没顶的，也就是说，他戴帽子坐在轿子里时，帽子最上端要比轿顶还高。

王诜为了收藏苏东坡的字画，经常有借无还，十分“不要脸”。不过在“不要脸”这个领域，米芾也能与王诜打个平手。米芾十分喜欢收藏画作，跟王诜一样，喜欢四处打探，然后借来一阅。画作到手后，自己临摹一幅，几乎与原迹一模一样。很多画作都是古迹，难免有破损，然就连这些沧桑感，米芾都有办法仿出来。待仿品成后，米芾连着原作一同带给画主人，画主人真假难辨，往往错拿，米芾因此收获颇丰。

李公麟是苏东坡回京后认识的新朋友，出身名门，从小在一群古董中长大，极擅画画，尤其擅长画马、佛像和人像，被誉为白描始祖。李公麟与米芾私交甚好，也是王诜的座上宾。早年间与王安石颇有交情，还曾为王安石画像，画作十分逼真，令人称奇。与苏东坡订交后，李公麟也为苏东坡画了一幅像，此前，已有很多人为苏东坡画过像，黄九认为李公麟的这幅最像，尤其画出了苏子瞻喝醉时的样子。

出于苏东坡的缘故，这些大画家与苏门学子也渐渐熟悉起来，隔三岔五地聚会，也因此发生了很多风雅事，最有名的当属西园雅集。

西园是王诜家的后花园，春末夏初，园中天蓝草绿，云淡风轻，更有苍松翠竹、小桥流水，十分宜人。一日，王诜突发了兴致，邀友人于园中相聚。一时，苏东坡、苏辙、李公麟、米芾、黄九、秦七、张耒、晁补之、李之仪、圆通、陈碧虚等名流齐聚西园，加上王诜，刚好十六人。其中，有诗人、画家、琴师、和尚、道士等，可谓各路神仙来相会。他们三五成群，或吟诗作对，或弹琴唱曲，或作画题跋，风雅极了。眼前景美人雅，李公麟和米芾决定合作一把，一人作画，一人作记，将这件美事记录下来。

李公麟画作完成后，米芾的记也作好了，大笔一挥，在画上写道："水石潺湲，风竹相吞，炉烟方袅，草木自馨。人间清旷之乐，不过如此。嗟乎！汹涌于名利之域而不知退者，岂易得此哉？"这幅画便是著名的《西园雅集图》，不管是作画人还是画中人，都是罕见的奇才，令后来人十分景仰，这幅画也被历代名家多次临摹。

西园雅集那样的盛会毕竟难得，平日里，这群文人多是三五成群的小聚。

一日，苏东坡、黄九、秦七几人一起欣赏李公麟的大作，画中一群汉子正围坐在桌旁掷骰子，只见盆中六枚骰子五个都是六点，只有一个还在旋转。一个人趴在桌子上，眼睛死死盯着那枚骰子，嘴巴大张，似乎在喊着“六，六，六……”其他人也面色严肃，紧盯着那枚骰子，紧张极了。画中人物栩栩如生，黄九等人不由得称妙。

这时，苏东坡突然说：“这画的是闽南人吧。”众人一头雾水，李公麟也十分不解。苏东坡又说：“盆中五个骰子都是六点，只有一只骰子还在旋转，喊的那人应该是想说六，但只有闽南人说六时才会张大嘴巴，可见，画中人是闽南人才对。”

然李公麟不是闽南人，也没去过闽南，更没有画闽南人，确实是他一时失误。李公麟实在没想到苏东坡会瞧得如此仔细，暗自佩服不已。

作画确实要注意细节，否则很容易闹出笑话来。

苏东坡记录过一件类似的事情，据说有一位爱画的人，收藏了许多名画，这些画作中，他最爱的就是唐代名家戴嵩画的《斗牛图》。一日，他将这画拿到院子里晾晒，正好一个牧童经过，牧童看到画后竟忍不住哈哈大笑起来。这人十分不解，问牧童为何发笑。只听牧童说：“牛在战斗时，尾巴是夹在两腿中间的，这个牛的尾巴却垂在后面，不是太好笑了吗？”

艺术上的交流，苏东坡从不和稀泥，一向直抒己见，他也鼓励弟子们这样做。在他的影响下，苏门中人十分敢说，论言论自由，苏府大概能排个第一。黄九为苏门学士之首，诗歌成就极高，苏东坡最爱的也是黄九的诗。当初拜师时，苏、黄二人将对方夸上了天，如今熟了后，说话都十分直接。

二人的日常是这样的：

苏东坡：“黄公，你的诗虽然格调很高，不过规矩太多，太枯燥了些。”

黄九：“苏公你的文章虽然独步天下，可惜诗句就大不如古人咯。”

苏东坡：“读你的诗就像吃海鲜，有了海鲜我就不想吃别的了，可海鲜吃多了也容易闹肚子。”

黄九：“我看苏公连起码的句法都没学会。”

苏、黄二人在书法上也经常斗嘴，苏东坡曾说：“黄九近来写的字，很不错，字体挺拔，遒劲有力，有力中还透着一股清新。但这字写得也太瘦了，好像挂在树上的蛇。”

黄九对此的回应是：“苏公的字嘛，我是不太敢评论的，不过有些地方写得太扁平了，好像压在石头下的蛤蟆。”

绝大多数书法家都认为五指执笔法是标准的执笔方式，苏东坡却只用三个手指握笔，跟现代人握钢笔一个样。这一点，也经常被黄九吐槽，苏东坡的回应是：“握笔没那么多死规矩，怎么舒服怎么来。”

黄九是个十足的学院派，规矩和学识一样多。苏东坡却不是个完全循规蹈矩的人，常常敢为人先。若以金庸武侠中的剑术来类比，黄九大约是剑宗一派，招数丰富，剑术高超。苏东坡大约是气宗一派，内力浑厚，手中无剑也可飞叶杀人。普通人，还是老老实实学黄九比较好，苏东坡这个境界不好学，也学不来。

苏、黄二人虽经常斗嘴，但在心底都十分佩服且尊敬对方，苏东坡还模仿黄九作诗，称之为“效山谷体”。山谷正是黄九的号，苏东坡这个意思是将黄九当成了老师，黄九看到后表示学生惶恐，立即写诗回应：

我诗如曹郐，浅陋不成邦。公如大国楚，吞五湖三江。

黄九自比为曹、郐这样的小国，却将苏东坡比作海纳百川的楚国，十分谦虚。事实上，元祐年间，黄九就逐渐与苏东坡齐名，并称苏黄，可他终身以弟子礼待苏东坡，苏东坡去世后还将苏东坡的画像挂在前厅，日日祭拜。

话说回来，与黄九这两次过招，苏东坡略处于下风，没办法，黄九基本功扎实，口才也好，确实不好对付。相对来说，秦七就好对付一些。

秦七词风虽属婉约一派，但与苏东坡一样，不喜欢柳永那种倚翠偎红的香艳风格，秦七觉得自己比柳永清新脱俗多了，苏东坡也这么觉得。

1087 年（元祐二年），经苏东坡推荐，秦七回京参加制科考试。此前，秦大词人作了一首十分流行的词，苏东坡在京城也读到了，还和晁补之一起好好鉴赏了一番。晁补之觉得其中“斜阳外，寒鸦数点，流水绕孤村”几句写得十分好，意境优美，用词还极简单，就是普通老百姓也能感觉到一种自然之美。苏东坡十分赞同，但他更喜欢开头“山抹微云，天连衰草”一句，觉得这一句同样用字简单，意境深远，且十分从容，还说以后就叫秦七“山抹微云君”吧。

二人将秦七狠狠夸了一顿。

秦七回京后，很快就来到苏府，师徒二人久未见面，此次相聚十分开心。结果没聊几句，苏东坡就开始挖苦秦七：“少游君，一阵没见，你竟然也学会唱柳永的晓风残月了。”秦七很不屑道：“他柳七未必好过我秦七，我秦某人虽不才，也不会学他。”苏东坡又说：“‘销魂当此际，香囊暗解，罗带轻分’几句怎么听都像是柳七写的。”这一句正来自秦七的《满庭芳》，也就是被苏东坡和晁补之狠夸的那首词。

秦七觉得“好像也是”，顿时无话可说。苏东坡又问：“大词人近来有什么新作？”还真有，秦七十分得意地拿出自己新写的《水龙吟》。谁知苏东坡看了第一句就说：“‘小楼连苑横空，下窥绣毂雕鞍骤’，这么多字就说了一个人乘马车从楼前经过。”绣毂雕鞍指华丽的马车，这一句的意思是一座小楼，横空而起，连着远方，楼上的女子看着楼下一男子乘着华丽的马车经过。

苏东坡一向崇尚简约的词风，因而有此一说，对自己“燕子楼空，佳人何在，空锁楼中燕”一句甚为得意，认为短短几句就说尽关盼盼一段故事。但不知道盼盼典故的人，估计是完全看不懂的。秦七那句，至少大家都能看懂不是，而且画面也很美丽嘛。所以，单纯用是否简约来判断诗词的好坏，不太靠谱。

秦七却再次无言以对。论吵架，还是黄九厉害。

其实，苏东坡并非对所有人都这么直接，对相对敏感的小朋友，还是十分委婉的。晁载之就是其中一位，这名字似乎有些熟悉，没错，他正是晁补之的堂弟，如今也就二十来岁，出于晁补之的缘故，也有幸向苏东坡学习。

苏东坡觉得这一位小晁也很有潜力，可惜稍微有点走偏，本想指正一番，然想到小晁脸皮比较薄，也一向将自己当个权威来看，若直接指出他的毛病，估计小晁会受不了。于是，向黄九求助，大约表达了这么一番意思："小晁这个孩子文章写得不错，只是过于追求奇丽，作文章应该首先做到朴实平和，在此基础上再求奇，如果一味求奇，就失了根本。我要是直接跟他这么说，怕是会挫伤他的锐气。他一向把你当朋友，不如你来说。"

苏东坡此举可谓用心良苦，粗犷如他竟也能细腻如斯。其实，苏东坡细腻的地方还多着呢。秦七回京后，顺利通过了制科考试，还做了太学的学官，后来又在馆阁供职。照理说，日子也能过得不错，奈何京城消费高，秦家孩子又多，日子还是紧巴巴的。苏东坡想伸出援手，但想到秦七太有骨气，不肯轻易接受他经济上的帮助，只好和王夫人商量尽可能在生活中接济他。于是每次秦七来苏家，王夫人都要做一桌子好菜给他改善伙食。走时，还要给他带些东西回去。秦七说不要，王夫人说你拿着，如此几个回合后秦七再说不要，王夫人就要"给他点脸色看"，秦七也只好"勉为其难"地接受。

对于其他穷朋友，苏东坡也是想方设法地接济。话说马梦得一直跟着苏东坡颠沛受穷，总算赶上苏东坡好的时候了，如今，已成了苏府管家般的存在，接济朋友一事便由他主要负责。马梦得很有济贫的经验，没事就在城里四处晃悠，若发现哪家朋友吃粥吃得勤快，就十分自觉地送些吃的喝的过去。

苏东坡和马梦得待朋友都十分大方，想攒钱估计是不可能了。苏东坡曾说："马梦得与仆同岁月生，少仆八日。是岁生者，无富贵人，而仆与梦得为穷之冠。即吾二人而观之，当推梦得为首。"大意是说："我跟老马同年同月生，老马只比我小八天。经过我的观察，这一年出生的人都很穷，如果有比穷大赛的话，估计我俩能拿个并列第一。不过嘛，就我俩来说，还是老马更穷。”

苏东坡确实没什么存款，日常开销后，多出来的钱都拿来救济朋友了。家里最值钱的大概就是字画了，小偷几番光顾也只能空手而归。

一日，苏东坡正在睡梦中，忽听到屋里有响动，便迷迷糊糊醒来了，睁开眼睛后，看见一个黑影正在屋内晃来晃去。原来是个小偷，苏东坡很淡定地看着小偷在家中翻箱倒柜，好一阵过后，小偷也没找到半两银子，竟叹了一口气，很失落的样子。小偷这模样，却将苏东坡逗乐了，他开口道："要不你把墙边的那把伞拿去吧。”小偷听到苏东坡说话，着实吓了一跳，赶紧逃走。

苏东坡对这个小偷充满了“同情”，在小本本里说：“这几日我护送魏王墓葬，得了一千钱，小偷们大概是听到了风声，接二连三地来家中光顾。有一次，竟连着两日在夜里来偷钱，然而他们大概想不到我早就将钱花光光了，哈哈哈，可怜的小偷只能空手而归。”

司马光一向崇尚节俭，听闻苏东坡这件事后立即将他树为典型。司马公说了，盗贼之所以多就是因为贪官多，若人人都像苏东坡一样只有两袖清风，就是盗贼也能改邪归正。

苏东坡如今真是想低调都不行，名望越来越高，渐渐地，还引起一阵名人效应。苏东坡喜欢戴帽子，不知什么时候开始，大家都开始学他戴帽子，还做出许多苏东坡同款帽子，名为子瞻帽。

这子瞻帽可厉害了，没文化的戴一戴就能有文化，有文化的戴一戴就更有文化，子瞻帽还是一顶帽子吗？不，那是知识分子的象征。很多人戴着子瞻帽装文化人，很是得意，然在旁人眼中却像小丑一般可笑。文艺工作者们还将这一现象编成故事，搬到戏园子的舞台上演出。

一日，苏东坡陪哲宗看戏，正好看到这样一个小品：

舞台中几个书生正在吹牛，都说自己的文章天下第一，谁也说服不了谁。这时，另一个书生出现了，他说："别争了，别争了，你们的文章都不如我的，我才是天下第一。"

众人很不服气地问："你凭什么这么说？"

只见这位书生指了指自己的帽子道："没看到我戴着子瞻帽吗？"

哲宗颇觉好笑，不由得向苏东坡望去，苏东坡却是哭笑不得。元代的陶宗仪曾作一副对联讽刺这些附庸风雅的人：

伏其几而袭其裳，岂是孔子；学其书而戴其帽，未是苏公。

意思是："伏在孔子的案几，穿上孔子的衣服，难道就是孔子吗？写苏体字，戴子瞻帽也未必就是苏公。"可见当时的人对苏东坡有多么崇拜。

说到苏东坡的字，又扯出一件趣事来。有一个叫姚麟的武人，十分喜欢苏东坡的字。奈何自己一介武夫实在没什么机会跟苏学士说话，更别说求字。他突然想起自己的好朋友韩宗儒跟苏东坡有些来往，于是请韩宗儒帮忙弄些苏东坡的字来。并且承诺，愿意用一筐羊肉来交换，只要是苏东坡写的，哪怕是一张便条也成。

当时的人都以跟苏东坡结交为荣，这韩宗儒既想表现自己，又想吃羊肉，自然是答应了。此后，他总有事没事地给苏东坡写信，然后拿着苏东坡的回信换羊肉吃。许是姚麟的羊肉十分不错，韩宗儒似吃上了瘾，频繁给苏东坡写信，其中缘由也被人瞧了出来。黄九还拿这个事跟苏东坡开玩笑："我看呀，王羲之的字叫换鹅字，你的字倒可以叫换羊书了。"

苏东坡听后，一阵大笑。

这"换鹅字"背后有这样一个故事：

王羲之特别喜欢鹅，听说一位老妇人养了一群鹅后便专程去看。老妇人听说王右军要来自己家，十分热情地做了一道大餐，大餐的名字就叫炖大鹅。王羲之看到自己喜欢的鹅居然被摆在了餐桌上，一时哭笑不得，徒呼奈何。

后来，王羲之又听说一位道士养了一群鹅，便又去看。大约这群鹅被养得十分不错，王羲之看得挪不开眼，一再表示要买下这群鹅。这道士说："鹅嘛，我是坚决不卖的，不过，如果你能替我手抄一份《黄庭经》，这鹅就白送你了。"这有何难？王羲之十分爽快地答应下来，手抄一份《黄庭经》送给道士，因这幅书法是为换鹅而作，故也被戏称为《换鹅帖》。

王羲之写了《换鹅帖》后便得了一群大白鹅，苏东坡的换羊书却是给别人换了羊肉去，这令苏东坡十分不爽，他也渐渐懒得回复韩宗儒。可惜当事人还不知道事情已经败露，一如既往地给苏东坡写信，等不到回信时还派仆人去催。苏东坡只好口头回复，仆人却说自家大人一定要书面回复才行。苏东坡想起黄九说的换羊书，忍不住笑了出来，对那位仆人说："转告你家大人，今天禁止杀羊。"

换羊书已是一件稀罕事，却还有更稀罕的。当时有一个叫章元弼的竟为了苏东坡休妻。章元弼是个知识分子，长相平平却娶了一个十分貌美的妻，新婚燕尔，夫妻二人本该如胶似漆般甜蜜，章元弼却经常将妻子撇在一旁，日夜与苏东坡的诗文为伴。久而久之，妻子终于忍无可忍，气鼓鼓地对章元弼说："我看苏东坡比我重要多了，你还不如休了我，跟苏东坡的文章过去吧。"然后，章元弼竟然真的把妻子休了。不得不感叹，粉丝们实在是太疯狂了。

苏东坡的粉丝不仅多，而且遍布中原内外，就连西夏等边境小国也盛传苏东坡的文章。一日辽使来访，在酒宴上向苏东坡祝酒："苏翰林，痛饮从今有几日，西轩月色夜来新，干了这一杯。"使者话中的诗正是苏东坡所作，苏东坡大感惊异，还在日记本里写道："没想到蛮夷们也喜欢我的诗，怪哉怪哉！”

这位使者自然是苏东坡的粉丝，还有些使者则怀疑苏东坡空有虚名，表示不服，要与苏东坡一决高下。又是一次接待宴上，一位辽国使者对苏东坡说：“在下久仰苏翰林大名，十分钦佩。今日难得一见，正好向您请教。我们大辽有一联，谁都对不出来。听说贵国以文治国，苏翰林又是一等一的人才，还请您赐教。”

苏东坡十分淡定：“请说。”

辽国使者一脸得意：“三光日月星。”

这一联确实有难度，前面的数字是三，后面跟着三样事物。数字要用数字来对，且只能对三以外的数字，后面也得跟同样数量的事物，可总共就五个字，这不是前后矛盾吗？

苏东坡听后，笑道：“这一联确实有点难度，不过‘四诗风雅颂’倒正好对得上。”

《诗经》包含风、雅、颂，雅又包含大雅和小雅，“四诗风雅颂”对“三光日月星”确实是天衣无缝。说完这一句，苏东坡又说：“‘四德元亨利’倒也能凑个数。”

辽国使者一听，心想：“哈哈，这下被我抓住漏洞了吧，《易经》中的四德不是元亨利贞吗？没想到传说中的苏翰林居然会犯这么低级的错误。”于是站起身来，准备好好反驳一番。苏东坡似乎看穿了使者的心思，又笑了笑：“阁下是否以为我少说了一德，你我两国素来友好，应该知道我没说的那一德正是我朝仁宗皇帝的名讳，这一德又怎么能直说？”

仁宗皇帝即赵祯，“贞”与“祯”同音，自然不能直接说出。辽使话到嘴边却被苏东坡硬生生憋回去，说不出地难受，脸色青一阵白一阵，想想自己为了刁难苏东坡，遍历整个大辽才找到这么一个上联，自以为出了难题，没想到对方轻而易举就能对上，而且一对就是两联，这简直太没面子了。辽使觉得自己应该再做些什么，于是又提议当场赋诗。

这位使者喜欢作诗，自视甚高，认为在作诗这个领域里难有敌手，心想，这次一定能扳回一局，把丢了的面子全部找回来。跟谁较劲不好，非要跟苏东坡较劲，大宋没几个人想跟苏东坡比文采，更没几个人敢跟苏东坡打嘴仗。辽使这点小心思，反而激起了苏东坡的玩心，这下好了，更没面子的事马上就要来了。

只听苏东坡说："作诗倒不难，依我看，读诗才难。"

在座的各位面面相觑，不知道苏东坡葫芦里卖的什么药。苏东坡则十分淡定地让下人拿来笔墨纸砚，写下十四个字来：赏花归去马如飞酒力微醒时已暮。

这十四个字被苏东坡写成一个圆形，众人一看不知意思，辽使更是看不懂，只好请教苏东坡。原来这是一首回文诗，应该这么读：

赏花归去马如飞，去马如飞酒力微。酒力微醒时已暮，醒时已暮赏花归。

众人"原来如此，妙哉妙哉"地感叹了一番。之后，苏东坡又带大家读了好几首诗，辽使大开眼界，深感佩服。苏东坡这一番操作，可谓谈笑间，樯橹灰飞烟灭。

京都文化圈藏龙卧虎，苏东坡身在其中，时常与高手们过招，过瘾极了。一日，刘贡父请苏东坡去家中小聚，苏东坡去后发现不少同事都在，其中就有姜至之。一群人喝酒聊天，聊着聊着，有人突然出招。

姜至之对苏东坡说："苏公是一味药。"

以苏东坡的经验，姜大人这是要跟他玩文字游戏了，却一时没看出这是个什么游戏，便问为什么。姜至之笑道："因为子苏子啊。""子苏子"谐音紫苏子，紫苏子正是一味药材。苏东坡听后，不由得捧腹："姜大人，你也是一味药，不是半夏就是厚朴。"

姜至之听后一脸不解，苏东坡对这个表情十分满意，继续说道："若非半夏厚朴，何以姜制之。”“姜制之”谐音姜至之，半夏和厚朴都是药材，经常和生姜一起熬制成药汤。苏东坡的意思是你若不是这两种药材，为什么要用姜来熬制？

苏东坡这一招接得十分妙，众人听后不由得拍手叫好。

过了一会儿，苏东坡因家里有事要先走一步，刚要出门，刘贡父又出招了，只听他说：“幸早里，且从容。”这乍一听意思是幸亏时间还早，你且从容一点，别着急。但在这个神仙打架的场合，这句话怎么可能这么单纯？你得这么读：杏枣李，且苁蓉。杏枣李都是水果，苁蓉是药材，六个字中有三种水果和一种药材，这是出对联呢！

苏东坡听出了其中意思，高声道：“奈这事，须当归。”说罢，扬长而去。这意思是说，虽然时间还早，奈何事情紧急，我该回去了。当然，苏东坡真正说的是：柰蔗柿，须当归。柰蔗柿为水果，当归是药材，这一句同样包含三种水果一种药材。

过阵子，刘贡父又出招了，单独请苏东坡吃皛饭，这个皛饭苏东坡没吃过，虽隐约觉得不怎么好吃，奈何十分好奇，于是，兴冲冲地去赴约。到了刘家，却发现桌上只有一盘萝卜、一盘米饭还有一盘盐巴。苏东坡这才明白过来，原来这皛饭就是三白饭，说起来，这三白饭还是自己推荐给刘贡父的。

苏东坡曾跟刘贡父吹牛，说三白饭是世界上最好吃的饭，自己当初与子由在怀远驿中备考，日子过得非常充实，虽然每天只吃三白饭，但那个味道胜过世间所有山珍海味。刘贡父就问什么是三白饭，苏东坡答：“盐巴一盘，萝卜一盘，白饭一盘。”

此刻，刘贡父请苏东坡吃的正是“这世上最美味”的三白饭，还问苏东坡：“好吃吗？”苏东坡连连点头：“好吃好吃。”所谓来而不往非礼也，过几天后苏东坡回请刘贡父吃毳饭。刘贡父十分爽快地答应，心里暗暗想：“我倒要看看这个毳饭究竟是什么。”

刘贡父到苏家后，苏东坡却迟迟不上饭，一直与他喝茶聊天。刘贡父等急了，只好主动问苏东坡："子瞻啊，毳饭准备好了吗？"苏东坡却说："快了快了，再等等。"然而左等右等，就是等不来毳饭，刘贡父只好再问，苏东坡依然说："快了快了，再等等。"如此三个回合后，苏东坡才带刘贡父走向餐桌。

"终于好了，要做这么久，想来这毳饭十分不一般。"刘贡父极饿，对毳饭的期待值几乎达到顶峰。可当他来到餐桌后，发现桌子上竟然空空如也，一双眼睛满是疑惑和失望。这时，苏东坡笑道："菜也毛，饭也毛，盐也毛，您请您请。"

毛就是没有的意思，三毛饭就是啥也没有，刘贡父这才反应过来，哈哈大笑："好个苏子瞻。"吃了三毛饭后，苏东坡才命人送来饭食美酒，刘贡父也终于填饱了肚子。

苏东坡擅长见招拆招，更擅长拐着弯地骂人。

一日，苏东坡去拜见吕公著，左等右等就是不见吕公著出来，便问仆人原因。这才知吕公著本来在午睡，听到苏东坡来后才缓缓起床，此刻正在慢悠悠地穿衣服。好个贪睡的吕公著，让我好等，苏东坡暗自感叹一番。这时，他看到吕公著家中养了一只绿毛龟，坏主意便来了。好一阵后，吕公著终于出来了。苏东坡问他："大人家中养的是什么龟？"说到这只乌龟，吕公著来了精神："这是一只绿毛龟，特别罕见，据说已经活了好几百年了。"

"依我看，绿毛龟算不得稀罕，真正罕见的应该是六眼龟。"苏东坡开始一本正经地胡说八道，吕公著却信了，十分惊讶道："世界上居然有六只眼睛的乌龟？"

苏东坡继续一本正经："有啊，唐庄宗就有一只，是一位大臣献给他的。唐庄宗还问献龟之人'六眼龟有何特别之处啊'，这人便说普通乌龟只有一双眼睛，六眼龟有三双眼睛。因此，六眼龟睡一觉，可比得上普通乌龟睡三觉。"吕公著这才反应过来，苏东坡这是骂自己贪睡呢，二人四目相对，一阵大笑。

又一日，一位诗人来拜访苏东坡，还当着苏东坡的面十分有感情地朗诵了一首自己的诗，读完后，颇有些得意地问苏东坡：“大人，您觉得我这诗怎么样？”苏东坡很给面子地说：“足有十分美。”听苏东坡这么说，这位诗人特别开心，脸上的笑意藏都藏不住。谁知这时，苏东坡又说：“七分朗诵三分诗。”

苏东坡如今的生活看起来既丰富又精彩，似乎时来运转，要什么有什么。事实上，他虽在文坛如鱼得水，在政治上却一如从前地不如意。这还得从神宗驾崩时说起，从司马光说起。

第十二章

元祐党争

司马光，字君实，自小就是品学兼优的三好学生。学习上，刻苦勤奋，白天学不够，晚上还要继续用功，学识丰富，治学严谨，在文化圈数一数二。生活上，艰苦朴素，有时节约得近乎抠门，不近女色，道德感极强。工作上，恪尽职守，以百姓天下为先，刚正不阿，仁宗、英宗、神宗三代帝王都对他十分倚重，是名副其实的三朝元老。

熙宁变法初期，最核心的两个领导便是神宗与王安石，一君一臣皆是铁腕，新法推行得十分强势，朝堂一片混乱，百姓怨声载道。作为深孚众望的三朝元老，司马光是最应该做些什么的人，于是他带领群臣反对新法。

可神宗不听，王安石更不听，眼看大势已定，司马光只好在变法的前提下提出一些合理建议，希望新法能够最大限度地发挥作用，规避伤害。结果是，这些建议再次被忽略。因为变法，朝中挤满新进小人，而那些一心为国、不惜冒死进谏的忠良却被一个个贬出朝堂。愤怒、无奈、憋屈，种种滋味，都被司马光尝了个遍。攒够了失望，也就该离开了。于是某天，司马光递上辞呈，毅然辞职，从此退居洛阳，若非对新法失望透顶，他不会连上五道奏折请辞，更不会十几年来一言不发。如他所料，百姓的日子果然越来越苦。

这都是新法造成的，司马光十分气愤。如果有机会改变这一切，他一定会牢牢抓住，可年近古稀的他，还能有这样的机会吗？答案是：有。

1085 年（元丰八年）三月初五，神宗病逝，司马光悲痛万分，进京吊唁。这年，司马光六十七岁，退出朝堂已有十五年。这些年来，司马光虽人不在江湖，江湖上却一直流传着关于他的传说，一入开封就被眼尖的百姓认出，老百姓惊喜地说："这是司马相公啊。"接着便奔走相告，一时间，司马光所到之处尽是前来围观的百姓，以至于车马都无法通行。百姓们哭着对司马光说："您这次回来就不要再走了，留在这儿给天子做宰相，给我们一条活路。"

司马光百感交集。

神宗去世后，因哲宗年幼，便由神宗的母亲高太后暂管朝政。高太后，小字滔滔，宋仁宗时，被曹皇后接入宫中抚养。曹皇后出身将门，处事谨慎又敢作敢为，性情温和，颇通诗书，十八岁时被宋仁宗的养母杨太后看中立为皇后。只可惜优秀如她却相貌平平，又没有孕育子女，宋仁宗对她敬重有余怜爱不足，一直宠幸其他貌美的妃嫔。要换一般的妃嫔早该着急了，可这曹皇后却十分淡定，不吃醋，不争宠，甚至没一丝怨气。平日里，要么种种花草，要么练练书法，总有事情做。只是，一个人的日子多少有点寂寞，于是将自己的外甥女高滔滔接入宫中抚养，待之如亲生女儿一般。受曹皇后影响，高滔滔也十分节俭娴静，温婉大方，骨子里也有那么一股敢作敢为的魄力。

宋仁宗虽有不少貌美的妃嫔，但一直到二十好几都没有子嗣，好在侄子倒是一抓一大把，于是将皇兄濮王的第十三个儿子过继了来，赐名赵宗实。那年，赵宗实才三岁。日子一天天过去，赵宗实的优良品质也渐渐显露出来。不仅孝顺尊亲，对兄弟们也十分宽厚友爱，又极爱读书。虽为皇亲，却没有一点皇室弟子的优越感，平日里穿着朴素，且十分注重礼数，倒像个普通读书人。

因都在宫中养着，年纪又一般大，赵宗实与高滔滔自小就在一起玩，随着年龄的增长，二人渐渐生出一股别样的情愫。这一切被宋仁宗和曹皇后看在眼里，他们觉得这两个孩子性情投契，十分合适。男大当婚，女大当嫁，十六岁那年，二人在宋仁宗和曹皇后的主持下喜结连理。因一个是宋仁宗的养子，一个近乎曹皇后的养女，二人的结合也被不少人戏称为"天子娶媳妇，皇后嫁女儿"。

二人大婚时，赵宗实还只是一个小小的岳州团练使，虽也是很多人眼中的准太子，但直到二十七岁还未被立为储君。彼时仁宗已经四十九岁，韩琦、包拯等都向仁宗提议立嗣之事，然毕竟不是亲生，仁宗总有些犹豫，又加上刚好有妃嫔怀孕，便说再等等吧。结果，又等来一位公主。生了公主，仁宗依然不想立储，直到四年后身体欠安，才立赵宗实为太子，赐名赵曙。次年仁宗去世，赵曙登基，是为宋英宗，同年，高滔滔被册立为皇后，曹皇后被尊为太后。

赵宗实与高滔滔的感情非常好，二人育有四子四女，赵宗实做了皇帝后也只有高滔滔一个女人，后宫空空如也。曹太后还暗示滔滔，得给官家选几个妃嫔。这令滔滔很不高兴："我嫁的是十三团练，没嫁过什么官家。"册立妃嫔之事，英宗本人也并不热情，一个君临四海，一个母仪天下，却只为彼此相守，这样的深情便是在寻常夫妻中也很难得。

滔滔虽贵为皇后，然平时节俭自持，十分低调。历来妃嫔们一旦得宠，便大力提拔娘家人，高滔滔却反其道而行之，英宗想给小舅子高士林升官，高滔滔表示士林能在朝做官已是过分恩典，恩典再多就是逾矩，能得英宗如此深情，不无缘由。可惜好景不长，英宗做了三年皇帝后就大病不起，朝中政务也落在了曹太后与高滔滔的肩上。曹太后年事已高，因而，重大事件几乎都由高滔滔处理，那时的高滔滔就已表现出十分优秀的政治才能。

次年，英宗便英年早逝了。

接着，长子赵顼即位，是为宋神宗，神宗尊曹太后为太皇太后，尊高滔滔为太后，为了表示孝顺，多次要为母亲的娘家人修建豪宅，结果被高太后一一拒绝。最后，神宗只赏了一块空地，由高太后娘家自己出钱建宅子，整个过程没有用国家一分钱。

神宗对母亲高太后非常尊重，也时常向母亲请教治国理政之道，自然也包括变法这件大事。高太后觉得此举锐意激进，十分不妥。然这终究只是个看法，她谨守本分，并没有真正阻挠过神宗。1085 年（元丰八年）正月，西夏战事惨败，神宗深受打击竟一病不起，朝堂再次乱作一团，高太后也再次出来主持大局。

彼时，神宗只有三十八岁，尚未立储，皇子都还年幼，蔡确等人便想拥护神宗的两位兄弟雍王、曹王为储君。与此同时，这两位王爷也时常去高太后处探口风，还说要在神宗旁边伺候，可怜神宗已经连话都说不出来，只能愤怒地望着他们。

时局紧张，高太后当机立断，禁止两位王爷随意出入皇帝寝宫，同时让内宦赶紧缝制一件十岁小孩穿的黄袍。三月一日，高太后垂帘听政，当着文武百官将皇子赵佣狠夸了一顿，说他聪明好学，已能背诵《论语》，且写得一手好字。又说赵佣十分孝顺，自神宗病后就一直抄写佛经为父祈福。一边说一边将赵佣抄写的佛经拿给群臣看，还令赵佣面见群臣。年仅十岁的赵佣很争气，表现得既大方又得体，群臣称贺，高太后顺势立赵佣为储君，就此平定立储之争。

两个月后，赵佣改名赵煦，即皇帝位，是为宋哲宗。因哲宗年仅十岁，不能亲政，高太后便继续垂帘听政，辅佐幼主。一朝天子一朝臣，高太后想废除新法，起用旧党，恢复仁宗年间的太平气象。神宗去世后十天，高太后便召司马光回京，拜其为副相。

京都百姓的愿望实现了，司马光不走了，要留下来给天子做宰相了。一日，司马光去拜见当时的首相，百姓们又纷纷奔走相告，聚在相府门口，还有人爬树爬屋顶，为的就是看司马光一眼，场面一度十分混乱。

司马光回京实在是民意所向，众望所归。

与高太后一样，司马光认为百姓如此疾苦正是因为神宗错用王安石变法所致，此次回京，他要改正这个错误。怎么改？废除所有新法。高太后虽十分赞同，但觉得神宗刚去世就大改其法似乎不大合适。司马光则说高太后是神宗的母亲，母改子政十分说得过去。有人觉得不妥，认为“以母改子”若说得过去，“父子义”就更说得过去了。哲宗虽然年幼，却终有亲政的那天，若那时有人以“父子义”教唆他恢复神宗之治，又当如何？司马光却表示上天若保佑大宋，定不会出现这样的事。

这句话实在没有道理，这不就是要听天由命吗？显然，司马光在打哈哈。总之高太后是赞同的，并将此事全权交由司马光处理。接着，司马光宣布废除所有新法，此言一出，朝堂又热闹了起来。

有人反对，有人拥护，反对者认为，新法也有可取之处，废除可以，但废得连渣都不剩就有些过了。拥护者则认为司马公说得对，这群人很识时务。事实上，保甲、保马、方田等新法危害十分明显，因此在废除过程中并没有多少反对意见。争议最大的，是免役法。

免役法是对差役法的改革，差役法规定除贵族阶层外所有老百姓都必须服役，比如之前提到的衙前之役，只要朝廷需要，百姓就得立刻响应，服役的不确定性大大降低了百姓种田的积极性，农事活动受到很大影响。针对这一情况，王安石提出一个办法：有钱的出钱，有力的出力。具体来说，不想服徭役的百姓交一部分免役钱，由官府集中雇人服役，这便是免役法。免役法还规定，那些原本有免役特权的贵族官僚也要出免役钱。

这项新法实在是好处多多：第一，解放生产力，交了免役钱的百姓可以全身心种田，有助于农业发展；第二，提高就业率，贫苦百姓可以多服徭役挣钱，降低贫困率；第三，富国富民，收免役钱，可提高国家财政收入。此外，官僚地主等有钱人也要分摊免役钱，百姓负担大为降低。

事实上，刚开始推行免役法时，老百姓们个个欢欢喜喜，谁知日子久了，各种各样的毛病也出来了，更有官员暗中提高免役钱，百姓不堪重负，终致怨声载道。很多人认为免役法虽有一些问题，但并不伤及根本，只要稍加完善，依然是利国利民的好法，因此反对废除免役法。司马光表示，反对无效，坚持废除免役法。

就在这时，苏东坡回到京都。

因反对新法，苏东坡差点死在乌台大牢，他完全有理由认为，自己的苦难都是新法造成的，然他不是自私的李定，更不是一个狭隘爱迁怒的人。虽嘴巴毒得很，心中却装不下仇恨。苏东坡觉得，过去的已经过去了，眼下既已回到朝堂，就得为国家民生计，管他新法旧法，能让百姓过好日子就是好法，像青苗法这样危害极深又极难修补的法就当废除。相反，免役法虽也好坏参半，但坏处尚可挽救，整体来说要比之前的差役法好，应当保留。

回京前，苏东坡还将自己的观点细细整理了一番，迫不及待地想说与司马光听。与此同时，司马光也十分想念苏东坡，这位曾经与他并肩作战、反对新法的好战友。然此次见面十分不快，司马光很失望，他没想到苏东坡竟转变为变法派。苏东坡更失望，他发现司马光变成了当初的王安石，听不进去一点反对意见。

说起来，司马光与王安石还真有许多相似之处。除了固执得不相上下外，在洁身自好这一领域内也是彼此难得的知己。北宋时，纳妾之风非常严重，王安石和司马光却从不纳妾，皆与发妻一生厮守。似他二位这样的，还真难找出第三个人来。

王安石的夫人总说要给王安石纳妾，王安石也总是黑着脸拒绝。王安石的夫人却不肯放弃，认为丈夫只是担心自己挑的妾太丑。一日，她偷偷买回一个十分貌美的妾，想给丈夫一个惊喜。王安石看到屋里突然多了一个美女，便问她是谁，为什么待在自己屋里。女子说，是夫人让她前来侍候，又说自己的丈夫本是个将军，因得罪朝廷欠了一大笔钱，家里还不起，便将她卖了还债。王安石对女子的遭遇深感同情，让女子的丈夫将她领回，又给了他们一笔钱，希望这笔钱能帮他们渡过难关。此后，王安石夫人再不给王安石纳妾了。

司马光在这方面的操守甚至更高，夫妇俩一直没有孩子，司马光的妻子和岳母都十分着急，还想方设法地给司马光纳妾，结果，被司马光严词拒绝。没有子嗣在古代是一件十分难堪的事情，司马光却并没有因此埋怨冷落妻子，也没有纳妾，只是过继了一个孩子，与妻子一生厮守。

想当初，司马光说王安石“一言堂”，如今他自己竟跟王安石一样，听不得反对意见。苏东坡倒还跟以前一样，又成了公然挑战权威的那个。事实上，旧党中吕公著、李常等司马光的好友也认同苏东坡的观点，只不过这些人表达完观点后，若发现司马光听不进去也就不再说什么了。然苏东坡不行，他认为对的就一定要坚持到底，非常“没眼力见儿”。

一次公开议政时，苏东坡再次与司马光争论起来，司马光十分不悦，露出十二分不耐烦，试图用自己强大的气场堵上苏东坡的嘴巴。苏东坡见状，立即回敬道：“当年，司马公做谏官时曾与宰相韩琦争论，韩公不悦，司马公依然直言相谏。如今司马公做了宰相，却不让别人说话了吗？”

司马光被说得有些不好意思，表示你说你说，心里想的却是“反正我不听”。苏东坡费了一番口水，发现司马光依然固执得像头牛一样，气得直呼“司马牛，司马牛”。当然，这是他下班回家后偷偷说的。

苏东坡的另一位好友则比苏东坡的性子还烈，自司马光回京后就一直与司马光吵个不停。此人正是章惇，章惇为人，孤傲清高，胆子大，骨头硬，虽是坚定的变法派，然很少与变法新贵同流合污，乌台一案，更是不顾时局紧张，公然为苏东坡说话。为官二十多年，政绩显著，手段强硬，司马光回京时章惇正任枢密使，是宰执之一。

章惇与司马光的争执主要有三次。

第一次因为提拔官员。

司马光越过同为宰执的章惇提拔范纯仁、范祖禹、苏辙等为谏官。章惇很生气，向太后抗议：“谏官上任，历来都需要先通过多位大臣推荐，然后由宰执团队确认是否任用。可如今，谏官们都上任了，我这个宰执还没有看到推荐名单。谏官的任免什么时候这么随意了，只需太后左右的人推荐就可以？”

太后表示：“不是这样的，确实是大臣们共同推荐的。”

章惇又说：“既然如此，那就大大方方地公开，为何要偷偷摸摸的？”

司马光表示：“范纯仁等任谏官是众望所归，不能因为我推荐不当就挡住他们的晋升之路，如果非要罢免他们，那我宁可辞职。”

章惇：“司马公自然不会徇私舞弊，但陛下还年幼，将来亲政后万一遇到奸臣执政，也像司马公一般随意任用身边亲近之人，不就乱套了吗？

司马公，不可开这个先例啊。”

高太后觉得章惇说得有些道理，于是将此次提拔的部分谏官改任他职。这一次，二人大约打了个平手。

第二次因为西夏。

1081年（元丰四年），西夏内乱，真正掌权的是以梁太后为首的梁氏家族，夏惠宗眼看大权旁落便向宋神宗求助：只要神宗助他夺回皇权，就将河南等地割让给宋。这个条件十分诱人，因为夏惠宗说的这块地包括了河套平原，那是西夏的经济命脉。

神宗十分激动，觉得机会来了，几乎以举国之力向西夏进军。这也是北宋史上规模最大的战争，史称元丰西征。此战若胜，西夏可定，北宋可扩疆，经济也能繁荣不少，恢复汉唐雄风指日可待。神宗素有大志，对这次战争的期望非常高。

于是，五十万大军兵分五路，浩浩荡荡向西夏攻去。宋军一向软弱，这一次却异常勇猛，势如破竹，捷报连连，直捣西夏腹地。神宗大喜，这也说明王安石变法确实提升了北宋的整体军力。此一战，尤以中路统兵刘昌祚最为勇猛，他一路攻到灵州城，速度之快令西夏军措手不及。彼时，灵州城门尚未关闭，刘昌祚便想一鼓作气，将其拿下，西夏军十分绝望。然就在这时，突然传来撤军的命令。

刘昌祚深知军机不可延误，只要拿下灵州城，战胜西夏就已成功一半。可惜这是在北宋，将在外也必须以君命为是，撤军命令正是刘昌祚的顶头上司高遵裕传来的，此人还是皇亲，刘昌祚不得不服从命令。

受祖宗家法影响，神宗对武将们非常不信任，于是任命身边亲信之人监管此次战争，及时传达自己的命令，高遵裕正是其中一人。高太后曾劝神宗此人气量狭小，喜欢跟别人抢功劳，一旦有差，后果不堪设想，只能做副将不可为主帅。神宗不听，就此埋下祸根。

果如高太后所料，刘昌祚胜利在望时，高遵裕的眼睛又红了，命刘昌诈撤兵实则是想自己攻城抢夺军功，一通操作给足西夏搬救兵、搞小动作的时间。待高遵裕到灵州城时，灵州城已牢不可摧，又逢宋军粮道被劫，士气深受打击，自然是败了。

再后来，宋军全线溃败。

那一战，机会难得，神宗几乎押上全部家当，一路告捷却在关键时刻反胜为败，这样的打击是毁灭性的，神宗一病不起乃至英年早逝。

元丰西征虽以失败告终，但也因此占领了安疆、米脂、吴堡等地，西夏也被打得气息奄奄，短期内不敢再有小动作。

此刻，章惇与司马光正因西夏被占领的那些地吵了起来，司马光觉得那场战争本就是为解救西夏国君而发动的，咱们却顺便将别人的土地占了，这就有点不讲理了，应该将地还给人家。司马光极重礼数，又认死理，试图彰显大国风范，用爱感化西夏。

章惇觉得这些地方是将士们浴血厮杀才夺来的，如今却要拱手送人，这是什么道理？再者西夏阴险狡猾，跟这群蛮夷讲道理不是太可笑了吗？然朝中旧党，也就是保守派们都支持司马光割地。割地求和，简直耻辱，章惇快气死了，背地里骂司马光是个软弱无能的村夫子。

高太后也是个保守派，与司马光站一边，这一次，司马光完胜。

第三次因为免役法。

司马光坚持废除免役法，并打算在五日之内完成。章惇表示反对，他十分详细地分析了免役法的利弊，认为免役法好处多于坏处，应该保留，同时提醒司马光就算真的要废除免役法也当从长计议，慢慢施行。章惇认为，熙宁初年推行免役法时，速度太快以至于百姓不能适应造成不少危害，如今又要在短短五日内废除，恐怕会重蹈熙宁覆辙，若慢慢废除，或许还可行。

司马光却十分固执地认为，时间是最好的证明，新法已经失败，应该尽快回到变法之前的样子。二人争得面红耳赤，政见之争竟变成了单纯的吵架，章惇十分激动，对司马光撂下狠话：“谁怕谁，就算是吃剑，我也愿意奉陪到底。”太后一向敬重司马光，可章惇竟当着她的面这么说司马光。太后很生气，正逢御史台弹劾章惇，便顺水推舟将章惇贬出朝堂。

变法派的人被赶出了朝堂，还是最硬核的一位，而这只是个开始。

儒家认为，贤臣治国，小人祸国，君主最要紧的是亲贤臣，远小人。何谓贤臣？何谓小人？简单来说，与我站一边的是贤臣，站我对面的是小人。这似乎很不讲道理，然这其中确实有道理可讲。

很多士大夫以治国平天下为己任，学识丰富，私德甚佳，自然是贤臣。然即使是这群人，在一些重大政治主张上往往形成两个极端，然他们又都十分自信，互相觉得对方会动摇社稷根本。因而，在祸国这个角度，成了彼此眼中的小人。贤臣们认为必须要压制小人甚至将他们赶出朝堂，如此，国家才会长治久安，百姓方能安居乐业，这便是儒家提倡的贤人政治。当然，那些品行本就不端的小人就更应该被赶出朝堂了。

贤人政治很快就搞起来了，山雨欲来风满楼，这股风正是高太后刮起来的。司马光回朝后，紧接着苏东坡、苏辙、吕公著等保守派人物也一一回朝。这令蔡确很紧张，作为新党，也就是变法派，他隐约觉得自己的好日子要到头了，于是决定先下手为强。

立储之时，蔡确就不安好心试图拥护两位王爷为新君，计谋失败后又反过来拥护哲宗，还污蔑高太后有废哲宗的意思，就为争一个策立之功，那时高太后对他已经十分不满。如今眼见大势已去，蔡确又开始四处散播谣言，又说高太后想废哲宗，还在背地里搞起了小动作。这高太后能忍吗？当然不能，于是在 1086 年（元祐元年）闰二月，将蔡确贬到陈州做官。

蔡确从首相变成地方官，心情一直十分郁闷，经常四处游览散心。三年后（1089 年，元祐四年）的某天，蔡确来到了车盖亭，据说李白经常与友人来此游览，故这车盖亭又叫太白亭。此处风景不错，蔡确诗兴大发，一下子写了十首绝句。

这些诗正好被蔡确的仇人吴处厚知道了，这下可不得了了。蔡确是个十足的奸臣小人，为了升官，不惜制造冤假错案，亏心事做了不少，也因此得罪了不少人，吴处厚就是其中一位。很快，蔡确的这位旧相识就效仿李定制造出一桩文字冤案，说蔡确的诗大有问题。

大约是说蔡确不满朝廷处置，怀恨在心，诅咒国运走衰，曲解程度不亚于乌台一案。举个例子，蔡确诗中有一句“睡起莞然成独笑”，吴处厚觉得这个“独笑”很有问题，如今政治清明，有什么好笑的，还独笑。最严重的是第十首诗，此诗居然污蔑高太后效仿武则天，简直大逆不道。于是，事情闹到了皇上面前，小皇帝令蔡确申辩，蔡确也解释得十分清楚。旧党中刘安世等人却说罪状明显，没什么可解释的，真正掌权的又是不喜欢蔡确的高太后，于是蔡确再次被贬到河南。刘安世等人觉得这样的处罚太轻了，于是再次弹劾蔡确，这一次，蔡确被贬到有人间炼狱之称的新州，岭南境内。旧党中范纯仁、吕大防等人都觉得处罚过重，蔡确毕竟是曾经的首相。于是向高太后求情，大约说蔡确母亲年事已高，岭南那么远，老人家怎么走得动，不如换个地方。高太后十分坚定地表示“山可移，此州不可移”，对蔡确已然恨之入骨。

范纯仁很担心，他觉得此番处罚太过严重，新党一旦得势，旧党也不免有此一天。苏东坡的另一位好友晁美叔也说：“蔡确作恶多端，就是杀了他也不可惜，只是不该以说话作诗定一个人的罪。再说，蔡确毕竟是个宰相，影响深远，将来再要后悔怕是来不及了。”

多年后，哲宗亲政，二人的话果然应验，当然这是后话。

车盖亭一案，旧党借机捕风捉影，对新党进行毁灭性的打击。新党核心人物如章惇、韩缜、李清臣、吕惠卿等被一贬再贬，尤其是已经被贬的章惇，父丧期间也不断受到旧党打击，最终贬至岭南，还与变法派的蔡确、韩缜被列为三奸。其余新党人士也受到攻击，纷纷降职。神宗去世后第二年，高太后改国号为元祐，因新旧党争发生在元祐年间，故也被称为元祐党争、元祐更化。

乌台一案虽也轰动一时，但真正被打击的只有苏东坡一人，其余受罚重的也就苏辙、王巩、王诜三人。而车盖亭一案则几乎打倒了新党所有人，成为北宋最大的文字冤案。新党怀恨在心，怨气一天比一天重。

话说回来，车盖亭一案虽然是三年后的事，可自蔡确被贬陈州后，新党的日子就越来越不好过，最主要的原因是他们都曾是新法的积极拥护者，是旧党的敌人。苏东坡如今反对废法，似乎也是旧党的敌人，怎么就幸免于难了呢？这一来，苏东坡毕竟也是个旧党，虽也反对司马光，但毕竟不像章惇那般动不动以命拼之，满身戾气；二来，司马光人品端良，又与苏东坡交情深厚，不至于因政见不合就大肆打压苏东坡；三来，高太后很欣赏苏东坡，虽然司马光的追随者们已十分讨厌苏东坡，但只要有她在，谁也动不了苏东坡。

因此，苏东坡还能待在朝堂之上，且安全得很。不仅如此，还要继续参与废除新法一事，去废法机构上班。苏东坡的这个班上得十分头疼，这里上班的官员们大都是司马光的追随者，成天围绕怎么更好地推进废法工作进行讨论，只有苏东坡依然坚持免役法不可废，一上班就跟同事们吵架，十分不合群。

苏东坡啊苏东坡，你为什么总要反对权威，还反对得不彻底？当初对王安石是这样，如今对司马光也是这样。说你反对废法吧，你觉得青苗法危害颇深，必须废除。说你支持废法吧，你又说免役法比原来的差役法好很多，必须保留。说你嘴巴毒吧，然真正让你打击个谁，你又没那个狠心，总认为大家各有利弊，应该广开言路，谁对听谁的。似你这般求民主，弄得个里外不是人也就不足为奇了。

说起来，弟弟苏辙倒比苏东坡更适应官场，虽也反对司马光废除免役法，但眼见司马光拗得像牛，便不再做无用之功。做谏官后，对吕惠卿、蔡确、章惇等新党人士毫不留情，一直弹劾将他们贬出朝堂。

然这样的手段，苏东坡是学不来的，他很郁闷，当初王安石“一言堂”，有一群追随者跟着说好。如今司马光“一言堂”，又有一群人说司马光好。这种人云亦云、权威即真理的气氛令苏东坡十分苦闷，他觉得这份工作越来越不开心了，想辞职。于是，写好辞职报告呈了上去，结果，被拒绝。

“那就再坚持一阵子吧。”苏东坡这么想着，继续留在朝堂。免役法还是被废除了，且如司马光所愿只用了五日，执行者是蔡京。司马光特别高兴：“要是人人都能似蔡京一般少说话多做事就好了。”朝中最不缺的就是迎合司马光的人，蔡京不过是其中的佼佼者。多年后，这位司马光眼中的得力干将，靠着谄媚奉上、见风使舵的功夫直做到宰相，祸国殃民，毫无底线，成为和童贯齐名的大奸臣，民间还有歌谣讽刺二人：打了桶（童贯），泼了菜（蔡京），便是人间好世界。司马光一心废法，也有看走眼的时候。

有了蔡京这样的“得力干将”，加上高太后的支持，废法大业十分顺利，一切都朝着司马光的意愿前行。只可惜这位已过花甲的老人最终没看到新法被彻底废除的那天，司马光回朝不足两年就病逝了，那是1086年（元祐元年）九月。

司马光的离开令高太后十分悲痛，朝中群龙无首，新法也还没有完全废除，谁来当宰相，这是一个问题。高太后一直记得仁宗说苏东坡是太平宰相，她本人也是苏东坡的书迷，可目前来看苏东坡不大适合做宰相。首先，苏东坡与高太后政见不完全一致，若真做了宰相，估计很难如高太后期望的那样废除所有新法。其次，苏东坡话多心软，太过民主，镇不住朝堂，或许时机还不到。高太后思来想去，觉得宰相之位还是暂时空着吧。毕竟，变法派们已不成气候，朝堂也算稳定下来了。

事实却并非如此，新党虽被压制，旧党内部又开始斗争，还新分出三个党来。

高太后掌权后一边要处理国家大事，另一边也要好好培养小皇帝。第一件事就是给他找最好的老师。第一位老师是学识渊博的程颐，还是司马光推荐。

程颐是程颢的弟弟，程颢与苏东坡同科及第，程颐却在那年落榜了。此后程颐放弃科考，师从理学大家周敦颐（写“出淤泥而不染，濯清涟而不妖”的那个周敦颐），一心搞学术研究。程颢则一边做官，一边也拜师周敦颐，兄弟俩倡导的学术思想一致，自成一派，因他二人是洛阳人，时人便将他们开创的学派称为洛学。二人不相上下，并称“二程”，正是程朱理学中的程（朱指写“问渠那得清如许？为有源头活水来”的朱熹）。程颐二十岁时就接纳门生，传道授业解惑，门下弟子非常多。因程颐十分讲究规矩，弟子们也深受影响。

据说一日，游酢和杨时来拜访程老师，到程颐家时，发现程老师正在睡觉，二人不忍打扰就在门外等候。谁知，天下起了大雪，等程颐睡醒后，门外的雪已积了一尺，两位学生也成了雪人，这便是程门立雪的故事。

1085 年（元丰八年），程颐五十三岁，已是鼎鼎有名的大儒，有才华有名望，司马光敬重其学识人品，便荐他入朝给天子当老师，程颐也由小小布衣一跃成为无比荣耀的帝王师。

有规矩是好事，但程颐太过有规矩，以致有些迂腐，总是不苟言笑，一副学究模样。一日，程颐与小皇帝一起喝茶，当时正是春天，年仅十一岁的哲宗就折了一柳枝玩，程颐的脸色瞬间不对了，当下训起小皇帝来：“春天正是万物生长的日子，折柳会摧毁生命，更会伤了天地间的和气。身为一国之君，一定要有一颗仁爱之心，更要从小事做起，从不折柳做起……”

不就是折了一枝柳嘛，如此小题大做，哲宗很不开心，一气之下将柳枝扔在了地上。就连司马光都觉得程颐太过迂腐，十分后悔举荐他。

程颐的迂腐却不止于此，司马光的丧礼正是由他主办。举行丧礼时，司马光的儿子本来要待在灵堂，向前来吊唁的客人还礼，程颐却说这不合礼数。原因是，做儿子的应该十分悲痛才显得孝顺，应该悲痛到不能见客人才是，怎么能出现在灵堂呢？司马光去世那天，哲宗正好率领百官迁神宗灵位入太庙，祭祀大典一直举行了六日，这六日里司马府十分冷清。因此，祭祀一结束，百官们就赶紧去司马光府上吊唁，谁知，程颐又站出来了，说：“不合适不合适，《论语》说了，哭则不歌，今日祭祀刚唱完歌，不能再去相府哭吊司马公。”

众人："没事没事，别搞那么复杂，还是去吧。"

程颐："不行不行，这不合礼数。"

如此几个回合后，众人十分无奈，脾气大的开始反击程颐："《论语》说哭则不歌，没说歌则不哭。"程颐摇摇头，继续苦口婆心地劝大家要守礼，坚持不能既哭又歌。

苏东坡也忍不住了，毒舌起来："真是枉死市的叔孙通。"

叔孙通何许人也？此人正是一位很懂礼乐的人，是汉高祖刘邦身边的人。楚汉相争，刘邦胜出并称帝，离不开身边奋战厮杀的武将，然每设宴庆祝，这群武人就大呼小叫，酗酒高歌，还有人击剑乱舞，各种奇形怪状，简直没眼看，这令刘邦十分反感，觉得自己这皇帝做得差点意思。叔孙通看出了刘邦的心思，当下表示愿意制定一套礼法，让官员们的举止好看些。刘邦本人也不是个特别懂礼的人，叔孙通这么一说，他虽有点心动，但万一自己也做不到，不就尴尬了吗？便问叔孙通会不会太复杂。

叔孙通表示，放心，我会参照古礼弄一套适用当今的礼法，保证每个人都能学会，刘邦的心这才放了下来。之后，叔孙通找了三十多个儒生一起排练礼乐。谁知有人不愿意参加，大骂叔孙通："天下刚定，多少人尸骨未寒，你倒制定起礼法来，古人说了，攒够百年德行才能建立礼制，你于礼不合，我不去。"

叔孙通笑道："真是个死脑筋，不懂与时俱进。"一切按计划进行，叔孙通根据当时的情况制定了一套礼乐，刘邦一学就会，十分满意。武将们有了规矩，刘邦这个皇帝也越做越有样子。

显然，叔孙通是个十分懂变通的人，苏东坡这话损就损在"枉死市"三个字，骂程颐是个冒牌货，这番讽刺又十分幽默，此言一出，哄堂大笑，程颐却再没台阶下。在场不少官员正出自程颐门下，这些洛学弟子对程老师向来敬重，苏东坡居然公然羞辱老师，是可忍，孰不可忍，因而对苏东坡恨得牙痒痒。

苏东坡的这张嘴，实在太损了。

洛学弟子们很快就找到一个为老师报仇的机会，1086 年（元祐元年）十一月，馆阁组织入馆考试，苏东坡正是命题人，出了这么个题目：

如今朝廷想学习仁宗皇帝仁厚一些，却担心官员们因此混日子不好好干活。想学习神宗皇帝励精图治，又怕官员们理解不到位以至于过于严苛。各位考生，你们怎么看？

谏官朱光庭正是一枚洛学弟子，他借题发挥说苏东坡妄议先帝，是为大不敬，有不臣之心，应该狠狠惩罚。高太后疑人不用，用人不疑，对苏东坡十分信任，想大事化小小事化了，因此赦苏东坡无罪。朱光庭却不依不饶，继续弹劾苏东坡。苏东坡只好自我申辩一番，高太后再次表示苏东坡无罪。此事到这儿也就算了，谁知朱光庭继续弹劾，如此一来，小事便要化大了。

谏官说话，是职责所在，很多时候就是要"找碴儿"，偶尔说错也没事。官员们对谏官的指控则只能申辩，不可反击。苏东坡已申辩一轮，太后也免了两次罪，然这朱光庭就是要死磕到底。苏东坡十分无奈，他的好友们都看不下去了，其中一位直接站出来为苏东坡打抱不平，此人是御史台的吕陶，吕陶以攻为守，弹劾朱光庭公报私仇。

这架吵得越来越热闹了，围观群众也越来越热情，纷纷猜测高太后会怎么做。高太后能怎么做，都是她想用的人，又没什么大事，自然是等这两人吵够了自己消停。因此，既不想定苏东坡的罪，也无意定朱光庭的罪。

不料围观群众等不及了，猜来猜去猜出一个谣言：高太后要罢免朱光庭。这下洛学弟子们坐不住了，都站出来围攻苏东坡。另一边，司马光的追随者们看苏东坡不爽已久，也趁机弹劾苏东坡，其中最核心的几个人便是刘挚、梁焘、王岩叟、刘安世。

就没有一个人来保护苏东坡吗？当然有，他们要么是苏门弟子，要么是苏东坡的朋友，要么是苏辙的追随者。显然，朝堂上又出现了三个派别：一派以二程为首，是为洛党；一派以刘挚、王岩叟等为首，因这几个人都是北方人，故被称为朔党；另一派则以二苏为首，因苏东坡兄弟是四川蜀地人，这群人也被称为蜀党。因本身的政治立场不同，这三拨人也互相打了起来，渐渐演变成党争，史称洛朔蜀党争。

洛、朔二党一起攻击苏东坡，招式并不新鲜，依然从苏东坡的文字下手。

苏东坡作为翰林学士，经常要草拟奏章，在一份任命奏章中苏东坡引用《诗经》中“民亦劳止，汔可小休”一句，意思是说老百姓劳作辛苦了，也可以稍微休息一下了。这一句出自《诗经·大雅·民劳》，原是为讽刺昏庸暴虐的周厉王而作。苏东坡的政敌们便借题发挥说苏东坡以周厉王比神宗，其心可诛。

先秦时期，贵族们十分讲究礼乐，注重风雅，在一些正式场合经常以《诗经》交流，更以《诗经》为外交辞令。《诗经》产生于公元前，北宋已是公元九百多年后了，文人虽不再将《诗经》当作高端场合说的普通话，但也十分喜欢引用其中的诗句，往往张口就来，实在正常不过。谁知，竟有人拿近两千年前的事来毁谤苏东坡，着实不易。

弹劾苏东坡的人中，有人出于旧怨，有人为了新愁，愁什么？愁苏东坡做宰相。历来很多宰相都是由翰林学士晋升而来，司马光去世后宰相就虚位以待，高太后对苏东坡又如此恩宠照顾，一切不是很明显嘛，苏东坡做宰相只是时间问题。

御史孙升还给高太后打预防针，大约说了这么一番话：“苏东坡学问文章，天下无双，只是德行见识还浅得很，辅弼宰执毕竟不是作文章，而是要辅佐君王成就一番事业，苏东坡做到翰林学士可以说已经到了极点，若为宰执首辅，还希望太后别忘了王安石的前车之鉴。”

弹劾苏东坡的奏章一本又一本地送到高太后那边，高太后的态度是：能不理就不理。苏东坡觉得太后那儿的奏章一定比自己知道的还要多，一再请求太后公开，让他自己申辩。太后却觉得不必在意，一直没有答应。

假话说多了迟早变成真的，说不定哪天太后就会信了他们的话，苏东坡有些担心。再者朝堂纷争不断，令他十分厌倦，他想念雪堂，想念那个一身农人打扮的苏东坡。此番心境，皆在一曲《如梦令》中：

为向东坡传语，人在玉堂深处。别后有谁来，雪压小桥无路。归去，归去。江上一犁春雨。

玉堂代指朝堂，这大意是说："请告诉东坡的邻居们，我如今正陷在朝堂纷争中。帮我问一问他们，自我走后，还有谁去过东坡？下雪后，东坡前的那座小桥是否都被雪遮住了？还能找得到路吗？回去吧，回去吧，我要尽情享受东坡的一江春雨。"

真的该离开了，苏东坡似乎下定了决心，连上四道奏折请求外放。

高太后有些发愁，她对苏东坡十分信赖，更不想让苏东坡离开，然而苏东坡似乎走定了，该怎么留住他呢？思来想去，终于有了主意。一天，她专门召苏东坡觐见，关切道："内翰最近总说要辞职，这是为何？"

苏东坡言不由衷："臣老了，力不从心了，还是去地方上养老比较好。"

苏东坡明白高太后知道自己辞职的原因，高太后也十分清楚这一点，于是不再绕弯子，直截了当道："这些谏官总是胡说八道，如果是因为这个，内翰大可放心。"

苏东坡沉默不语，高太后又问："几年前，内翰任何职？"

苏东坡答："汝州团练副使。"

"如今呢？"

"翰林学士。"

"内翰何以有今天？"

"因太后厚爱提拔。"

高太后摇了摇头，语气十分平和：“与我无关。”

苏东坡又说：“那便是官家（哲宗）的意思。”

高太后依然摇摇头：“与官家也无关。”

苏东坡有点纳闷，只好瞎猜：“想是大臣推荐。”

谁知高太后还是摇头表示否定。苏东坡略有点慌，高太后的意思，难道是说自己用了一些阴险手段才到今天的位置吗？于是十分严肃道：“臣虽不才，但也不至于用一些卑劣手段为自己谋取官职。”

苏东坡认真了，高太后觉得时候到了，语气略有些哀伤道：“先帝喜欢用餐时读文章，看得入神时常忘了吃饭。每到这时，内侍们就说先帝读的一定是内翰的文章。”顿了顿，又说，“先帝时常感叹内翰是个奇才，一直想重用你，只可惜……还没来得及就……”说着说着，竟流下泪来。太后擦了擦眼泪，又缓缓道，“内翰有今日，正是先帝的遗愿。”

苏东坡眼中早噙满了泪水。

神宗皇帝虽差点杀了苏东坡，但也不停给苏东坡制造感动，种种迹象表明他的确很爱苏东坡。苏东坡虽屡屡与神宗作对，但也出自一片忠君爱国之心。神宗想重用苏东坡，苏东坡也想致君尧舜，只可惜，二人政见不合，一生相爱相杀，终究是有缘无分，实在可叹！

擒贼先擒王，攻人先攻心，高太后着实厉害。此话说完，苏东坡心中百感交集，感动、遗憾、愧疚，种种滋味涌上心头。感动于神宗和太后的一片厚爱，遗憾于再无机会报答神宗，愧疚于为人臣子，本该替君分忧，自己却因一时烦恼打起了退堂鼓。一想到神宗与高太后是这样厚爱自己，苏东坡便更觉得惭愧，又多流了两滴眼泪。

高太后十分动情道：“官家年幼，还需内翰尽力扶持，如此才不负先帝知遇之恩啊。”

辞职的话再也说不出口，苏东坡退出大殿，向家中走去。一路上，心情久久不能平静。刚回到家，高太后又送来一座金莲烛台。

小小烛台，大有深意。

唐宣宗曾召令狐绹深夜议事，还将御前的金莲烛台送给了令狐绹，不久，令狐绹就做了宰相。这个暗示十分明显，苏东坡却一点都开心不起来，只觉肩上似有千斤重担。他好想回到东坡，奈何君恩未报，实在难以潇洒离去。

既在其位，便尽其责，苏东坡一如从前，勤勉政事。1087年（元祐二年）八月，还做了小皇帝的老师，之后苏辙也加入帝王师的队伍。若能培养一个明君，不也是间接致君尧舜吗？因此，做帝王师这件事，苏东坡尽心尽力也十分乐意。

小皇帝虽只十岁出头，性子却非常叛逆，对高太后颇有些怨气，似乎更崇拜父亲神宗。苏东坡心中隐隐有些不安，但又想，这大约是高太后太过严厉所致，哲宗毕竟还小，但尽人事。

苏东坡依旧直抒胸臆，日子一天天过去，讨厌他的人对他愈加讨厌。他做错了什么，大概就是对事不对人，只从大局考虑，从不为自己谋私。这一点，就连他的政敌都十分佩服。朔党刘安世曾表达过这么个意思："东坡为官，颇有大节，熙宁元丰时，被变法派所不容；元祐年间，司马光当权，他也经常反对司马光，足见此人并非人云亦云、随波逐流之人。"

然这样的人，并不适合官场，苏东坡深知这一点。一日午后，苏东坡正和家人在院中晾晒书画，突然拍了拍自己的肚皮道："你们说这里装的是什么？"仆人们七嘴八舌，有人说是锦绣文章，有人说是满腹经纶，苏东坡连连摇头。

这时，朝云微微一笑："要我说，是一肚皮不合时宜。"苏东坡大笑。

苏东坡确实不合时宜，仇家惹得到处都是。洛党恨他，朔党恨他，新党也恨他。说起来，洛、朔两党恨他倒也可以理解，但在打压新党一事上，苏东坡真没做什么，倒是苏辙出了不少力，许是沾了子由的光。奇怪的是，新党对他的愤恨似乎超过子由，弹劾他的奏章比弹劾子由的还多，这大概是因为他心无城府好对付。

新党弹劾苏东坡，洛、朔两党也抓着他不放，三拨人轮番上阵，王巩、孙觉、黄九、秦七等人也跟着遭殃。若没有高太后那番情真意切的托孤，苏东坡早就辞职离去。如今朋友们也受到牵连，苏东坡觉得必须要离开了。一来，他无法忍受愧对朋友的煎熬感；二来，此事也说明自己的处境已十分危险，乌台一案，仿佛就在昨日，不可再有一次；三来，他实在不合时宜，别人喜欢跟随权威，他非要广开言论为自由奋战到底，旧怨未去，新仇又来，实在难以招架；四来，对付卑鄙之人或许需要非常手段，然这是他最不屑的，又如何斗得过那些人。

苏东坡累了，至于君恩，他尽力了，他的确尽力了。1088 年（元祐三年）十月，苏东坡再度请辞，几乎是乞求太后准自己离开朝堂，大致说了这么一番意思：

做君主难，做臣子的也难。我想跟大家一样，因循苟且，明哲保身，日子也能过得平静安全些，然这样做实在愧对本心，更对不起君主。我若坚持本心，便是知无不言言无不尽，可我已经因此得罪了不少人，深陷新仇旧怨，不死即废，希望太后怜悯为臣子的不容易，允我离去。

高太后自然没有立即批准，然这一次苏东坡十分坚定，此后不停请辞，高太后终于同意，于 1089 年（元祐四年）三月差苏东坡知杭州，同时领军浙西，统管江浙六郡兵马。

杭州地灵人杰，繁华富庶，苏东坡对那里也十分熟悉，一想到即将从这些纷纷扰扰中抽身，下一站又是去杭州，苏东坡便觉一身轻松。临行前，又有朋友打趣他："可别再写诗了。"苏东坡大笑："我知道很多人等着给我的诗作注呢。"就此奔赴杭州。

第十三章

二年知三州

○
○
×
●

1089 年（元祐四年）三月，苏东坡五十四岁，又一次离开京都向杭州行去，这条路，他十八年前就走过一遍。已经十八年了，苏东坡略有些感慨，心头涌上一丝年华老去的悲凉。途经湖州时，曹子方、刘景文、张秉道、张仲谋、苏坚五位后生晚辈设宴招待苏东坡，文人相聚，又是一番诗文酬和。苏东坡觉得，这一幕好熟悉，对了，多年前，自己不就和李常、张先等五位好友在此相聚吗？一连几日喝酒吟诗，好不痛快，张先还作了一首《定风波》，又名《六客词》。

转眼，六客之中五客都已故去，只剩年纪最小的苏东坡。再来湖州，又遇五友，当初最小的苏东坡也成了新六客中最年长的一位。苏东坡正自伤感，张仲谋突然提议，何不作一首新《六客词》？何以解忧，于苏东坡来说，不止杜康，写诗作词亦可。于是，一首《后六客词》产生了，依然沿用《定风波》这个词牌：

月满苕溪照夜堂，五星一老斗光芒，十五年间真梦里。何事，长庚对月独凄凉。

绿鬓苍颜同一醉，还是，六人吟笑水云乡。宾主谈锋谁得似，看取，曹刘今对两苏张。

1089 年（元祐四年）七月初，苏东坡一家抵达杭州，印象中的杭州富庶繁华，物产丰富，可谓鱼米之乡。这一次再来，竟然闹起了饥荒。原来年初一直下雨，水灾严重以致春稻都没种成，近来又连着不雨，好不容易种下的晚稻又要旱死了。

粮食紧缺，米价疯涨，短短三个月就从六十钱涨到九十钱。多年前，苏东坡在密州做官时，杭州就闹过一次饥荒，那时，米价直涨到两百钱，父母官却为了政绩报喜不报忧，以致饿殍遍野，惨不忍睹。

再这么下去，悲剧很可能会再次上演。苏东坡为官，一向以百姓为先，于是当机立断，一方面将原本用来修建官舍的钱拿出来赈灾，另一方面如实上报灾情，请求朝廷拨款赈灾并延缓杭州百姓上交贡米的时间。几番请求后，朝廷终于批准，不仅拨了赈灾粮款，同时减免了部分贡米和役钱。有了钱后，苏东坡迅速差人去外地买米，将这些米存入官仓，然后慢慢以低价投入市场。最终，百姓平安度过饥荒，无一人饿死，米价也得到抑制。

饥荒刚过，瘟疫又来。古时医疗条件不好，百姓最怕的就是瘟疫。苏东坡迅速成立抗疫小队，抗疫小队由精通医术的几位僧人和府衙官吏组成。这群人日日行走在杭州的大街小巷，为老百姓看诊治病，所有费用都由官府承担。

与此同时，苏东坡还私掏腰包买了很多药材，在街头熬起了药剂，让过往的男女老少免费服用。苏东坡这药可不是瞎熬，而且大有来历，药方还是从好友巢谷那儿要来的。此药名唤“圣散子”，据巢谷说十分灵验，有病治病，无病预防。苏东坡此举，正是为了预防。

虽说巢谷是苏东坡的至交好友，但为了要这“圣散子”，苏东坡也费了十分力气。多年前的一天，苏东坡与巢谷闲聊，聊着聊着，巢谷便说起了“圣散子”，说这药是如何如何神奇。彼时苏东坡已是个养生达人，还十分喜欢收集秘方，便跟巢谷要“圣散子”的配方，谁知巢谷对这药方宝贝得很，死活不肯给苏东坡，据巢谷说，连亲儿子都没给呢。

苏东坡软磨硬泡好久，巢谷才松了口，待苏东坡发誓绝不告诉其他人后才将药方拿了出来。巢谷觉得，这样好的药方实在是一件稀罕宝贝，得好好藏着。苏东坡却觉得，这样的救命药方藏起来太可惜了，必须要公开。于是没多久就背弃誓约，将药方给了自己的医生朋友庞安常，庞医生将药方写入医书，一同写入的，还有巢谷的名字。

苏东坡很庆幸自己当日从巢谷处骗来了药方，此次抗疫，十分成功。瘟疫虽然过去了，可难保下次不会再来，而且杭州水路发达，人口流动性极大，发生瘟疫时往往比别处更容易扩散感染。苏东坡觉得必须想个长远的办法，他认为，如果百姓一生病就能得到治疗，病情就不会加重，更不会扩散开来形成瘟疫。想到这一层，他立刻开始行动，建了一个医院给百姓看病，这也是我国第一所公立医院。苏东坡将这所医院命名为“安乐坊”，安乐坊日日开业，年年给百姓免费发放“圣散子”。安乐坊的医生正是抗疫小队里那些懂医术的僧人，为了鼓励他们好好看病，苏东坡还将此事上报朝廷，医德双馨者都被赐紫衣袈裟，对僧人来说，紫衣袈裟是无上的荣誉。

吃饭问题解决了，医疗问题也解决了，苏东坡发现接下来该治水了。

盐、茅二河是连接大运河和钱塘江的关键河道，可惜被淤泥堵塞多时，若将此二河疏通，海运内河将畅通无阻，不仅利于百姓灌溉庄稼，更利于水上贸易。因此，苏东坡决定彻底疏浚盐、茅二河。如今的苏东坡不仅是太守，同时还监管江浙兵马，可调遣地方军队。此番治水，他调兵一千，不到半年，工程就圆满结束。老百姓十分欢喜，激动道：“从没见过比苏大人开河快的人。”

这时，有人对苏东坡说，盐、茅二河之所以堵塞，是因为钱塘江涨潮时有大量沙石流入，过个几年，二河还是会被淤泥填满。如果建立闸门，潮起时关上闸门挡住沙石，潮落时再打开闸门放入清水，便能永绝后患。苏东坡从善如流，一一照办。

大运河与钱塘江的问题解决了，六井的问题又来了。十八年前，苏东坡就在杭州做通判，并在那时与太守陈襄同治六井，此番来杭州，发现六井又堵了。苏东坡记得当年治理六井时有几位懂水利的僧人提供了不少重要意见，便又去找那几位僧人。不想其中三位都已故去，剩下的一位也已经七十多岁，好在他老当益壮，苏东坡便又向他请教。这位僧人名叫子珪，他认为当年六井已疏浚得很好，只不过管道材料不结实，日子久了，管道坏了，六井也就又堵了，于是提议用陶瓦来做新的水管，瓦管外面再建一石槽，如此便可永绝后患。

子珪这个方法虽好，但同时也非常复杂麻烦。苏东坡觉得这样好的方法，又是百姓喝水的大事，怕什么麻烦，立刻按照子珪的建议重新整治六井。此外，北郊离六井远，取水十分不方便。苏东坡又新开两井，如此一来，杭州百姓共有八井，再不愁喝不上水。

苏东坡效率奇高，这些事情不到一年就都完成了，百姓们看在眼里，记在心里，认为这位父母官值得信赖，可以为民做主。1090 年（元祐五年）四月，一百多名百姓来到府衙，说西湖湖底淤泥太多，河道不畅，灌溉农田十分不方便，请苏大人为他们治理。西湖连着运河，若再不治理，恐怕河运也要受到影响。西湖的问题确实已经非常严重，不仅湖底积满淤泥，杂草也自岸边向湖心蔓延，直遮住一半湖面，就是百姓不说，苏东坡也要治理西湖。

接着，苏东坡立马修书上表，希望朝廷能给点经费让他治理西湖。在这份申请里，主要表达了这么个意思：

杭州百姓平日喝的用的都是西湖水，就连庄稼也要喝西湖水，西湖一旦被破坏，百姓的日子就没法过了，水上的生意也没法做了。如今，西湖湖底被淤泥堵塞，水面杂草疯长，照此发展下去，再过二十年，西湖就要不见了。

此外，苏东坡还说了两个十分清奇的理由：一是“湖面被水草遮住，阳光照不到湖底，水下植物就不能健康生长，这样一来，鱼儿也会很快死掉”；二是“西湖之于杭州，就像眉眼之于人，怎能让一个人没有眉眼呢”。因此，为了鱼儿，为了杭州的颜值，也要治理西湖。

总之，朝廷准了。

工程倒不复杂，只要清除淤泥和杂草就行。可挖出来的淤泥杂草又该如何处理？苏东坡在西湖边上观察起来，他发现人们从南岸到北岸需要绕湖走上三十里，十分不方便。“要是有一道连接南北岸的长堤就好了。”苏东坡喃喃道，“对呀，何不就用这淤泥和杂草建一条长堤，如此岂不是两全其美？我真是太聪明了！”想到这儿，苏东坡十分高兴，决定马上开工。

连着饥荒瘟疫，百姓正穷苦着，拔草挖泥也是人人会做，苏东坡便决定雇用老百姓一起治理西湖。百姓们听说苏大人要治理西湖已是非常开心，如今还能参与进来挣钱，简直是喜上加喜。不久，苏东坡宣布挖泥除草大工程正式开始，上千百姓参与其中，苏东坡日日去巡视，有时候就在西湖边上跟百姓们一起吃饭，一点官架子都没有。百姓们很喜欢这位父母官，端午节时，排着队给苏东坡送猪肉、白酒。

苏东坡想起自己在黄州发明的东坡肉，忍不住想露一手。一回家，就指导下人炖肉，很快，这些猪肉就变成一锅美味的东坡肉。接着，就被苏东坡从家中带到工地上。百姓们吃了苏大人亲自做的肉，哇，那个好吃，那个感动。不得不说，苏东坡此举既温暖了百姓又为东坡肉做足了宣传。此后，杭州多了一道名菜：东坡肉。

苏东坡爱民如子，百姓们干劲十足，半年时间，西湖大工程圆满结束，当初的淤泥杂草已变成一条宽阔的长堤，堤宽十五米多，长近三千米。没了杂草的西湖，比之前直大了一圈。望着焕然一新的西湖，苏东坡又思考起来，水草的生命力极旺盛，日子久了还是会再长出来，如何才能让水草不长呢？

这时，一位官员建议苏东坡将沿岸区域租给百姓们种菱角，原因有三：一来，农人们种菱角前往往要将水草清除干净，如此一来，西湖中的水草便能得到定期清理；二来，成熟的菱角可以卖钱，百姓们也能多一个挣钱的机会；三来，官府可以收一定租金，这些租金又可以拿来治理西湖。

这个方法真是一举多得，苏东坡再一次从善如流。但同时，他又担心百姓们将菱角种得太多将西湖变成一块水田。于是在湖中建了三座小石塔，以此划定种植区域，从此，西湖又多了一景：三潭印月。

水草的问题解决了，苏东坡又关注起长堤来，总觉得堤上缺点什么。不久之后，他又在堤上建起六座拱桥、九个亭子，还在堤两岸种满杨柳。嗯，这个感觉很不错，苏东坡很满意，百姓们更满意。天气晴好的时候，百姓们都喜欢去堤上游玩，为了纪念苏东坡，还将这道长堤称为苏公堤，也就是苏堤。

苏东坡爱民如子，不仅为之计深远，令百姓有依靠感，还十分温暖细腻，令百姓有亲切感。

一日，府衙来了个告状的，此人是卖绸缎的，就叫他小绸吧。小绸说去年有一个人从自己这儿赊了一些绸缎，价值两万钱，当时那人说三个月就还，结果一年过去了还不还钱。自己也是小本买卖，连年收成不好，生意更加难做，如今连吃饭都成问题，就等着这笔钱救命。

苏东坡一听，着实可怜，这个被告实在不像话，立刻差人传被告前来问话。被告本是个老实人，自知理亏，一入府衙就吓得瑟瑟发抖，一边磕头，一边磕磕巴巴地给苏东坡解释，苏东坡听了半天总算明白了。

原来这被告是个卖扇子的，就叫他小扇吧。此人也是个可怜人，家中本就穷苦，偏老父又染了病，为给老父治病，四处借钱欠下不少债务。可惜，老父亲还是走了，小扇又借钱料理后事，钱也越欠越多。小扇走投无路，便赊来绸缎制成扇子，本想卖扇赚钱，养家还债，谁知老天爷总下雨，一把扇子都卖不出去，自然也就还不上小绸的钱。

事情很明了，小扇欠钱不还，且他自己也供认不讳，可苏东坡实在不忍就此定罪。良久，对小扇说：“将你的扇子取二十把来。”

小扇一脸茫然，但苏大人说话了，他也不敢问，赶紧回家取来了二十把团扇。苏东坡当堂在扇面上写写画画起来，不一会儿二十把扇子上都有了字画。这时，苏东坡又对小扇说：“一把扇子一千钱，拿去卖了还钱。”

小扇有点不敢相信，大脑一片空白，一句话也说不出，乖乖拿着扇子出去卖。苏东坡当堂作画的消息已传遍大街小巷，喜欢字画的人们纷纷前来购买，不一会儿扇子就卖光了。小绸也抢了一把，对小扇说还一万九千钱就可以了。

又一日，下属们抓来一个白胡子老头，说这个人假冒苏大人的名讳到处偷税漏税，还呈上了证物。证物是一个包裹，包裹上贴着一张封条，上面写着：翰林学士知制诰苏某、封寄京师苏侍郎收。

苏东坡曾任翰林学士知制诰，苏辙任侍郎，这句话的意思是这包裹是苏东坡寄给苏辙的。苏东坡一看，自己何时给子由寄过东西，再说他如今也不任翰林学士知制诰了，当下气不打一处来，惊堂木一拍：“大胆刁民，为何冒充本官名讳，还不快快招来？”

这老头儿没想到眼前人居然就是苏翰林，顿时慌了，赶紧磕头认罪。苏东坡这才知，此人原是个读书人，名叫吴味道，来自福建，多年科考不中，可他并不灰心，屡败屡战，如今一把年纪了又要进京考试。吴老头非常穷，此次赶考的盘缠，还是乡亲们七拼八凑而来的，临行前，有人建议他带一些本地的棉纱，到京都后再卖掉，这样就能小赚一笔。

吴老头儿觉得有些道理，可是福建到开封那么远，不知要过多少关卡，官吏若知道这棉纱是用来卖的，必然要抽税，到了京都估计连本都没了。吴老头儿眉头一皱，计上心来：“我就说这纱是苏翰林托我寄给他弟弟的，这样就不用缴税了。”然后大笔一挥，在纸上写下“翰林学士知制诰苏某封寄京师苏侍郎收”几个字，贴在包裹上。

吴老头儿确实挺聪明，一路走来，果如他所料没有一个人跟他收税，可到了杭州后，他居然还打着苏翰林的名号。只能说吴老头儿的消息太不灵通了，他竟不知如今的杭州太守正是苏东坡，小聪明直要到苏大人眼皮子底下。这不，杭州官吏一看，不禁失笑，心想我家大人早就不是翰林学士知制诰了，也没托人带过什么东西，立马将他提到杭州府衙。

苏东坡知晓原委后，对吴老头儿充满了十二分同情，立刻将包裹上的封条撕下来，重新写了一个贴上去，新封条上写着：龙图阁学士、钤辖浙西路兵马知杭州府苏某、封寄京师竹竿巷苏学士。

前面一串是苏东坡如今的头衔，竹竿巷是苏辙的住处，苏学士指的就是苏辙了，苏辙如今也升为翰林学士了。苏东坡笑着对吴老头说："前辈，这次是真的了，您这包裹，就是背到皇上面前也没事。"之后，还为吴老头儿向苏辙写了一封引荐信。吴味道本以为自己要完蛋了，没想到换来一个真封条，进京后还能投靠苏辙，简直从地狱跳到了天堂。这一次，吴味道终于考中了，之后还专门来杭州感谢苏东坡。

闲下来时，苏东坡也会四处游览，杭州的一切他都十分熟悉，西湖和钱塘江依然是他最爱去的地方。可惜，当年一同游玩的朋友很多已不在杭州，身边多是年轻的新面孔，孙觉、李常等好友也先后离世，苏东坡颇有些感伤，不禁感叹世事无常，人生如梦。

就在这种感伤中，好友参寥来了，苏东坡十分惊喜。参寥是僧人，天大地大，有庙的地方就是参寥的家。杭州的寺庙非常多，参寥决定投宿在智果精舍。智果精舍虽只是个小庙，环境却十分清幽。此后，苏东坡便成了智果精舍的常客。

一日，苏东坡带着一群朋友来找参寥玩，参寥一边去后山取泉水一边对大家说："今日你们可来巧了，后山的石缝里新流出一汪泉水，十分甘甜，正好用来烹茶。"苏东坡忽想起多年前在黄州做的一个梦，梦里参寥吟了两句诗：寒食清明都过了，石泉槐火一时新。今天正好是寒食刚过，参寥又新泉新火煮新茶，这不就是参寥在梦里所说的场景吗？真是太巧了。苏东坡惊奇不已，觉得有些事情已在冥冥之中注定。

苏东坡身上总有神奇的事情发生，这大约与他长期浸淫佛道有关。学佛之人，时常会遇到一些不可思议之事。南怀瑾先生曾说有几位高僧，虽没有上过学，然悟道之后，诗词文章样样都好。只因悟道后，前一生甚至百千万世前读过的书都会记起来，此为文字般若之境。苏东坡曾作一诗，里面有这样一句：书到今生读已迟，大概是一个意思。

也是受佛道思想影响，苏东坡越发乐天知命，彻底放下了致君尧舜的执念，再不惦记庙堂之事。还是那句话，高处不胜寒，何似在人间。地方既没有朝廷的纷争，又能实实在在照顾到百姓，平日里还能参禅悟道，游山玩水，苏东坡觉得若能一直这么过下去倒也不错。

然身在官场，岂能如他所愿？光阴荏苒，转眼杭州任期已满，1091 年（元祐六年）二月，高太后以翰林学士之职召回苏东坡。苏东坡本就不想回京，考虑到苏辙如今也是重要宰执，便更不想回京了。此前，兄弟二人就遭人忌恨，若再同居高位，必然要招来更多忌恨。于是，接到诏令当日，苏东坡便修书上表，请求继续外放。

高太后坚决不答应。苏东坡只好先应召回京，但他下定决心要辞掉朝中职务，于是不带家眷，独自启程。离开时，杭州连日的雨还没停，事实上，第二次水灾已经来了，苏州和湖州尤其严重。这意味着，接下来又要闹饥荒了。此前，苏东坡已将灾情如实上报，希望朝廷引起重视。然而，其他江浙官员却报喜不报忧，没一个人说实话。苏东坡忧心如焚，回京路上，专门绕道去苏州等地考察实情，其间又两次上书请求外放，依然没得到批准。

这年五月，苏东坡回到京都。六月，正式上班。

朝廷还是那个朝廷，苏东坡回去没几天，又陷在一片弹劾声中。什么？苏东坡又犯什么错了？他才刚回去啊！是的，苏东坡错了，他回去就是错。可这也不能成为弹劾的理由吧？的确不能。但找个理由还不简单吗？瞎扯就行，比如苏东坡谎报灾情。这事有证据吗？没有啊！可是没关系，只要把苏东坡惹烦就行，他自己会走的。

那群人很了解苏东坡。为了加速苏东坡的离京进度，有人又翻出苏东坡几年前写的诗，玩起了老掉牙的读诗游戏。那时苏东坡刚到宜兴，正准备归隐田园。也是在那年三月，神宗驾崩，五月，苏东坡写了一首诗，其中有这样几句：

此生已觉都无事，今岁仍逢大有年。山寺归来闻好语，野花啼鸟亦欣然。

这意思是说："东坡居士觉得这辈子都没什么事了，心情十分轻松愉悦，看着田野里的气象估计庄稼也能大丰收，这就更令人开心了。从山寺游览归来，还听到了好消息，就连天上的鸟儿和路边的花儿都十分开心。"

有人说，"闻好语"三个字大有问题。这不就是听到了好消息吗，有什么问题？当然有问题，神宗刚驾崩，苏东坡就听到了好消息，意图还不够明显吗？大逆不道，实在大逆不道，分明是有不臣之心。话说神宗去后，苏东坡写的那些悼亡词怎么就没人看见？自然是因为这些人不想看见。

诗词之美，很大程度上美在它的歧义空间，然这歧义空间，也可以成为某些人的恶意解读空间，从文义来看，苏东坡的这个好消息应该是庄稼丰收的好消息。但这个解释与神宗驾崩一事无关，不是很有说服力，虽然这诗本就跟神宗驾崩无关。还是苏辙聪明，他说五月份哲宗登基，好消息指的正是幼主登基，这个解释堪称完美，此事就此平息。

苏东坡早料到自己会是这个处境，再三请求外放，太后心有不舍，但看苏东坡如此坚定只能准他所请，差苏东坡知颍州。苏门六君子之一的陈师道正在颍州做学官，这对苏东坡来说，是个好消息。

八月，苏东坡一家来到颍州。府衙官员设宴相迎，席间，一位官员表示颍州地儿小事儿也少，苏大人有的是时间游湖散心。的确如此，颍州无甚公务，非常适合养老，但苏东坡是个闲不住的人，他自能找到事情做。

这不，如今就有一件事等着他做，这事说起来还有些意思。多年前，开封水患严重，官员们便开沟挖渠，打算将水转移到陈州的惠民河。后来，开封果然没水患了，然而，惠民河承受不了开封来的大水，陈州又闹起了水患。怎么办？继续转移，有人建议在陈州开挖八丈沟，将水引入颍水，颍水连着淮河，如此水患可解。然这个方法是否靠谱，谁也不知道。毕竟，开封的前车之鉴就在眼前，此刻，朝中正因是否开挖八丈沟而吵得不可开交。

说到治水，还真没几个人比苏东坡有经验。苏东坡在徐州筑抗洪大堤，在杭州又治理大运河和钱塘江，工程都不小。他深知水利一事影响重大，尤其是像八丈沟这样的大工程，一个不小心，百姓就得遭殃。朝中官员们还在用嘴巴争论时，苏东坡已成立勘探小组去陈州实地考察，每二十五步设一测量竿，沿河立下五千多竿，将地面高度、淮水涨潮高度、沟渠深浅等都测得一清二楚。将所有测量数据汇总，并仔细分析后，苏东坡得出结论：陈州地势低于颍水，若遇大水，颍水极可能返流陈州，陈州水患只会更加严重。因此，八丈沟坚决不可开，苏东坡立即上奏朝廷，八丈沟工程就此取消。

入秋后，颍州连日不雨，苏东坡又该求雨了。求雨这件事，苏东坡十分有经验。这一次他只负责写祈雨文，挑好日子。待吉日一到，便遣苏迨和陈师道去龙王庙求雨。几天后，还真下了一场小雪。苏东坡深受鼓舞，然他觉得，靠天吃水不是长远计，颍州本就是水乡，不如自己蓄水。不久他便将目光投向颍州的清河，沿清河修建三座水闸，又在清河上游开一道沟，还沿沟建了一个小水库。如此一来，清河可泄可储可通航，百姓们吃水也方便了很多。

苏东坡虽找了不少事做，但整体来说，颍州的日子清闲自在，令他放松不少。此外，这里的朋友也很多，除了陈师道，还有欧阳兄弟、赵德麟等人。欧阳家与苏家一向交好，几年前又做了儿女亲家，说起来，还算是一门亲戚。苏东坡经常约他们小聚，一群人作诗，喝酒，聊天，好不自在。有趣的是，欧阳兄弟不爱作诗，陈师道不爱喝酒。苏东坡和赵德麟便一人督促欧阳兄弟作诗，一人督促陈师道喝酒。

陈师道跟随苏东坡多年，一直以弟子礼待苏东坡，然他从未正式拜师。苏东坡早有意将他收入门下，此番颍州重逢，便主动提了这件事。不想，陈师道拒绝得十分干脆："向来一瓣香，敬为曾南丰。"一瓣香也作一炷香，为虔诚之意，曾南丰指曾巩，陈师道的意思是已拜曾巩为师，不能再拜他人。其实，曾巩离世也有好些年了，再拜苏东坡也没什么不可，可陈师道就是这么个讲究人。

陈师道早年在京师游学时，大官傅尧俞就想认识他，还向秦观打听情况。秦观对傅尧俞说："陈师道不是那种拿着拜帖在公侯门外笑脸等候的人，这样的人，很难招致。"傅尧俞表示："我怎敢招致陈君呢？能与他结识就心满意足了，我就是怕他不愿意见我，还希望你为我引荐一下。"经过秦观的引荐，傅尧俞专程去拜访了陈师道，他知道陈师道很穷，临行前特意带了一些黄金想赠给陈师道。可当他与陈师道谈论一会儿后，发现眼前的这个人气节非凡，竟不敢将黄金拿出来。

多年后，陈师道去郊外参加了一次祭祀大典，那天非常冷，陈师道家里贫苦，没有棉衣穿，妻子便去赵挺之家里借来一件。赵挺之的一位女婿正是陈师道的好友，可陈师道十分厌恶赵挺之的为人，当得知衣服是从赵挺之家里借来的，宁可冻死都不肯穿，之后，竟因染上风寒而病逝。

苏东坡自然知道陈师道的为人，因而虽早就与陈师道结识，一直不敢轻易提招致的话，此番被拒绝，也是意料之中。苏东坡不仅不恼怒，反而更加敬佩陈师道的品行。二人依然像从前一般，亦师亦友，感情也越来越深厚。

日子飞快，转眼就过了年，来到1092年（元祐七年），正月的某个夜里，苏东坡和夫人在院子里散步，月色鲜霁，梅花大开，王夫人心情不错，对苏东坡说："春月色胜如秋月色，秋月色令人凄惨，春月色令人和悦，如此美景，何不叫上赵德麟等人一起在花前饮上一番？"苏东坡听后大喜："我竟不知夫人会作诗，这番话正是诗家语。"

说罢，便差人去邀赵德麟等好友，几人在花前月下一番痛饮，十分尽兴，苏东坡还专门作一首《减字木兰花》记录此事：

春庭月午，摇荡香醪光欲舞。步转回廊，半落梅花婉娩香。
轻云薄雾，总是少年行乐处。不似秋光，只与离人照断肠。

月午指午夜时分，香醪指美酒。这大意是说：“春日午夜，我与二三好友在庭院里喝酒，月光在杯中摇晃不停，好似在跳舞，梅花半落，发出阵阵清香，我从回廊走过，顿觉香气扑鼻。春日的庭院，云儿轻，雾儿薄，正是少年行乐的好地方，不像秋月，总与肝肠寸断的离人为伴。”

如此良辰美景，苏东坡定想不到，自己马上就要做离人，1092 年（元祐七年）二月，朝廷下达新命，差苏东坡知扬州军州事，苏东坡来颍州才半年左右。离京不到三年，又要去第三个地方上任，实在是折腾，不过发了几句牢骚后，苏东坡还是欣然上路了，因为扬州通判正是苏门四学士之一的晁补之。久别老友即将重逢，怎能不喜？

苏东坡到扬州时正好是烟花三月，春意新浓，景色宜人。田里的庄稼更是欣欣向荣，一片丰收之象。苏东坡心情大好，觉得扬州很不错，只是人少了些。不对，这人也太少了，甚至有些冷清。眼看就要大丰收，百姓们都到哪儿去了？苏东坡越想越觉得古怪，决定弄清楚这件事，于是一个人穿着便衣来到乡间农舍，与当地老百姓聊起天来。

不问不知道，一问吓一跳，百姓出走正是因为遇上丰年。农人靠天吃饭，若遇旱情水灾，往往颗粒无收。官府倒也能体谅，若遇灾年允许百姓拖欠税额，到丰年时再一并偿还。然近几年，老天爷十分不给面子，灾年多，丰年少，百姓的官债越欠越多，根本无力偿还。然而这些，官府可不管，允许灾年拖欠已是格外开恩，到丰年你还说没钱，没钱是吧，去牢里边待着。出于这个缘故，一到丰年，那些还不起债的百姓便外出逃命去了。

两年前，苏东坡目睹杭州水灾，连着瘟疫暴发，百姓吃不上饭，看不上病，日子要多苦有多苦。那时，苏东坡就建议朝廷减免积欠，给百姓一些休整的时间，朝廷未做回应，苏东坡诸事缠身，那件事情也就暂时搁置了。如今，扬州百姓背井离乡逃税，可见这个问题已十分严重。苏东坡再一次修书上表，请朝廷减免百姓积欠。这份申请，苏东坡写了七千多字，理由充分，言辞恳切，当权者终于被说服，准苏东坡所奏。

扬州百姓欢呼雀跃，苏东坡乐民之乐，作诗记之：诏书宽积欠，父老颜色好。

父老颜色好，三月的芍药颜色更好。扬州盛产芍药，每年三月都要举办万花会。下属官员们已开始计划这一年的万花会，此刻正等苏大人点头。苏东坡最爱热闹，这个消息令他十分开心。可当他听说办万花会需数万枝精品芍药，还得向百姓筹钱时，不免担忧起来。数万枝芍药，还得是精品，花农们定然少不了一番忙碌，也难保有人从中牟利，鱼肉百姓。此外，扬州百姓如此贫苦，又怎能再向他们筹钱？苏东坡越想越觉不妥。

“还是听听老百姓的声音吧。”苏东坡这么想着，便又跟扬州的百姓聊了起来。不出所料，百姓们对万花会颇有怨气，觉得取消了才好。苏东坡依民所愿，立即取消万花会。百姓们欢呼雀跃，爱热闹的苏东坡却觉得还真有些冷清，又四处闲逛起来。

搜集奇石是苏东坡的一大乐趣，在黄州时，他就经常用点心跟小朋友们换石头。此番闲逛竟又捡到两块美石，一绿一白，十分好看。苏东坡很兴奋，赶紧回家找来一个盆，倒上清水，将两块宝贝放在水里养了起来，时不时地瞧上一番。他尤其喜欢那块绿色的石头，此石晶莹剔透，纹路新奇，越瞧越觉得有趣。他忽想起在颍州时曾做过一个梦，梦里在一处风景秀丽之地，见到一座官宅，堂上写着“仇池”二字。醒后觉得仇池很像个地名，便问友人是否听说过这个地方。可别说，还真有，且是一个十分神秘的存在，据说那里四面环山，内有九十九泉，绝尘出世，仿佛陶渊明笔下的桃花源。

苏东坡盯着盆里的绿色美石，心想仇池泉中的石头也不过如此吧，便将这块石头命名为仇池石。仇池石代表着桃花源，实则寄托着苏东坡的归隐之情。苏东坡一向喜欢陶渊明，在黄州时就将老陶引为知己，经常感叹"渊明渊明，是我前生"。几经沉浮，苏东坡愈欣赏老陶，也愈向往老陶笔下的桃花源。自颍州起，他就开始和老陶的诗，来扬州后，更和得欢快。

归去来兮，田园将芜胡不归，五十七岁的苏东坡确实想归隐了，只是，还得看天意如何。1092年（元祐七年）八月，苏东坡来扬州还不足半年，朝廷又召他回京。此次回京，事关重大。这一年，哲宗刚满十七岁，并在四月册立皇后，论理，可以亲政了。如今，哲宗正要去郊外行祭祀大礼，高太后便召苏东坡前往陪护。

兹事体大，苏东坡即刻出发，一路上又修书上表，希望祭祀大典结束后继续外任。高太后非但没有准允，还给苏东坡升了官。祭祀大典后，苏东坡成了礼部尚书。礼部尚书是负责全国文化、教育、外交等相关工作的最高长官。苏辙也升为副宰相，兄弟二人官位皆至顶峰。显然，高太后有意将仁宗关于苏东坡兄弟太平两宰相的话变成现实。

可是，太高人欲妒。

从以往的经验来看，又有很多架等着苏东坡去吵。其实他并不怕吵架，相反，他希望大家都能说一说，吵一吵，这一点尤其体现在苏门自由民主的学术氛围中。他厌倦的是无谓的争吵、单纯的人身攻击，于是再三请辞，意料之中，未能如愿。求去不得，只能留下。既在其位，便尽其责，苏东坡一如往常，勤勉认真，尽心思虑，知无不言，如他所料，又结了不少仇家。

乌台九死一生，苏东坡亲历官场凶险，深知如何自保，无意高官厚禄的他，何不就混混日子？可若真的那样做，苏东坡也就不是苏东坡了，他这一生，不论何时何地，都在坚定不移地践行自己的理想主义。

苏东坡的政治理想国中，君臣可以畅所欲言，人人都能建言献策，百家争鸣，和而不同。然如今的局面是，同而不和，多少人不惜使用一些卑鄙阴险的手段给自己谋私，风骨气节全无。即便像司马光、王安石那样的德才兼备之人，也容不下别人的不同意见。苏东坡向往的言论自由，实在太难了。然而，就是在这样的艰难下，他也要坚持下去。他或许改变不了这个污浊的环境，但也决计不被这个污浊之地改变。因而，明知不可为而为之，明知不可说而说之。

可是，过洁世同嫌。

仇家的报复很快就来，1093 年（元祐八年）三月，苏东坡回京还不到半年，又有人跳出来指责苏东坡毁谤先帝。证据来自苏东坡七年前起草的文书，依然是借题发挥，恶意解读。这老套的招数，实在令人反感。可这群人却乐此不疲，两月间连上七道奏折弹劾苏东坡。老实人吕大防都看不下去了，站出来为苏东坡说话："历朝历代都在改进前朝的缺失，建言献策是士大夫职责所在，以前从没有士大夫因说话获罪，如今怎么了？说话都能给人定罪。再这么下去，必动摇朝廷根本。"

高太后自然也站在苏东坡这一边，将诋毁之人降职处理。苏东坡不胜其烦，再次请求外放，高太后再次拒绝。

苏东坡十分心累，看不到希望地累。从黄州回京后，朝廷就是这个样子，那时他虽厌倦，但新君年幼，他又是帝王师，因此一度寄希望于哲宗。而今，哲宗已然长大，种种迹象表明，他最后的希望也要破灭了。

哲宗恨高太后。

哲宗，也就是赵煦，也曾是高太后的希望，高太后希望他勤学善思，将来成为仁宗那样的明君，然赵煦想做一个如父亲神宗一样锐意进取的皇帝。一日，高太后见赵煦的书桌老旧，就给他换了一张新的，谁知赵煦死活不肯换，说那书桌是父王用过的。那时，赵煦仅十岁，对父亲十分崇拜。他虽年幼，也知道高太后在做什么，她废除了父王的新法，不仅如此，她待母妃也不好。赵煦即位后想尊生母朱氏为太后，可高太后却因朱氏出身寒微，只尊其为太妃，尊神宗的向皇后为太后。

朱氏本是一宫女，古时最重尊卑嫡庶，高太后此举也算正常。然在赵煦眼里，母亲一向温柔谦顺，自己做了皇帝后母亲竟还要被向皇后压一头，非常郁闷，更可气的是，朝中大臣居然还想降低母亲的等级。其实，朝中也有部分人提议提高朱氏待遇，以彰显天子孝道。赵煦即位第四年，高太后将朱氏的待遇提升到皇后级别。

早年间，赵煦也是个爱读书的好孩子，兴趣广泛，尤爱读诗，可随着年岁渐长，他对高太后的怨恨之心也越来越重。他知道自己的老师都是高太后请的，他们又统统与父皇对着干，便渐渐连学也不爱上了。

赵煦十四岁那年，还传出一件丑闻。当时，大臣刘安世想给家中找一个乳母，可怎么都找不到，几番打听得到一个消息：乳母都被宫中雇去了。皇上尚未娶后，要乳母做什么？刘安世不相信，亲自去宫中打探才知此事是真的。这事在民间越传越热闹，老百姓议论纷纷，说“皇上血气方刚，春秋正盛，是以如此”云云。说得有鼻子有眼，刘安世也觉得八九不离十，当即上书给高太后，大约说了这么一番意思：“民间传言皇上是个好色之徒，还没娶后就沉溺女色，所谓无风不起浪，这浪都这么大了，估计有三分真。再者，也不能任凭百姓说闲话，实在太不得体。”

高太后的第一反应自然是要保全皇家颜面，对外说是神宗留下的几个小公主年纪尚小需要乳母，接着就狠狠批评了赵煦身边的宫女，还将她们一一换掉，没多久，又换了一拨，甚至限制赵煦的活动空间。乳母一事若是真的，高太后这一番操作必然令赵煦不高兴；若是假的，赵煦就更该不高兴了。

祖孙二人矛盾越积越深，高太后的本意自然是为了孙儿好，可这种压抑的氛围令赵煦感到窒息，他觉得自己不过是一个任人摆布的玩偶而已。再说，自己如今已经可以亲政，高太后却仍然垂帘听政，那些大臣也没一个人站出来让她还政。他恨，恨太后，恨那些大臣，他想起无数个朝会，那些大臣只向高太后禀奏，视自己如无物，堂堂一国之君却只能看到臣子们的后背和屁股，简直耻辱（赵煦与太后相对而坐，是以，臣子启奏时总是面向一人背向另一人）。然他知道，自己除了忍耐，别无它法。

其实，高太后一直都在努力培养赵煦，更希望他早日担负起一国之君的责任来。可她发现议政时自己这孙儿总是沉默寡言，便问赵煦为何不发表自己的看法。赵煦冷冷道："娘娘已处置妥当，我又何必多费唇舌？"高太后被噎得说不出话来，只能暗自叹一口气，更不敢轻易还政于赵煦，于是矛盾愈演愈烈。

赵煦的怨气，苏东坡自然也有察觉，他知道，总有一天这位年轻君主会将这些怨气全部发泄出来。那时，高太后倚重的这批元祐老臣一定会被赶出朝堂。一想到这儿，苏东坡便深感无力，心灰意冷，对朝堂更无一丝留恋。他觉得必须早做打算，在这场浩劫来临前离开，正如他在诗中所写：

未来宁早计，既往复何言。

只是，离开并不容易，高太后总不放他走。没关系，只要他坚持请辞，高太后总会允的。于是，苏东坡屡败屡辞，终于，高太后准了，差苏东坡知定州军州事。终于可以离开了，苏东坡松了口气，年近花甲，他决意归隐田园，离开朝堂是第一步。高太后准辞那天大概是苏东坡回朝后最开心的一天，然就在开心之际，王夫人却病逝了，年仅四十六岁，苏东坡大恸。

王夫人善良宽厚，自嫁入苏家，一心为这个家付出，对苏迈视如己出，对苏东坡更是无条件照顾支持。密州、乌台、黄州是苏东坡生命中最难熬的日子，若没有王夫人的温柔陪伴，苏东坡不知道自己能不能那么快就走过那些艰难，王夫人早已成了他最坚实的依靠。更难得的是，王夫人纯良质朴，穷而不怨，富而不骄。如此贤妻，一朝离去，教人如何不痛。苏东坡肝肠寸断，眼含热泪，为亡妻写下一篇祭文，其中有这么两句：惟有同穴，尚蹈此言。

二十五年夫妻，是亲情，更是一种恩情，苏东坡觉得唯有同穴，方能报答王夫人一片真情。此后，他又请和尚为亡妻超度，画十幅罗汉像祭奠妻子亡魂。

一个月后，朝堂又生变故，高太后也病逝了，谥号宣仁。

高太后病重时，章惇、蔡确等变法派就觉得机会已来，四处散播谣言，说高太后想废了哲宗，招式依然老套。哲宗对高太后和元祐大臣们本就积怨颇深，这样的谣言无异于火上浇油。高太后知道自己这孙儿轻率叛逆，对自己又颇有怨气，定会受人蛊惑，他亲政后，朝堂必然要翻天覆地，于是在临终前嘱咐吕大防等人尽快离朝自保。

高太后执政期间，政治清明，经济繁荣，后人更是将她誉为女中尧舜。可惜，这位杰出的政治家败在了哲宗的教育上。不出她所料，哲宗亲政第二天便让神宗昔日的近侍刘瑗等人官复原职。这些人，属于变法派，属于元丰党人。新旧党争，实则是一场权力的游戏，而今，哲宗是最大的王牌。很快，这场游戏又要迎来高潮。好在苏东坡已获准去定州上任，总算在涨潮前急流勇退，可他真的能躲过这场灾难吗？

第十四章

贬谪岁月

1093年（元祐八年）十月二十三日，苏东坡来到定州，定州地处宋辽边界，九十多年前，耻辱的《澶渊之盟》就是在这里签订。

1004年，宋辽交战已二十多年，战事胶着，辽萧太后亲自出马，率二十万大军直逼大宋京都，吓得宋真宗（赵恒）六神无主，忙问大臣们怎么办。不少人建议迁都，宰相寇准愤怒道："说这种话的人简直该被斩首，迁都必引起民心大乱，辽若乘虚攻入，国家还守得住吗？"他认为只有真宗御驾亲征，才能鼓舞士气，击退辽军。

真宗听取了寇准的建议，宋军果然士气大振，一箭射杀辽军统帅，大挫辽军士气。萧太后落了下风，加上多年征战十分疲惫，便提出讲和。真宗求之不得，立刻派人前去讲和。战局本有利于宋，提讲和的又是辽，然讲和条件却是宋每年给辽银子花。真宗却觉得，只要能停战就谢天谢地了，还叮嘱前去讲和的曹利用："若辽国态度强硬，给一百万也可以。"

寇准知道后十分生气，私下对曹利用说："若敢超出三十万，我定取你性命。"曹利用回来后，真宗忙问谈了多少钱，曹利用不敢说话，颤抖着竖起三个手指。真宗大惊失色："三百万？太多了。"转而又拍拍胸口："多是多了点，事情总算了结了。"这时，曹利用说："是三十万。"真宗大喜，他觉得，与辽开战以来，每年要花三千万养兵，如今只花三十万就能换得和平，实在划算，竟颇为得意。

一国之君尚且如此懦弱，将士们的信心又从何而来？打那儿以后，定州军纪日渐松散，如今更不成样子，统兵将帅克扣士兵军饷，公然放贷，管库军人随意盗取库银，监管之人也睁一只眼闭一只眼，军中更是酗酒、赌博成风。

这样的军队怎能保卫边疆？苏东坡一上任，立刻整顿军纪，日日操练检阅，对于公然犯法者严惩不贷。与此同时，他发现军营漏风漏雨，破败不堪，便一边修葺现有军营，一边筹建新的军营，极力改善将士们的生活条件。如此恩威并施，军民大受鼓舞，军队也终于焕然一新。

然而，士兵们懒散惯了，胳膊腿儿都没什么力气，操练一会儿就气喘吁吁，汗流浃背，骨子里也早没了军人的气魄，偶出个短差也要拉着妻儿的手哭上一场，一副生离死别的样子。冰冻三尺，非一日之寒，解冻更非一日之功，这个焕然一新终究只是个金玉其外。苏东坡觉得若要他们脱胎换骨，必得加强训练，日夜努力才行。可他又想，若训练得太勤，恐怕旁边的辽军会以为这是要揍他们的意思，搞不好又要引起一场战争。眼看军队无甚指望，苏东坡将目光转向当地老百姓。

边境老百姓可不是普通老百姓，他们自记事起就与辽人斗智斗勇，久而久之，还发展出一个弓箭社，令辽人颇为忌惮。弓箭社战斗力极强，不仅可以应付辽人偷袭，还能收拾本地盗匪。苏东坡决定将弓箭社打造成一支三万人的民兵队伍让他们保卫乡民，必要时，辅助官方军队作战。定州的军队也不过两万五千人，可见苏东坡对弓箭社十分看重。只是，全面实施这个计划必须要朝廷的支持，而朝廷正在新旧更替之时，不太能顾得上这样的小事，苏东坡只好尽力为之。

尽力为之，但尽人事，苏东坡一向如此，不管外在条件多么艰苦，他总是做好自己能做的。还能做些什么呢？这个问题得问老百姓，于是苏东坡又去找老百姓聊天。一日，他来到定州城北的乡村，发现这里沼泽遍地，土地肥沃，杂草长得十分茂盛。作为一个四川人，苏东坡一眼就看出这里非常适宜种水稻。奇怪的是，地里什么都没有。一番打听才知，当地老百姓不会种水稻，只会种旱地，这里却十年九涝，所以日子过得十分穷苦。

黄州几年，苏东坡可学了一身种田的本事，种水稻这样的事怎么能难得住他呢？苏东坡立即差人去南方采购稻种，亲自教百姓种水稻。一天、两天、三天，这块荒地逐渐生出一片绿色。民以食为天，眼看荒地要产出粮食来，百姓们高兴极了，手里嘴里都不闲着，一边插秧一边唱歌，还编出一首歌谣来：

蚊子咬哇蚂鳖钻，挠洼苦哟插秧难，眼看水荒变成了米粮川。唱不尽的插秧歌，心里喜滋滋的甜。[1]

一日，苏东坡又路过这里，正巧听到这首歌谣，眼见稻田生机勃勃，百姓欢欢喜喜，苏东坡越发觉得这歌朴实动人。于是将词曲默记下来，回去整理润色一番，作成一首《插秧歌》。此后，《插秧歌》便在定州百姓中传唱开来，渐渐辅以舞蹈，发展成一种民间艺术，也就是定州秧歌戏。

整顿军纪，体察民情，闲时写写诗、逛逛景，苏东坡在定州的日子渐渐安定下来。闲逛之时，又捡到一块石头，此石质地细腻，圆润饱满，呈黑色，上面还有一些白色纹路，好似一幅百泉奔流、浪溅如雪的山水画。出于这个缘故，苏东坡便将这块石头取名为雪浪石，还专门作了一首诗，其中有这么几句：此身自幻孰非梦，故国山水聊心存。

苏东坡又在思归。官场深似海，苏东坡在里面扑腾了二十多年，浮浮沉沉中，不觉已近花甲，朝堂却依旧激流暗涌，暗箭更是防不胜防，加上贤妻又离他而去，苏东坡的思归之情达到顶峰。只可惜，此身非我有，一片愁苦只能寄托在雪浪石中，苏东坡想，或许，或许有一天，自己真的可以像陶渊明一样归隐田园。

然而，这终究只是个美好的愿望。1094 年（元祐九年）四月，哲宗改国号为“绍圣”。“绍”为继承之意，“圣”指神宗。哲宗的意思很明显：子承父志，恢复变法。宰执大臣们表示不妥，投反对票，哲宗对这帮人忍

[1] 王礼人：《燕赵三秧歌》，《燕赵都市报》，2019 年 11 月 22 日第 14 版。

耐已久，此番反对正合他意，便趁机以不敬神宗之名将这些人降职处理，这其中就有苏辙、范纯仁、吕公著等人。很显然，哲宗要给宰执团队来个大换血，新宰相自然要从变法派中挑选。变法派中章惇资历最老、手段最硬，无疑，他是最合适的人选。哲宗立刻召回章惇，拜为宰相。

章惇，这位苏东坡昔日的好朋友，性子清高，宁折不弯，同时高傲自负，睚眦必报，在元祐年间被旧党大肆打击，远谪岭南。岭南在当时还有一个名字：人间地狱。南方湿热，花木又多，最易滋生细菌，丛林中又有不少动物尸体，尸体腐败之后便形成了瘴气。南方人自小生活在这里，虽也深受其害，倒也无性命之忧。但对北方人来说，瘴气无疑是要命的毒药，因而谈瘴色变，视岭南为人间地狱。

北宋不可轻易定士大夫死罪，因而，若想弄死谁就想办法把他贬到岭南这个有去无回的地方。说起来，章惇被贬岭南，苏辙出了不少力。从那以后，章惇对苏辙恨之入骨，与苏东坡也彻底决裂。他自认没做错什么，凭什么落得如此下场？胜负心极强的他更是不甘心。

“‘留得青山在，不怕没柴烧’，高太后毕竟上了年纪，或许我还有机会重回朝廷，‘一人之下，万人之上’。”章惇暗自打算，“今日所受的痛苦，终有一天，要让那群人加倍偿还。”如今，他终于熬出了头，哲宗还很年轻，日子还长，不出意外的话，他这个宰相可以做到老了。再者，哲宗性子轻率，好骗得很，接下来这场游戏，他是第一主角。

游戏开始了，章惇立即起用元丰党人，蔡确、李定已经挂了，吕惠卿名声太臭不堪大用，因而将曾布等曾经追随王安石变法的人一一召回。蔡京见风使舵、左右逢源，司马光当年废除免役法时，蔡京表示司马公英明，五日之内就将免役法彻底废除。如今，章惇要恢复免役法，一群人正为如何恢复讨论不停时，蔡京却说：“费那劲干什么？按熙宁年间实施不就得了？”

恢复新法势在必行，大多数人总是识时务的，不久，朝中就刮起一股绍述之风，不少人高举变法大旗，发誓要为恢复元丰之治添砖加瓦。这样的氛围，令章惇很满意，终于能吐一口恶气了，他决定将那些元祐重臣统统贬到岭南等地，苏东坡自然也在其中。

1094 年（绍圣元年）闰四月初三，苏东坡被剥夺端明殿大学士、翰林学士两个称号，连降两级，还被贬到岭南境内的广东英州做太守，罪名是“不敬先帝，毁谤先朝”，这一天距离章惇回京还不到一个月。

收到贬令后，苏东坡只有一个感觉，终于来了。一年前，他就料到会有今日，他不动怒也不争辩，默默收拾行装，带着一家人向南行去。没几日，又一道贬令下达，苏东坡又降一级，仍然是去广东做太守。在这灰暗的日子里，天公也不作美，一连几日，风沙漫天，苏东坡的心情糟透了。待行到太行山脚下时，天气忽然转好，山青谷秀，芳草萋萋。这番景象，不正是韩愈被贬岭南后来北归中原时看到的吗？苏东坡大喜，他认为韩愈最后北归了，自己也一定能北归。

将希望寄托于运气来自我鼓励，实是无奈之举，他深知北归机会渺茫。但是，只要有希望，就多了一份面对苦难的勇气，就可以活下去，不是吗？

行到汤阴时，正赶上闹饥荒，苏东坡只能吃豌豆粥充饥，一边吃一边教育孩子们，条件再恶劣，饭菜再难吃，也要好好吃饭，保重身体。事实上，能吃上豌豆粥已经很不错了，很多百姓衣不遮体，食不果腹。苏东坡看在眼里，十分痛心，可惜他如今自顾不暇，再不能为民请命。唯一能做的就是默默祈祷，祈祷将来北归路过这里时，百姓们衣食无忧。

这时，朝廷下达第三道贬令。宋时，官员若无重大过失，过几年就可自然升官，也就是叙官，这道贬令直接剥夺了苏东坡的叙官资格。

十四日，苏东坡行到河南，此时天气转热，苏东坡年岁又高，渐觉体力不支，肩膀上的老毛病也犯了。苏东坡觉得再这么下去，只怕要病死途中，再者，此行有千里之远，他一向挣多少花多少，手中那点钱根本不够用，于是，修书上表，希望哲宗看在八年师生之谊的分儿上，允许他乘官船去广东。坐官船一来省钱，二来也能省不少力气。

十八日，苏东坡行到陈留。这时，他已知晓章惇拜相，正在大肆打击元祐党人，加上半月间连收三道贬令，他觉得章惇不会就这么放过自己，或许马上就会收到第四道甚至第五道贬令，或许，还会被贬到更远的地方去。他想若真有那天，自己便只身南迁，让家人去宜兴生活，那里还有些田产，日子倒也能过。

可将家人安置在宜兴也需要不少钱，显然，苏东坡没有。好在这里离汝州不远，苏东坡便去了趟汝州向子由求援。半年前，兄弟二人同居高位，不料今日双双被贬，未来的日子更是难测。此番相见，格外心酸，形势紧张，苏东坡不敢久留，待了三两日便匆匆返回陈留。

到陈留时，哲宗下达诏令，准苏东坡舟行。一家人登上南行的船，一路上遇到米芾、张耒等好友前来话别。

六月七日，苏东坡到达南京，命苏迈一家先去宜兴，苏迈谨遵父命，就此别去。又过了半月，苏东坡到达安徽，如他所料，第四道贬令来了。这一次，苏东坡被贬到更远的惠州，头衔也成了司马，且不得签署公事。这意味着，他又成了犯官。

此行凶多吉少，苏东坡觉得不能再带家人一起了，便命苏迨带着所有人去宜兴和苏迈一起生活。一家老小哭哭啼啼，都要与苏东坡同行，苏东坡自然不允，最后，他决定只带朝云和苏过南迁，其余人包括苏过的妻儿都随苏迨前往宜兴。

苏家又裂成了两半，这一幕，有些熟悉。十几年前，苏东坡因诗入狱，之后便成了无权签署公事的犯官，被贬到偏远的黄州。去黄州途中，苏东坡的情绪低至冰点，到黄州后更是差点抑郁。然黄州虽小，倒也无性命之忧，那时苏东坡也才四十多岁。而今，苏东坡年近六十，又是去有“人间炼狱”之称的岭南惠州，处境比去黄州时艰难得多，然历经半生荣辱，苏东坡已练得一身豁达，心态远胜当年。

既然在劫难逃，那就让暴风雨来得更猛烈些吧！苏东坡反倒无所畏惧起来。沿途风景不错，权当这是一趟旅游，苏东坡又赏起景、作起诗来。行到险处时，他说“且并水村欹侧过，人间何处不巉岩”，既然到了险处，那就傍着江边的村落走吧，虽摇摇晃晃、歪歪斜斜了些，可人间哪里没有峭壁危岩呢？遇到暴雨时，他说“暴雨过云聊一快，未妨明月却当空”，暴雨固然可怕，然他坚信暴雨终遮不住明月，雨过就会天晴。

豪气干云，不减当年大江东去。

八月，船行到江西彭蠡湖，是夜，苏东坡刚泊船休息，忽听得岸上一阵吵闹，接着便见上百官兵将自己的船围了起来。原来，当地官员接到通知，不许苏东坡再乘官船，此番正是来收官船，立大功来了。

树倒猢狲散，墙倒众人推，人世荒凉不过如此。苏东坡的嘴角泛起一抹苦笑，接着十分平静地与官兵沟通，说晚上不好雇私船，希望官爷再通融半日，次日中午一定还船。大约是觉得苏东坡态度良好，所求也不过半日，为首的同意了。

苏东坡计划连夜赶路，顺利的话，次日中午前就能赶到星江，那里甚是热闹，雇一辆私船应该不成问题。可半日实在太短，若遇逆风，时间便来不及了。怎么办？苏东坡决定向龙王求助，他立在船头，双手合十，对着无边的江水十分虔诚道：“我在江海上走了三十多年，与龙王您也算是老朋友了。眼下，我正流离失所，想必老朋友一定会为我感到悲哀。若有顺风相助，我明天一早就能到达星江，中午前就到达豫章，如此便不用担心。否则，官兵们必然将我赶下船去，我也只能风餐露宿了。”

话音刚落，耳边突然风声大作，苏东坡大喜，命船夫即刻升帆，次日中午，顺利到达豫章。此后，这里便有了一个传说：龙王分风护送苏东坡。出于这个缘故，豫章的一个渡口也被称作分风浦。又过了几日，苏东坡来到江西庐陵，这时，朝廷的第五道贬令也来了，苏东坡再降一职。

前方就是赣水，这一段水路，长达三百里，中有十八滩，到处都是怪石暗礁，凶险无比。八月七日，苏东坡来到最凶险的惶恐滩。眼前巨浪翻腾，乱石穿空，苏东坡忽然想起自己这一生不知行过多少次这样的险滩，然次次都安然无恙，如此经验，简直可以当水手了，于是自嘲道：便合与官充水手，此生何止略知津。一片戏谑调侃，读来满是心酸。

转眼已是中秋，又是一个思念亲人的日子。这天晚上，苏东坡举杯邀月，引吭高歌，歌罢，顿觉心胸舒畅。多年前，他说“人有悲欢离合，月有阴晴圆缺，此事古难全，但愿人长久”，如今他说“未觉有今夕之悲，悬知有他日之喜”。此番心境，可见苏东坡于佛道又入了新境界。

苦难，自是凡俗之人眼中的地狱，可于修行者而言，亦是最好的修道场。因而，今夕之悲不再是悲，相反，这悲还可能带来他日之喜，了然生死，参透无常之喜。

苏东坡还写下这样一段话：“白居易曾在庐山草堂炼丹，快要炼成时，丹炉竟然坏了，没多久就收到朝堂的任命文书。可见出世与入世不可皆得，必然是一败一成。我有志于佛道已久，但一直无所成，正是因为俗世之事还未解脱。《尚书》有言：民之所欲，天必从之。一切都是有征兆的，如今，我在俗世中算是彻底败了，这正预示着我于佛道要有所得了。”

此次南迁，成了东坡居士眼中的一场苦修。九月，苏东坡入岭南，站在大庾岭上，他感到五蕴皆空，缓缓道：

一念失垢污，身心洞清净。浩然天地间，惟我独也正。今日岭上行，身世永相忘。仙人拊我顶，结发授长生。

大意是说：“心中一念生，全身污垢瞬间退去，只觉神思清明，内心澄净。天地广阔浩渺，我独立于其中，一身正气。今日走在岭上，顿觉前生今世都已忘掉，似有仙人轻拍我的头顶，一边为我结发一边将长生之术传授与我。”

大庾岭山川壮阔，草木秀丽，人烟稀少，苏东坡身在其中，愈觉自己像个世外修行者，就这么走着，忽在路上遇到两位道士，奇怪的是，两人一瞧见他便匆匆离去。苏东坡向来佛道双修，每遇着寺庙道观都要进去拜一拜，遇着高僧道士更要访上一访，这两位道友还如此奇怪，苏东坡更要去会一会他们。于是他紧跟其后，不一会儿就行到一片树林中，林中有几间茅屋，两位道人正在屋前说话，看到苏东坡一行后便问来者何人。

随从答："苏学士。"

"难道是苏子瞻？"道人问。

"正是，苏学士成也文章，败也文章。"

道人哈哈一笑："富贵荣辱本就无常，有盛自然有衰，岂能用文章来解释？"苏东坡心中一动，不由得感叹："何处没有高人大道！"

拜别二位道友后，苏东坡继续前行，不久又遇到一位道友，此人正是苏东坡的莫逆之交——吴复古。吴复古是广东潮州人，长苏东坡三十二岁，自幼聪颖，博学多识，后来举孝廉入仕，在神宗年间成为皇宫教授，专为皇子们讲学。吴复古淡泊名利，最厌恶官场的尔虞我诈，不久便以奉养双亲为由辞去官职，回到潮州后，对妻子说"黄卷尘中非我业，白云深处是我家"。接着，他在潮州附近建起一座庵堂，做起了正经道士，常常四处远游。多年前，吴复古在徐州一带游历，并在游历途中与苏东坡结识。之后，二人经常交流养生之道，也多有书信往来。

吴老道的养生之道与寻常道士不同，他不炼丹，不服药，更不追求长生不老，认为"微之至，和之极"，主张通过细微渐变来调和，其中精髓便是清静无为，无欲无求。吴老道第一次见苏东坡时，就给苏东坡说了自己的这套理论，然而那时，苏东坡一心有所为，且想大有所为，因此对吴老道的这番理论不以为然。君子和而不同，二人的养生之道虽有些背道而驰的意思，但并不影响他们继续做朋友。苏东坡半生漂泊，不是被贬就是在被贬的路上，吴老道丝毫不避讳，屡次前去探望，二人的友谊也愈加深厚。

吴老道今年九十一岁，多年前因父母年迈便回潮州侍奉双亲，此番苏东坡被贬岭南，正是人生地不熟，遇到昔日道友，自是十分激动。苏东坡现下的情形，可以说是狼狈至极，吴老道却没有一句安慰的话，只说："当年卢生黄粱一梦便能参透红尘，归于正道，你如今亲历一番，还不醒悟吗？"苏东坡深以为是，他决定到惠州后，日日焚香静坐，忏悔这五十九年的过错。

忏悔也是学佛之人的日常之一，其实就是反省。不如意时，狭隘之人总喜欢对外归因，于是怨怼、愤恨，结果一直止步不前。宽厚之人则更喜欢向内反省，因而宽容、理解，而后快速成长。孟子云"行有不得，反求诸己"，苏东坡就是这样的人，即便别人错了九分，他也要反省自己那一分。

苏东坡自小慧根深种，少时就喜读《庄子》，青年时已有归隐山林之志，然父母不同意，告诉他成家立业才是正经，加上苏东坡从小读圣贤书，在儒家积极入世的影响下，一心考取功名，入官场后，又以百姓天下为重，参禅悟道便成了捎带，用他自己的话来说，"少时本欲逃窜山林，父兄不许，迫以婚宦，故汩没至今"。

如今，官场一败涂地，苏东坡才真正打开佛道大门。岭南虽属蛮荒，然一路上也能遇到不少隐士高人，与他们作偈参禅，也是一件乐事。平日里，又有"小坡"苏过与他诗文酬唱，父子二人赏景题咏，颇得趣味。苏小坡已二十有三，才气更胜从前，更难得的是，他也颇爱道家之说，每日在家中打坐，父子二人既是文友亦是道友。苏东坡的日子，又有了滋味。

十月二日，苏东坡终于抵达惠州。当地百姓开心又激动，几天前就盼着一睹苏学士的风采，此刻正随着州府官员来迎苏大学士，纷纷向苏东坡问好。一时之间，欢声笑语不绝于耳，苏东坡倍感亲切。惠州太守詹范仰慕苏东坡已久，对苏东坡礼遇有加，安排他到合江楼暂住。合江楼，当地最高级别的酒店，依山傍水，清幽雅致。算来，苏东坡已在路上奔波半年，此刻正疲惫不堪，只想好好睡上几天。合江楼是个令人放松的地方，在这儿住了几天后，苏东坡渐觉神清气爽。可惜，这里毕竟是高级酒楼，犯官不能久住，半个月后，苏东坡搬到嘉祐寺。

嘉祐寺荒凉偏僻，周围只有一片树林，倒有些像黄州的定惠院，好在附近有一座小山，山顶上还有一个松风亭。此后，松风亭成了苏东坡的好去处，每一次，他都要拄着拐杖爬到山顶，在亭中静看山景。

一日，苏东坡又来爬山，刚爬一半就气喘吁吁，很想歇一会儿。可松风亭远在山顶，这么一歇恐怕就再也爬不上去了。苏东坡站在半山腰上，十分纠结。好一会儿后，他开始问自己，我为什么这么纠结，为什么非要爬到山顶？上不去就上不去呗，想到这儿，便就地歇息起来。那一刻，他感到前所未有地轻松，就好像一条刚刚解脱的挂钩之鱼。

一个次次拄着拐杖都要爬到山顶的倔强老头儿，突然决定不上山了，似乎多少有那么一丝英雄气短的心酸。然则事实并非如此，苏东坡只是不再勉强，不再执着，不再跟自己较劲。他依然积极向上，热爱生活，更会苦中作乐。

惠州有多苦呢？这么说吧，苏东坡所在的这个市集，每日只杀一只羊。然就在这么个穷苦地方，苏东坡也属于穷的那群人，那群买不起羊肉的人。他一向十分爱惜身体，又是打坐，又是梳头，吃饭更是头等大事。眼下连羊肉都买不起，营养可要跟不上了。怎么办？苏东坡又有了主意，据他观察，羊脊骨没人买，便跟卖肉的商量，能不能将那羊脊骨卖给自己。羊脊骨没人要，卖肉的自然同意，便低价卖给了苏东坡。

苏东坡果然是个吃货，为了啃上面一星半点的肉，又研究出一个食谱来。净洗锅，多放水，羊骨下锅慢慢煮。待熟后，热捞出，米酒缸里泡一泡，盐巴堆里滚一滚，再放火上烤一烤，啊呀，好香。

苏东坡对自己这个吃法十分得意，还给子由写信炫耀，大约说了这么一番意思："子由呀，我最近新发明了一个烤羊骨的吃法，味道特别棒。因羊骨肉少，每次都要费好大劲才能啃出一点肉来，如此一来，这肉吃着更香了，好像在吃螃蟹。我每隔三五日吃一次，觉得很有营养，甚是开心，要不你也试试。我还打算大力推广这道菜谱，不过万一推广成功了，人人都将骨头吃个干净，那爱啃骨头的狗儿们应该要不高兴了。"

"费十分力气才啃得一点肉，所以肉更好吃"，这一点，吃货们应该很有共鸣。

詹太守知道苏东坡过得紧巴，每隔几日就让自家厨子买好菜去苏家做饭，给苏东坡改善伙食。来而不往非礼也，惠州城西有个丰湖，湖边还有佛塔庙，苏东坡最喜欢这样的地方，也时常去那里钓鱼，若钓到大鱼就送去詹太守家里，顺便再蹭一顿饭。

按理说，与流放犯官来往，影响非常不好，官员们应该多多躲避才是。奈何，苏东坡实在魅力无穷，在这种情形下，依然吸引了不少新朋友。除了詹太守，惠州周边的官吏们也时常带着好吃的好喝的来苏家探望，附近的高僧道士也常来拜访。

访客中，属契顺最为传奇。此人本是苏州的一个和尚，对苏东坡极为钦佩，又与苏迈相识。苏迈到宜兴后，不知父亲音信，十分担忧，契顺便说："惠州又不在天上，总能走到的，你写一封家书来，我替你送去。"

之后，他果然收拾行装，千里迢迢向惠州奔来，临行前，佛印也托他捎信给苏东坡。苏东坡见到契顺十分感动，问他可有所求。答曰："正因无所求，方可行万里之远，否则，契顺此刻应该在为朝廷奔命才是。"

苏东坡愈加感动，十分想为契顺做些什么，一再表示希望能有所报答，契顺便说："昔日，颜鲁公（颜真卿）穷困潦倒、饥寒交迫时，蔡明远千里送米，颜公十分感激，便送了一幅字给他。此后，世人皆知明远之义。我虽无米相送，亦有万里之行，不知先生可否为我写一幅字。"

"当然可以。"苏东坡满口答应，接着便手书《归去来兮》，并写一篇小作文记录契顺义举，一并送与契顺。

其余老友更不用说，秦七、黄九等苏门学士虽因苏东坡受到牵连，纷纷被贬，然他们与苏东坡的情谊却并未受到半分影响，书信依然不断。参寥、陈慥等远在千里之外还要派人前来探望。今天你来，明天他来，苏家并不冷清。

苏东坡本身又是个闲不住的人，朋友们不来，他自己也会主动出门找乐子。要么一个人爬山，自娱自乐；要么约上三五好友，游山玩水，吟诗作对；要么在市井闲逛，与当地百姓说笑逗趣。

苏东坡刚来惠州时，发现这里竟然没有酒坊。本有些郁闷，后来才发现，这里每家每户都会酿酒，根本用不着酒坊。父老热情好客，苏东坡也时常去串门子，因而喝到不少好酒。他最喜欢的就是桂花酒，此酒微甜，带着一股清香，酒性温和，多喝也不会上头，反令人轻快无比，隐有飘逸之感。苏东坡觉得桂花酒着实不错，于是四处打听桂花酒的酿法，还在家中亲自酿起了桂花酒。之后，他又将酿酒秘法刻在罗浮桥下的石头上。罗浮桥正是城北罗浮山下的那座铁桥，罗浮山向来有“仙山”之称，可见在苏东坡心中，桂花酒已然是仙酒一般的存在，他将秘方藏在桥底这么隐秘的地方，大约是有缘者得之的意思，依然玩性不改。

惠州虽然穷僻，但岭南风光着实不错，这里草木繁茂，眼前所见尽是一片浓绿。异域风情也令苏东坡颇感新鲜，他第一次见到了香蕉、槟榔、荔枝等树。这些水果不仅新鲜好吃，价格也十分便宜。柑橘更是漫山遍野到处都是，当地百姓甚至随手摘来驱逐鸟雀。

作为一枚吃货，苏东坡可太喜欢这些水果了，他尤其爱吃荔枝，情不自禁道：“日啖荔枝三百颗，不辞长作岭南人。”苏东坡竟因为一颗荔枝爱上了岭南，还说要一辈子做个岭南人，原来吃货的幸福可以这么简单。

人人谈之色变的岭南，在苏东坡笔下，居然成了吃荔枝的天堂。可见，看见什么，往往取决于选择看见什么。苏东坡选择看到美好的那一面，因而，羊骨没肉，他也能啃得欢快；岭南穷苦，他也能在荔枝中嚼出一片幸福来。如果说感受幸福是一种能力，无疑，苏东坡是这方面的佼佼者。因而，不管什么样的日子，他总能过成好日子。然总有人见不得他好过，谁呢？自然是他昔日的好友，当朝的宰相——章惇。

多年前，苏东坡被李定等人陷害，深陷乌台大牢。那时，章惇不惜得罪王珪等人为苏东坡说话。可元祐党争时，苏东坡的亲弟弟苏辙却不停攻击他。章惇对苏东坡如此愤恨，或许，多少有那么一点爱愈深恨愈切的意思。

历来被贬岭南之人，尤其是如苏东坡这般年纪的，没几人能生还。可章惇还是不放心，总想让苏东坡过得更糟些，于是找了一个人为苏东坡雪上加霜。章惇找的这个人名叫程之才，正是苏东坡的表哥兼姐夫，苏八娘的夫君。

四十多年前，苏八娘嫁到程家，总被挑剔侍奉公婆不周，生了孩子后更是身心俱疲，不到三年就抑郁而亡。苏洵悲愤交加，专门作《苏氏族谱亭记》，宣布与程家绝交。此后，苏、程两家结怨，再无往来。章惇对这一段恩怨十分清楚，故意命程之才巡按广州一带，给他一个公报私仇的机会。

1095年（绍圣二年）正月，苏家来了一位客人，此人正是程之才的部下，程乡县令侯晋叔。侯县令十分热情，进门后忙向苏东坡拜年，寒暄几句后，十分委婉地表示，此番前来问好正是程之才大人的意思。

苏东坡有些惊讶，两家人已做了四十年仇人，如今的情形，正是自己落魄，程之才得志，本以为又要受人为难，没想到程之才居然有意摒弃前仇，重修旧好。四十年了，往事已淡了许多，苏东坡于佛道中修了这么久，并不以仇恨为念。再说，程之才毕竟要叫母亲一声姑姑，他记得，苏、程两家反目后，母亲十分伤心。

这段恩怨也该结束了，苏东坡十分感慨。马上向程之才修书一封，大约说了这么一番意思："古人说三十年就算一世，如今咱们兄弟已四十二年没有来往，一想到这儿，我这心里就很不是滋味，不知道表哥你是否有空来与我一聚。"

在现代人的概念里，一世就是一生、一辈子的意思。然在古时，一世与一生，意思大不相同。一世，也就是一代，有世道更迭之意，古人认为三十年便能换一个世道，故以三十年为一世。所谓三十年河东，三十年河西，就是这个意思。

苏东坡之意，三十年时间，足够沧海桑田上一回，那些旧怨也该放下了。苏、程之仇，是关乎性命之仇，错更在程家，苏东坡却轻描淡写，给足了程之才台阶。如此心胸，着实令人佩服。两个月后，程之才行到惠州，向苏家而来。苏东坡又修书一封，大约说很想前去迎一迎，奈何自己一介罪臣，不便远行，只好让苏过代为迎接。三月初七，苏过早早到江边等候，不久，程之才来了，苏过长这么大，还是第一次见这位叔叔，二人寒暄几句便向嘉祐寺走去。

嘉祐寺十分简陋，苏东坡也没什么好招待的，然则此刻正是，度尽劫波兄弟在，相逢一笑泯恩仇，一壶浊酒足矣。两个花甲老头追忆往事，感慨万千，不觉潸然泪下。此前嫌隙，彻底随风而散。

程之才还邀请苏东坡为他的曾祖父撰写墓志铭，苏东坡欣然答应。章惇一定没想到，这对昔日的仇人，竟然又成了相亲相爱的表兄弟。他期待的雪上加霜也变成了雪中送炭，程之才不仅给苏东坡带来一大堆吃的用的，还让苏东坡又住进了合江楼。

有人说，人性本善；有人说，人性本恶。孰对孰错或许并不重要，善恶各有其根，人人兼而有之，恶来时，总带着一股破坏力，阴险、黑暗，令人恐惧。然善来时，又带着一股更强大的生命力，温暖、耀眼，令人向往。善恶皆有千万种，狭隘或许算不得大恶，但宽恕一定是极善。

苏东坡一念宽恕，多年仇怨尽化为无，两家人重修旧好，惠州百姓也因此受益良多。什么，这事居然还跟惠州百姓有关系？是的，苏东坡可是老百姓的好朋友，最爱管百姓的闲事，眼下戴罪之身，诸事不便，有程之才的这层关系，一切就方便多了。

惠州东江辽阔无边，水流湍急，江上却只有一座竹浮桥可供通行，竹桥常年浸在水中，早已破败不堪。当地百姓只好乘一叶小舟，摇摇晃晃地渡河，苏东坡看得心惊胆战：不知百年来，几人陨沙泥。

苏东坡觉得必须建个桥。接着他便积极筹钱，团结一切可以团结的力量。程之才和詹太守位高权重，倒筹得不少钱来。然而，建桥毕竟耗费巨大，苏东坡觉得还是多筹一些比较好，便又写信向子由募捐。此刻，子由也被贬筠州，处境艰难，只好将朝廷以前赏赐给夫人的数千金币捐了出来。苏东坡自己一穷二白，唯一值钱的就是朝服上的犀带，此次修桥，便将这犀带也捐了出来。可以说，拿出了全部家当。

钱款到位后，建桥工程也开始了。苏东坡四处询问，找到一个修桥的专家，此人是罗浮山的道士——邓守安。苏东坡以前修了不少水利工程，每次也是找专家帮忙，这些专家几乎都是僧道，此番又请了一位道士，不得不感叹，苏东坡的僧道朋友真是全能。邓守安建议将四十艘船用铁索连在一起，以船为桥，从此，东江上便多了一座浮桥，名为东新桥。桥成之时，百姓欢呼雀跃，一时间，桥上尽是父老乡亲，个个喜笑颜开，苏东坡十分欣慰。

东江的桥建好了，银子尚有一些，苏东坡发现城西丰湖的桥也该修一修了，于是又在丰湖上建了一座长桥，名为西新桥。此桥以石盐木为原料，十分坚固，桥上还有亭台楼阁，成为丰湖一景。丰湖因在惠州城西，苏东坡便称之为西湖，许是对杭州西湖情有独钟，所以故意为之。久而久之，当地百姓也跟着苏东坡将丰湖称作西湖。

之后，苏东坡听说广州在闹瘟疫，又做起了热心市民。广州太守王古是王巩的堂兄弟，苏东坡与王巩交情颇深，故与王古虽无甚交情，倒也算相识。苏东坡曾在杭州抵抗瘟疫，抗疫效果还不错，于是立即写信给王古，将自己的经验悉数贡献出来。王古勤政爱民，苏东坡这番来信，正好解了他燃眉之急，便对苏东坡的建议一一采纳，还在广州建了一所医院，一如苏东坡当年在杭州建的安乐坊。

此外，广州因在沿海一带，地下水又苦又咸，百姓长期饮用，非常不健康，出于这个缘故，每年换季都要闹一波瘟疫，体弱者根本扛不过去。这一点，也与杭州十分相似。苏东坡又写信给王古，建议他在城中造井，用竹子制作水管，将山上的泉水引到井中，并附上一份非常详细且完整的方案。王古深受感动，再次从善如流，两人皆以百姓民生为先，合作得十分愉快，是以，引水大工程虽然繁杂却十分顺利，广州百姓也终于喝上了好水。可惜，当权者对苏东坡怀恨在心，后来，王古竟因此背上一个“妄赈饥民”的罪名，被革职处理。

苏东坡总能第一时间发现百姓的需要，不管大事小事，他都尽心尽力，除了修桥引泉这样的大工程，还做了不少小事。

岭南偏远，官府为了省事，收税时只要钱不要粮，岭南百姓本就穷苦，大多老百姓手中无钱，只能卖粮换钱，以致粮贱钱贵，严重打击了百姓种田的积极性。苏东坡向程之才提议，让百姓自由选择纳税方式，此后，交不起钱的穷苦百姓便以粮抵税。

惠州军营紧缺，很多士兵只能租房居住，成日在市井厮混，酗酒赌博，欺压百姓，军政一塌糊涂。经过苏东坡的提议，官府修建了三百多间营房，士兵们终于有了住处，经过一番整顿，军营渐渐有了样子，百姓的日子也安生了不少。

苏东坡在黄州时，见过一种叫“秧马”的插秧工具，形似小船，两头翘起，中间供人骑坐，可用双脚控制秧马移动。插秧时，可从船头取下秧苗，拔秧时，可将拔起的秧苗放在后仓，十分方便。苏东坡觉得秧马实在是个好农具，还仔细研究了一番，对制作工艺和使用方法都非常清楚。他发现惠州当地还没有人使用秧马，便向当地官员大力推荐，不久，惠州百姓都用上了秧马。

一次闲逛，苏东坡发现路旁有很多白骨，看着令人胆寒。死后还要受风吹雨打，想来白骨的主人生前也是个可怜人，苏东坡为之不忍，向詹太守提议，掩埋这些骸骨。在苏东坡的影响下，官府专门成立特殊机构处理此事，惠州方圆两三百里内的白骨全都入土为安，苏东坡亲写祭文，无数亡魂得以安息。

受瘴气影响，当地百姓小病不断。可惜，惠州实在落后，缺医少药，苏东坡只好托人从别处为自己购买药材。从苏东坡写给朋友的书信中来看，以葱、姜、豉为原料熬成浓汤，可解瘴毒。只是，当地没有黑豆，百姓们也不会做豆豉，苏东坡便给广州的朋友王古写信，请他为自己买三石黑豆。拿到黑豆后，苏东坡又自己做豆豉，辅以葱姜，制成浓汤，免费送给百姓们。北宋时，一石大约是五十九千克，三石黑豆有三百多斤，可以想象，喝这个汤的人数至少要以百计。

为百姓奔忙的同时，苏东坡也开始为以后的生活做打算。1095 年（绍圣二年）九月，哲宗大赦天下，却特意说明元祐诸党不在赦免之列，且终生不可北还。

这个消息令苏东坡低落了好一阵子。

一日，他在家闲坐，只见窗外北风萧萧，落叶纷纷，天地间尽是一片肃杀之气，颇有些伤感，便唤朝云唱一曲《蝶恋花》。

朝云唱到“枝上柳绵吹又少，天涯何处无芳草”时，突然停了下来。苏东坡正自纳闷，却见朝云泪流满面，不能自已，良久，哽咽道：“我唯一不能唱的一句词，就是枝上柳绵吹又少。”

苏东坡笑道：“我刚还悲秋，你倒又伤起春来。”

朝云自幼失去双亲，十二岁进苏家，苏东坡半生动荡，朝云随之四处漂泊，永远不知明夕在何处，正好似天涯随处零落的柳絮。柳绵吹又少时，意味着春将暮矣，是以，苏东坡说朝云伤春。彼时的朝云虽只三十三岁，然自入岭南后，受了不少瘴气，身体大不如前。春光短暂，好似红颜薄命，朝云伤春，大约与此有关。

五个月后，程之才被朝廷召回，之后詹太守也离任，合江楼不能再住下去，苏东坡又搬回了嘉祐寺。此时，他已接受不能北归的事实，也越来越想念亲人，可他知道自己一个犯官，活动范围有限，就是死也要死在这里，若要骨肉团圆，只能让苏迈他们前来相聚。来惠州这两年，他发现日子虽然清贫，倒也安稳能过，并没有想象中那么可怕，于是决定建一个自己的房子，建一个大房子，让苏迈他们都搬过来，一家团聚，共享天伦。

要盖房得先买地，苏东坡考察了几天，看上了白鹤峰的一块地皮。这里原是一座道观，四周简约清静，离县城也不远，十分宜居。苏东坡很满意，计划起来："盖二十间屋，打一口井，种些树，养些花，嗯，像个农家院子。"计划停当后，苏东坡宣布立即开工，老百姓听说后，纷纷奔走相告："苏学士要盖房子啦，快去帮忙。"白鹤峰很快就热闹起来。

苏家又要迎来新生活了，新生活代表着希望，有希望，日子就不会太差。想到很快就能一家团聚，苏东坡期待又欢喜。不料，房子还没盖好，家中又遭变故，1096 年（绍圣三年）七月，朝云病逝了，年仅三十四岁，苏东坡伤心欲绝。朝云或许不是他生命中最重要的那个女人，但一定是最特别的。

朝云容姿秀丽，灵气逼人，高洁出尘，苏东坡赞她冰姿玉骨，好似"一朵彩云下巫峰"，希望与她"相见一千年"。王夫人去世后，朝云主动承担起女主人的职责，操持家务，无不尽心尽力。岭南一行，苏东坡家中歌伎尽数离去，只有朝云不离不弃，更难得的是，朝云虔诚学佛，又悟性极高，还能与苏东坡共参禅机，是苏东坡眼中的天女维摩。亦只有她，识得东坡不合时宜，遣散东坡许多寂寞，是苏东坡不可多得的灵魂伴侣。

朝云于苏东坡，是红颜，是至亲，更是知己。十多年的陪伴，二人的情感也逐渐超越普通儿女私情，更像是同修道友。大约在1095年（绍圣二年），也就是苏东坡来惠州的第二年，二人渐渐分床。那年，朝云随尼姑冲义学佛，正式皈依三宝。朝云临终前，一直念诵《金刚经》中的四句偈："一切有为法，如梦幻泡影，如露亦如电，应作如是观。"走得十分平静。

苏东坡为朝云写了很多诗，其中一首中有这样几句：

经卷药炉新活计，舞衫歌扇旧因缘。丹成逐我三山去，不作巫阳云雨仙。

大意是说："朝云有时手持经卷，有时守着丹炉，对她而言，歌舞团扇早已是前尘往事。待仙丹炼成，她便随我共赴仙山，再不眷恋红尘情爱。"

写给朝云的悼词中也有这样几句：

伤心一念偿前债，弹指三生断后缘。归卧竹根无远近，夜灯勤礼塔中仙。

佛教认为，无缘不聚，无债不来，世间情爱皆是如此。苏东坡说朝云与自己的这段缘分正是来偿前世之债，债已偿，缘便也断了，此后三生，再无后缘，从此以后，自己更要勤习佛法。苏东坡并不幻想来生再续前缘，而是由衷祝愿朝云往生极乐，再不受红尘轮回之苦。他将朝云葬在栖禅寺与大圣塔中间的一片松林中，那里日日可听梵音。栖禅寺的和尚还建了一座"六如亭"来纪念朝云。六如即如梦，如幻，如泡，如影，如露，如电，正来自朝云临终前念诵的四句偈，也即六如偈。

人生得一知己足矣，何况是朝云这样的至亲知己。知己离去，最是痛苦，然日子还要继续。一段时间后，苏东坡又一如往常，读书写字，念佛诵经，赏景作诗，与此同时，也为百姓忙碌。朝云的离去似乎并未对他造成多大影响，只是此后，他再没娶妻纳妾，也再不听《蝶恋花》。

半年后，也就是1097年（绍圣四年）一月，苏东坡的新房终于盖好了，取名白鹤居。苏迈一行也从宜兴赶来惠州，一家人终于团聚。这年，苏东坡已六十二岁，孙子苏符都到了结婚的年纪，苏东坡十分高兴，为孙子四处物色好姑娘。

谁知，刚开心了两个月，又传来坏消息，他听说变法派们对元祐党人开始了新一轮的打击，就连已经离世的那些老臣也不能幸免于难。

事实的确如此，有人提出要摧毁司马光呕心沥血、耗时十九年才完成的史学巨著《资治通鉴》。更有甚者，要将司马光开棺鞭尸，简直丧心病狂。此人正是章惇，章惇其人，好起来挺好，可一旦得罪了他，绝没有好果子吃。高太后执政时，元祐党人也曾大肆打击章惇等变法派人士，然与章惇如今的这番报复比起来，只能算小巫见大巫。

章惇不仅在朝中继续打击元祐党人，对已经被贬的人，也十分关注，尤其是苏东坡。此前，他派程之才来广州巡按，本以为能难为苏东坡一番，然并未如愿。不仅如此，还听到苏东坡说什么“为报先生春睡美，道人轻打五更钟”。

这诗正是苏东坡在嘉祐寺所作。章惇很不爽，没想到苏东坡居然过得如此惬意，这哪儿是流放岁月，简直就是度假去了。他感到一种公然的挑衅，非常不高兴，于是决定将苏东坡贬去更远更荒凉的地方。可具体去哪儿呢？嗯，苏子瞻，瞻与儋都有个詹字，那就让他去儋州吧。苏辙也该再贬一贬了，苏子由，由与雷都有个田字，苏辙就去雷州吧。章惇很会玩。

自三月听到传言，苏东坡就非常不安，若传言是真的，他很快就会收到贬令，又要奔波在路上。白鹤居几乎花光了最后一点钱，眼下，他非常拮据，必须早做打算，于是写信给王古，请他为自己打探情况，信里有这么几个关键词：惊恐不已，犹欲早知，少免狼狈。苏东坡的心情，可想而知。

果然，一个月后，朝廷再下贬令，将苏东坡发配到更加遥远的海南儋州，依然不能签署公事。命运何其残忍，一个六十多岁的老人，如何经得起这几番折腾。海南岛远比惠州蛮荒，苏东坡心灰意冷，自觉生还无望，便将家人都安顿在白鹤居，只带苏过一人同行。他决定，到海南岛后，先做棺材，再选墓地。临行前，嘱咐苏迈将来把自己葬在海南岛，不用扶柩回乡，还说："生不挈棺，死不扶柩，此亦东坡之家风也。"此一别，虽是生离，却像死别，一家人无限哀伤。

四月十九日，苏东坡带着苏过离开惠州，向儋州行去。苏东坡在惠州三年多，不仅改善了当地百姓的生活，更为惠州留下了宝贵的文化遗产。后人有诗赞曰：一从坡公谪南海，天下不敢小惠州。

半月后，苏东坡行到梧州，听说子由刚被贬雷州，正行到离这儿不远的滕州。没想到，在这种情形下，二人居然还能顺路，苏东坡十分激动，立即送信给子由，让他在原地等待，自己随后就到。

五月十一日，苏东坡终于追上子由。一别经年，二人感慨又欢喜，子由带了夫人与幼子苏远一家，两家七八个人便在途中的小店坐下来，边吃边聊，倒也热闹。荒郊野外，只有菜汤白饼充饥，子由实在吃不下去。苏东坡却吃得欢快，一边大口吃饭，一边打趣子由："这样的美食，你还想细细品尝不成？"

六月五日，两家人行到雷州，二苏同来，雷州太守张逢颇感荣幸，盛情招待一番后将二人安顿到当地酒店。子由已经到站，苏东坡决定在这里待上三日再继续赶路。临行前一天，苏东坡的痔疮犯了，整晚疼痛难眠。子由守了他整整一夜，后来又苦口婆心劝他戒酒，子由总是为哥哥操心不已。

六月八日，苏东坡向儋州行去，子由一路相送，待苏东坡登上南行的舟后，二人才分开。子由站在岸边，望着哥哥渐渐远去，心中无限伤感。他想，此一别很可能就再也见不到哥哥了。

1097 年（绍圣四年）七月二日，苏东坡抵达儋州贬所。父子二人租了一间破败的官舍，便算安顿下来。此地人烟稀少，满目萧条，加上旅途劳顿，二人都没什么心思出去，过起了宅居生活。成日无事可做，简直要闲出愁来，苏东坡一睡着就梦见惠州，如今想想，惠州的生活还真不错，可惜只能在梦里体验了。苏东坡觉得梦实在是个好东西，每日晨起，都要将昨夜的梦境记录下来。

苏过也十分无聊，拿椰子壳做帽子玩。于是，苏东坡也多了一件事做，那便是看苏过做帽子。不久，儋州来了一位新官员，名唤张中，此人对苏东坡十分敬仰。一到任，就来苏东坡的出租屋拜访，苏东坡父子终于迎来第一个朋友。

张中爱下棋，苏过也爱下棋，下棋这事苏东坡倒不太行。此后，张中经常来找苏过下棋，苏东坡则在旁观战，然他就是看上一天竟也不觉得厌烦。这三人，倒也有趣。入冬后，岛上阴雨不停，苏家的出租屋开始漏水，张大人立刻派人前来修理。有了张大人这位朋友，苏东坡父子的日子好过了不少。

在这儿待了一段日子后，苏东坡才发现惠州的环境还真算不得恶劣。此地气候炎热，风大雾浓，还时常下雨，不是燥热就是湿热，当地居民大多既不读书也不识字，仿佛回到了原始社会，岛上物资又十分匮乏，要什么没什么，可谓“食无肉，病无药，居无室，出无友，冬无炭，夏无泉”，真属蛮荒。

好友们十分担心，时常写信问候，尤其是那些至交好友。当年他在惠州时，陈慥便要来探望，苏东坡费了好多口水才劝他放弃了这个想法。此番，参寥远在杭州，听说苏东坡被贬去更远的儋州，不由得心急如焚，忙写信给苏东坡说要来儋州看望，苏东坡自是十分感动，可他怎能让好友冒险，便像当初劝陈慥一样，让参寥打消这个念头。为了让好友放心，苏东坡还开起了玩笑："瘴气虽能毒死人，但北方不也会得病吗？是个病就会死人，说起来，死在京城庸医手里的病人才多呢。"

老友巢谷更令人感动，他如今正在四川老家。苏东坡兄弟被贬岭南后，四川的亲友为了避嫌大都与他们断了联系。巢谷对此十分气愤，并说："我要徒步去岭南探望二苏。"邻居都笑他疯了。巢谷并不理会，直接从四川出发，一个七十三岁的老头，硬是靠一双脚走到岭南，快到循州时才给苏辙写信说自己过几日就到。

苏辙欣喜又感动，他与巢谷从小玩到大，记忆中的巢谷身体健壮，是个武艺高超的大侠。此番见面却发现巢谷老了很多，一脸病容，一想到这样一个羸弱的老人居然不远万里，翻山越岭来探望，苏辙不禁热泪盈眶，赶紧将巢谷迎在家中。二人每日闲话家常，不知不觉中便过了一个多月。巢谷辞别苏辙，打算去海南岛看望苏东坡。此去儋州需漂洋过海，有数千里之远，想到巢谷体弱多病，苏辙实在不忍，劝他还是不要去了。巢谷却十分坚定地表示："我不会这么快就死掉，你不要再劝我了。"苏辙见他去意已决，只好帮他打点行囊，凑够盘缠，依依不舍地送他离开。

不久，巢谷便向儋州行来。不料在路上遇到盗匪将他的包裹抢了去，老人家身无分文，眼看就要饿死在路上。几天后，他听说盗匪在新州被捕获，不由得大喜，决定去新州追回包裹，可怜他年老体弱，到新州不久就病逝了。二苏闻讯，悲痛欲绝，苏东坡四处托人护送巢谷灵柩回乡，苏辙则专门作《巢谷传》赞扬巢谷的义举。

巢谷大约在苏东坡到儋州半年左右时出发，从四川步行到循州就需要一年多，循州到海南儋州又有数千里之远。因此，此时的苏东坡还并不知晓这件事，他正在海南岛上熟悉当地生活。

海南岛内有黎族也有汉族，黎族住在丛林，男人们在家看孩子，妇女们则打猎砍柴拿到汉人所在的市镇卖钱。多年来，两族人积累了不少矛盾，因官府多向着汉人，黎族无奈之下便用自己的方式讨回公道。一旦被汉人骗了钱财，就直接将人捉到丛林中去，十分简单粗暴。当地官员无可奈何，认为黎族野蛮，难以征服。苏东坡却认为，黎人之所以如此，正是因为没人给他们做主，只有公平对待两族人民，此事方可化解。他眼中的黎人热情爽朗，质朴纯真。

一日，他在路上偶遇一位黎族汉子，此人刚用一捆柴换得一些棉布，大约看出苏东坡是个流落异乡之人，竟将换来的棉布全部送给了苏东坡这个陌生人，还叮嘱他小心防寒。苏东坡倍感温暖，当地物资匮乏，缺吃少穿，棉布可是件厚礼。城东的黎氏兄弟，更是热情爽朗，经常邀请苏东坡几个去家中做客。一来二去，苏东坡与黎人们越来越熟。

事实上，不论汉人黎人，苏东坡都喜欢主动找他们聊天，当地人虽没读过什么书，也知道苏东坡曾是个大官，学识丰富，非比寻常，加上苏东坡一向爱逗趣玩笑，很快就与苏东坡熟络起来，对他既敬重又喜欢。北宋文坛领袖，成日和不识字的农人们混在一处，还能过得如此自得快乐，实在是件稀罕事。

没办法，苏东坡就是有一种让自己开心的能力，同时，章惇等人也总有办法给他制造不开心。1098 年（绍圣五年）三月，朝廷派董必来海南督察，同年六月，哲宗改国号为元符，意为祥瑞。大约是想彻底清除旧党，换一片气象。

董必，正是此次党争中表现非常积极的一位，因而得到章惇的大力提拔。董必名为督察，实则来找碴儿，找苏东坡兄弟的碴儿。

雷州太守因厚待苏辙被撤职，苏辙也被强行扣上一个强占民房的罪名，被贬到更远的循州。张中因为苏东坡修建官舍被免职，董必还要将苏东坡赶出官舍，就连他的副手彭子民都看不下去，劝他“人人都有子孙，不要做得太绝”，然苏东坡还是被赶了出来。

章惇等人虽然残忍，海南岛的朋友们却十分热情温暖，在他们的帮助下，苏东坡很快就在一片桄榔林中盖好五间茅屋，取名桄榔庵。虽是茅屋，也花了不少钱，苏东坡本来就穷，这下更穷得揭不开锅了，他写信给友人说自己和苏过经常挨饿，好像两个苦行僧。

饿极的时候，苏东坡又想到一个简单易行的止饿大法。什么呢？吃阳光。好荒谬，是的，听起来确实荒谬。苏东坡修道多年，道士常用的养生之法，他也用过，比如炼丹，比如辟谷。辟谷，简单来说就是不吃五谷，厉害一点的什么都不吃。辟谷初期，只吃些蔬菜，且每日递减，渐渐什么都不吃。辟谷快结束时，又开始吃一点蔬菜，食量每日递增，渐渐恢复正常。辟谷周期短则一两周，长则好几月。道士们修炼养生气功，以气为食，故可长期不饮食。现代社会，人们也会偶尔绝食一两日，或只吃些清淡蔬菜来养生。

苏东坡也曾研究过辟谷之术，还勤做笔记，写了一篇《辟谷之法》，里面记载了这样一个故事：

有一个人，不小心掉到一个非常深的坑里，坑里还有青蛙和蛇。坑深出不去，里面又没食物，他想估计要跟这些动物一起饿死了。过了几日，他越来越饿，渐觉体力不支，可那些动物却精神饱满，似乎一点都不饿。这太奇怪了，为什么呢？他突然想起，每日黎明时，这些动物都会抬起头，张开嘴，似乎要将阳光吞咽下去，于是做出一个大胆的猜测，这些动物之所以不饿正是因为吞食了阳光。他依样画葫芦，试着吃阳光，结果，居然真的不感到饿了。

苏东坡说："这个方法简单易行，可天下之大没几个人知道，知道的也没几个愿意践行。儋州的米太贵了，这几天没饭吃，正好与苏过一起试试这个方法。因此，专门记录下来。"

苏东坡一向爱玩笑，没个正经，然修道又是玄之又玄的事，此事是真是假，还真不好说。大约苏东坡真的吃阳光去了，此后瘦了不少。他听说子由在循州也瘦了不少，又写诗戏谑，大约说：“仙人都很瘦削，我跟子由再这么瘦下去，估计马上就要成仙了，到时候，就能一起驾鹤回乡了。”不知子由看后作何感想，估计又是无奈一笑，叹一声傻哥哥。

日子越穷，苏东坡越要好好照顾自己，营养已经跟不上，日常保健更不能落下。苏东坡养生有三宝：梳头泡脚加打盹。晨起梳头一百下，睡前泡脚半小时，午后再打一会儿盹儿，似睡非睡，恍恍惚惚，是为闭目养神。

好在邻居们十分友好，时常给苏家送吃的喝的，苏东坡父子也能偶尔吃上一顿饱饭。一日，邻家西瓜成熟了，又唤苏东坡去田里摘瓜。苏东坡十分开心，一边摘瓜一边唱歌。这时，一位老婆婆调侃他：“你以前可是翰林大学士，现在想想，是不是像做了一场春梦？”苏东坡大笑，此后还给这老婆婆取了一个外号：“春梦婆”。又一日，他在邻居家串门子，顺便蹭吃蹭喝，临走时下起了雨，便借了蓑衣斗笠穿在身上。昔日的翰林学士竟如此打扮，老百姓觉得十分有趣，都来瞧新鲜，不少人看了哈哈大笑。

日子又安定下来了，每到这时，苏东坡就又该做些什么了。儋州之所以穷，很大程度上是因为当地人不懂耕种，外面运进的粮食又十分有限，因此总是勉强饿不死。更糟糕的是，当地人非常迷信，认为生病是得罪了神明，只有杀牛祭祀，病才能好。牛又是从外面高价买来，因此，生一次病几乎要耗光家里一年积蓄。

眼见百姓日子穷苦，苏东坡又行动起来。他托朋友从外地购买了大量药材，试着教当地人用药治病。同时，鼓励当地居民耕种。在他的影响下，当地人终于明白了“有病得吃药”这个简单的道理，同时学会了用牛耕田这个技能，男人们也加入劳作。

这事说起来容易，做起来却非常难。就拿吃药一事来说，当地人太过迷信，不杀牛总觉得神灵会再次降罪，就算将药免费给他们，他们也不肯喝。苏东坡只好以身示范，同时借和尚之口劝说他们，花了不少心思。

移风易俗，实非易事，苏东坡觉得，必须以文化之，于是在儋州办起了学堂，亲自教授。不仅本地人慕名而来，广州、琼州等海南岛境内的读书人也来儋州求学。姜唐佐就是其中一位，他来自琼州。小姜同学聪明好学，是学堂里的佼佼者，临走时，向苏老师求诗。苏东坡欣然应允，在他的扇子上题了两句："沧海何尝断地脉，朱涯从此破天荒。"并说："待你中进士后，我再为你续上后两句。"可见，苏东坡十分看好小姜同学。小姜同学也争气，后来果然考上了进士，成为海南岛的第一位进士。只可惜，苏老师那时已不在人世，续诗之事也只好由苏辙代劳："锦衣不日人争看，始信东坡眼力长。"

教学之余，苏东坡又开始著书立说。在黄州时，他注完《周易》和《论语》，如今又开始注《尚书》，写成《书传》一本。著书的日子里，苏东坡做了一个梦，梦里他回到了童年，正贪玩时，老爹突然来检查作业，吓得他当时就醒了。苏东坡醒后不禁想起孔子，孔子五十岁学《易》，十分努力，竹简上的皮绳都磨断了三次，他觉得这样的大圣人尚且如此用功，自己更该努力。果然，优秀的人不仅聪明，而且努力，十分努力。

苏东坡是罕见的全才，诗词文章、书法绘画皆独步天下，然他认为，这三本著作才是自己的最高成就。之后，他又开始整理自己的杂记、诗词、散文。在颍州时，苏东坡开始作和陶诗，并计划和完一百二十四首，到儋州后，终于完成最后十五首。和陶诗完成那日，苏东坡十分开心，并写信给子由请他作序。苏东坡在信中表示自己不仅喜欢陶诗，更喜欢其为人。显然，他将自己看作陶渊明的后继者。

整编工作非常顺利，这都要感谢苏过这个好帮手。苏过天资聪颖，勤勉好学，最像苏东坡，少时便有小坡之称。大坡优秀，小坡也紧随其后。

大坡抄《汉书》，小坡抄《唐书》。在苏东坡的指导下，苏过的诗画也大为长进，尤其是画。

大约二十年后，苏过一人在京城游学，住在一个寺院里。一日，突然来了一群官兵，备好轿子让他进京面圣。不久，苏过便来到一座大殿前，殿前正是宋徽宗。苏过上前行礼，只听徽宗说："听说你非常擅长画岩石，今日就在这墙壁上绘一幅吧。"

宋徽宗本就是非常有名的画家，当着这样的名家作画，此人还是天子，胆识实力缺一不可。苏过略定了定神，大笔一挥，作起画来，画成后，徽宗赞不绝口，大加赏赐。

平日里，父子二人除了搞文学艺术创作，也不忘找乐子，尤其是苏东坡，向来喜欢搞点小发明。文人最爱好笔好墨，儋州荒僻，这些东西一样没有。苏东坡便想着自己制墨，结果差点把房子烧了，制墨宣布失败。此后若干年，杭州有个卖墨的却宣称自己得到了苏东坡的真传，这家店的墨，质量本就好，加上苏东坡的这一番名人效应，生意异常红火。很多人以为苏东坡真会制墨，还向苏过打听，苏过只有呵呵一笑。

除了制墨，苏东坡又制起酒来，还将制作方法分享给了好友，写得非常详细。大约先将面粉发酵，做一些面饼出来，晾上两个月，磨成细粉。接着再将糯米煮熟，晾干，与细粉一起放入瓮中，压紧后将瓮盖上。待生出酒后，再煮些新米放入瓮中。新米与旧米的比例大约是三比一，然后加两碗水，等上三五天，便大功告成。此中细节，不可一一尽述。总之，非常详细，看起来非常专业。苏东坡也颇为得意，说"此法不可外传也"。

道家以"精、气、神"为三真，此酒以"米、麦、水"为三原料，制得一酒，可谓三而一，故苏东坡将这酒取名为"真一酒"。这"真一酒"到底怎么样呢？据他所说，与黄州所做的"蜜酒"差不多。再据他在黄州所说，喝了"蜜酒"可是要闹肚子的。

在惠州时，苏东坡曾酿桂酒，此前还酿过果酒，写了不少酒歌酒赋，以至于很多人以为苏东坡是个酿酒的专家。苏东坡去世后，不少人向苏迈兄弟请教苏东坡的酿酒秘法，兄弟几个不由得大笑，表示父亲只是闲不住，玩玩而已，还没入行呢。

苏东坡这个境界，倒也跟陶渊明有些相像，五柳先生好读书不求甚解，东坡居士好发明不求甚好。

闲来无事，苏东坡又研究起了药材，据他所说，荨麻可以治疗风湿，苍耳十分有营养，可以当饭吃，用文火给苍耳叶加热一天一夜后，苍耳叶便成了粉末，内服此粉，可美容养颜。苏东坡于医学修得几分尚待考证，不过他以此为乐，时常背上小背篓去山野里挖草药，若看到新鲜的，便要仔细瞧一瞧、嗅一嗅，还要在小本本里记上两句，一脸的开心自得。此时的苏东坡还是个白胡子老头，如此淡然潇洒倒真有些神仙模样，许是这个缘故，竟又有传言说苏东坡升仙了。苏东坡听说后，十分无奈，专门写一篇《东坡成仙》来记录这件事，在其中大约表达了这么一番意思：

我在黄州时，曾巩病逝，有传言说我和他同返天庭，连先帝都听说了，不住叹息，还向我的老乡蒲宗孟求证。谪居海南后，又来一传言，说我已得道，乘一叶小舟，往大海深处去了，直传遍京城。今天听到了更离谱的，有人说我在儋州忽没了人影，只留下道服，升仙去了。退之说，他是摩羯座，就算不行善也不作恶，也能莫名其妙传出些好名或歹名来。我如今就是这样，有人说我死了，有人说我成仙了，毁誉参半，可我明明什么都没做，退之说得太对了。我平生总被人四处造谣，大约是因为与他一样都是摩羯座。

苏东坡再一次与韩愈同病相怜，对星座深信不疑。或许，冥冥中真有定数。1099 年（元符二年）年底的一个夜里，苏东坡做了一个奇异的梦。梦里，韩琦驾鹤而来，对他说："我如今在天上做官，知你不久便能北归，特来相告。"

梦醒后，苏东坡十分激动，将此事说与苏过听，接着便焚香祈祷："今日，我将默写自己以前作的八篇赋，若我真能北归，就让我一字不差。"苏过闻言，十分心酸，这八篇赋足有数千字，且都是苏东坡多年前所作，一字不差太难了，若错了一字，父亲该有多么失望多么难过。可看到父亲开心的样子，他又说不出一个劝阻的字。

半日后，苏东坡终于写完，赶紧跟苏过一起核对，竟然真的一字不差。苏东坡大喜，激动道："我一定可以北归。"

1100年（元符三年）正月，苏东坡正在朋友家喝酒，院子里突然飞来一群五彩鸟，不一会儿又散去。五彩鸟十分罕见，只能在海南岛偶尔一遇。当地居民说，五彩鸟是吉祥的征兆，久旱时出现说明要下雨了，久雨时出现说明要放晴了，平日里出现，说明入山的贵人要出山了。苏东坡又激动起来，默默祷告："如果是为我而来，当再次回来。"奇迹出现了，一会儿，五彩鸟果然又飞回来了，苏东坡无比激动。

朝廷确实出现了变化，正月二十，年仅二十五岁的哲宗去世了。向太后，也即神宗的皇后出来主持大局，第一件事便是册立新君。哲宗没有子嗣，只能从诸位弟弟中挑一位，向太后决定立长，大弟弟申王有眼疾，那就立二弟端王吧。章惇公然反对："端王轻佻，不可君天下。"向太后坚持己见，曾布等人也站在太后一边，就这样，端王赵佶被扶上了帝王宝座，是为宋徽宗。

徽宗年仅十九岁，即位之初，向太后垂帘听政。向太后属于保守派，章惇等人担心她重演高太后的历史，彻底废除新法，便时常在她面前赞颂神宗的丰功伟业。向太后自然明白章惇担心什么，敷衍道："诸位都是神宗帝曾经仰仗的人，更当尽力辅佐新君，新君十分勤勉，定能像神宗帝一样优秀。"不久，她起用保守派韩忠彦担任吏部尚书，为了安抚章惇等人，又任变法派李清臣为礼部尚书。此后，她不断提拔保守派，元祐诸臣或被赦免或遇升迁，渐渐回到朝堂，与变法派势均力敌。显然，向太后有意平衡两党势力。蔡京这样的投机分子，则被向太后视为奸臣，不久就被贬出朝堂。

五月份，朝廷下达正式文书，命苏东坡广西廉州安置，不得签署公事。苏东坡十分激动，心中喜悦难以言喻，他早说过，自己一定能回到中原，这一刻终于来了。

第十五章

北归中原

○
○
×
●

1100 年（元符三年）六月，苏东坡收拾停当，向广西行去。临行前，邻友纷纷前来告别，一时间，桄榔庵热闹无比。拜别儋州父老后，苏东坡父子再次登上远行的船。

行到雷州时，苏东坡还去探望了秦观。几年前，秦观被贬雷州，是苏门四学士中被贬得最远的一个，也是离苏东坡最近的一个。如今也被赦免，即将前往英州，因知苏东坡要来，便在此等候。师徒二人多年未见，各自天涯零落，此番同被赦免，真是悲喜交加。不久，秦观又接到诏令，移衡州。匆匆相见后，二人又各自奔向远方。

七月四日，苏东坡抵达廉州，八月，朝廷又下诏令，任苏东坡为舒州团练副使，湖南永州安置。苏东坡一边收拾行李，一边通知苏迈等人到梧州相见，之后同赴永州。

八月十二日，秦观行到滕州，游光华亭时，突觉口渴，待仆人将水端来时，已没了气息，一脸安详，十分平静，年五十二岁。

秦观这一生并不顺遂，早年间科考坎坷，一直到三十七岁（1085 年，元丰八年）才中进士。次年，高太后执政，苏东坡回朝高居翰林学士之位，大力举荐秦观。秦观的好日子也终于来了，可刚过了五六年（1091 年，元祐六年）便又陷入洛蜀党争，屡遭迫害。1094 年（绍圣元年），哲宗亲政，旧党受到大肆打击，秦观也开始了贬谪生涯。

第一站是杭州，任通判之职。杭州是个好地方，官位也不低，可秦观尚在赴任途中又被贬到处州（今浙江境内）做酒监。酒监完全是个闲职，秦观心灰意冷，时常写佛经排遣愁思，不想新党竟以“工作时间请假写佛书”为由，将他贬去湖南且罢免了他所有的官职俸禄。没有俸禄，生活都成了问题，可这还不算完。1097 年（绍圣四年），秦观被贬到更偏远的横州（今广西境内），1099 年（元符二年）又被贬到岭南雷州，跟苏东坡做了邻居。到岭南后，秦观彻底绝望了，甚至写下自挽诗。岭南蛮荒，若不顽强些，如何活得下来？可惜，秦观性格细腻，气质忧郁，终究没有撑过去。

八月底，苏东坡正奔波在路上，忽在途中听到秦观病逝的消息，不禁悲痛万分，一连两日滴水未进。九月，到达梧州，苏迈等因水路不通尚未到达，一家人重新约定在广州相会。苏东坡和苏过两人继续向广州行去。想到一家人即将团聚，苏过十分激动，立即作诗一首，寄给两位哥哥。诗里有这么几句：

江边空忍泪，我亦肝肠绕。崎岖七年中，云海同浩渺。

从 1094 年（绍圣元年）四月算起，苏东坡被贬刚好七年。七年里，一家人骨肉分离，云海遥望，日子过得十分艰难，一朝苦尽甘来，自是悲喜交加，无限感慨。十月，苏迈一行终于到达广州。这时，苏东坡已六十五岁，他别无所求，只希望尽快安定下来，只是眼下，尚不知何处是家，只好先带家人奔赴永州，正要启程时，又接到诏令，朝廷允他自由选择居所。苏东坡激动不已，这意味着，他彻底自由了，也能真正安定下来了。

次年，也就是 1101 年正月，徽宗改国号为建中靖国。建中为“建立中正”之意，靖国为“安定国家”之意。王安石变法以来，新旧两党彼此争斗，互相打压，一会儿我欺负你，一会儿你欺负我，真是“闹哄哄，你方唱罢我登场”。此番，保守派逐渐回朝，又与变法派吵了起来。这时出现了一些中间派，他们认为两党各有利弊，应该从中调和。大约是受向太后的影响，宋徽宗表示同意中间派所说，用这么一个国号，意在调停两党矛盾。

此时，苏东坡正行到大庾岭，岭上花木幽深，一片浓绿，依然是七年前那副模样。翻过大庾岭，就出了岭南了，苏东坡很是感叹，再度站在岭上，颇有些隔世之感。他想起，韩愈也曾贬谪岭南，可他并没有一味消沉，反而勤勉爱民，又是驱鳄鱼，又是兴水利，又是办学校等，潮州百姓爱他敬他，还专门为他建祠立祀。这些年来，苏东坡虽是戴罪之身，但也没少为百姓忙活，修桥、修湖、抗疫、教书……也算是做了些什么。七年虽然清苦，倒也充实，他想，或许几百年后，世人也会像怀念韩愈一样怀念自己。

苏东坡回头望了望，继续向前行去。

穿过大庾岭，便是赣县，运气不好，水路不通，一家人决定在那里住上几天，等水涨后再赶路。这一等就是两个多月，苏东坡无事可做，只好四处闲逛，游山玩水。不少人趁机求字求画，苏东坡一一应允，往往写到天黑才回去。当地还闹起了瘟疫，苏东坡略懂些医术，身上又常带着药，若遇到生病的百姓，就主动给人送药看病。

在这期间，苏东坡还遇到一位故人——刘安世。此人正是元祐年间朔党的领袖人物，没少攻击苏东坡，绍圣年间被贬岭南，如今也在北归途中。刘安世与苏东坡可谓同病相怜，此番相见，看彼此顺眼了不少。刘安世也喜欢佛学，这段时间，时常与苏东坡一起谈论佛法。这对曾经的政敌竟渐渐成了朋友。

当时正是冬去春来，山中还新生出很多笋，苏东坡便想约刘安世一同去爬山。可刘安世最不喜欢的就是爬山，这倒叫苏东坡为难。一日，苏东坡灵机一动，接着便去找刘安世，兴冲冲地说："器之哪，今天的天气多好，出去逛一逛吧。"

"去哪儿？"刘安世不是很有兴趣。

"山中有一位玉版长老，我约了他一同参禅，你要不要一起去？"刘安世最喜欢结识高僧，听说要和长老一起参禅，顿时来了兴趣："好啊，我也去。"接着，便跟着苏东坡欢欢喜喜出发了。

山里空气清新，十分幽静，只是一路行来，一个人也没看见，更别说高僧了。刘安世便问苏东坡："子瞻哪，这玉版长老到底在何处？"

苏东坡却故意岔开话题："你看那是什么？"一只手指向路旁的竹笋。

"竹笋啊。"刘安世脱口而出。

苏东坡又说："你可知这笋叫什么名字吗？"

"什么名字？"

苏东坡似笑非笑："玉版笋。"

刘安世这才知自己被苏东坡诓了，大笑道："苏子瞻啊苏子瞻。"

三月底，赣江终于可以行船，苏东坡和刘安世一同出发，各自离去。出岭南后，百姓们更是热情。苏东坡每到一处，都有大批百姓围观，苏东坡直呼："不是要看杀我吧。"当地官员们更不用说，纷纷设宴款待，苏东坡此番北还，颇有些王者归来的意思，当时最大的八卦消息便是"二苏即将拜相"。

这时，章惇之子章援也给苏东坡寄来一封信。

章惇如今什么情况呢？1100年（元符三年），也就是徽宗刚登基那年，章惇负责哲宗丧葬事宜，护灵途中，突然下起了大雨，道路泥泞，耽误了时间，有人趁机弹劾他对先帝不敬，此后一发不可收拾，谏官们三天两头参他，主要有三个理由：第一，轻视徽宗；第二，绍圣年间大肆打击旧党，又是钉足又是拔舌，手段极其残忍；第三，绍圣年间竟想追废高太后，大逆不道。

章惇平日里做事太绝，惹得很多人不快，又曾公然指责徽宗轻佻，一朝失势，麻烦自然也就来了。徽宗本就对章惇不满，起初还做做善待元老、心胸宽广的仁君模样，对那些弹劾声并不理睬，曾布等人再三坚持后，便顺水推舟将章惇一贬再贬。此刻，章惇正在岭南雷州。

党争一事，好似跷跷板的游戏，总是一头高一头低，眼下章惇在低的那头，苏东坡却又到了高的那头。如今，朝野都盛传苏东坡即将拜相，章援害怕苏东坡以彼之道还施彼身，此番来信正是为父求情。苏东坡见信，没有太大波动，他不是个记仇的人，反而像老朋友一般回信，大约说了这么一番意思：

我与章相结交四十多年，虽有过一些矛盾，交情却没受到什么影响，过去的都已经过去了，还是要向前看才好。岭南倒也没有那么可怕，风土人情不错的，不必太过担心。只是你们兄弟前去探望时，最好多带些药物，一来自己方便，二来也能给当地老百姓救救急。听说令尊也喜欢养生，尤爱道家之术。我这些年也有不少这方面的经验，转告令尊最好勤打坐，内养丹，不要随意服用丹药。

之后，苏东坡还将自己的养生笔记和各种药方都寄了过去。章援没想到，苏东坡不仅不计前嫌，还如此关心父亲，十分感动，这封信也被章家保存了几十年。

五月，苏东坡抵达南京，不远处就是常州宜兴，早年间苏东坡就念叨着要在那儿养老，此次北归，又计划回宜兴安度晚年。就在这时，子由邀他同去河南颍昌。子由比苏东坡更早得到赦免，朝廷也给了他一个小小的虚衔，准他自由选择居所，如今他已在颍昌定居。

这一年，苏东坡六十六岁，子由六十三岁。四十年前二人就约定，将来要一起归隐，像在怀远驿时一样，月下畅谈，对床而眠。苏东坡真的很想赴子由之约，然细细考虑一番后，还是拒绝了子由的好意。自己家大业大，三十多口人都要吃饭，兜里又没几个钱，宜兴尚有一些田产，若去颍昌免不了拖累子由。再说，颍昌离京城太近，还是宜兴清静。

子由自然不会就这么放弃，继续写信劝说，还动员二人共同的好友当说客。一番爱的轰炸后，苏东坡投降了，让苏迈、苏迨二人去宜兴变卖田产，他决定待两个儿子返还后便去颍昌投奔子由。

等待的日子里，苏东坡约了几个老朋友游金山寺，游寺之时，看到一幅自己的画像，正是多年前李公麟所作，苏东坡兴致突发，在画上题诗一首：

心似已灰之木，身如不系之舟。问汝平生功业，黄州惠州儋州。

这首诗，倒能读出两番意思来。

苏东坡一生坎坷，四处飘零，恰如不系之舟，至爱先后离去，心内无限悲凉，正如已灰之木。黄州、惠州、儋州是他仕途的三个低谷，可谓一谷更比一谷底，苏东坡自嘲这是自己平生功业。但换个角度，便能读出一番新的意思来。

“已灰之木，不系之舟”也是两句禅语，“已灰之木”代表一种寂寂然的超脱，“不系之舟”则是一种任其自然的洒脱。黄州、惠州、儋州虽是苏东坡的仕宦低谷，但也是在这三个时期，苏东坡留下了《寒食帖》、赤壁三曲、和陶诗、《易传》、《书传》等作品，文艺上的成就达到顶峰。与此同时，苏东坡的佛道修行也愈加深入，渐渐百毒不侵，故也算得上是一生功业。

此行游览金山寺，苏东坡本十分开心，不想又听到一个坏消息。一位友人告诉他朝堂又热闹了起来，有一群人整天在徽宗耳边念叨，要学习哲宗绍圣、继承神宗变法大业云云。苏东坡大感不妙，颍昌离京都太近，他实在不想再听到，更不想再卷入朝堂纷争，于是决定放弃颍昌，并写信给子由说了这个想法。

事实上，这年春节过后不久，向太后就去世了。此后，徽宗似乎没了顾忌，逐渐倾向于变法派。

子由正满心欢喜等着哥哥，不料等来这样一封信，失望之情可想而知，苏东坡又何尝不失望，本以为年华老去，兄弟二人再不用忍受分离之苦，可惜，天不遂人愿。

从金山寺回来时正是五月底，天气十分炎热，苏东坡有些不舒服，好在宜兴离这儿不远，苏东坡自觉无甚大碍便继续赶路，途经仪真时，他想起自己在这儿还有几处房产，如今手头紧张，正好可以卖掉救急，便逗留下来。

米芾就住在离这儿不远的西山，还在西山建了一个画院，听说苏东坡在这儿，专程赶来相见。老友分别多年，一朝相见，分外欢喜，似有说不完的话，苏东坡还去西山参观了米芾的画院。

天气越来越热，船篷难当酷暑，苏东坡连日休息不好，跟米芾逛了几天后，越发疲累，甚至有些支撑不住，六月初三，大约是吃多了冷食，还闹起了肚子，折腾一夜后，整个人虚弱无比。第二天，苏东坡叫人煮了些补气的黄芪粥，喝了粥后，果然好多了，之后就待在船里静养。过了几日，苏东坡的病情突然加重，又闹起了肚子，一时吃不下，睡不着，无比煎熬，他写信给米芾：

某食则胀，不食则羸甚，昨夜通旦不交睫，端坐饱蚊子耳，不知今夕如何度。

大意说："我一吃饭胃就胀得难受，不吃的话身体就会更加虚弱，昨晚整夜没合眼，只能坐着喂蚊子，不知道今天要怎么度过。"

算来，苏东坡从岭南北归，已在路上颠簸一年时间，近来连日酷热，吃也吃不好，睡也睡不好，一个六十六岁的老人如何受得了？此后几日皆是如此，苏东坡被病痛折磨得不成样子，一天重似一天，情况十分不好，竟有些油尽灯枯的意思。

他自觉时日无多，拖着病体写信，向亲友托付后事。先嘱咐子由将自己与王闰之合葬在嵩山下并为自己写墓志铭，接着，又让钱济明在离这儿不远的奔牛埭等候自己。六月十二日，苏东坡离开仪真，向常州行去。十五日，行到奔牛埭，钱济明已等候多时，见苏东坡船来，立即登船守在苏东坡身边。

苏东坡勉强支起身子，气息微弱，缓缓道："我与子由自海南一别，再没能相见，只怕就此永别，此痛不堪说。”顿了顿，又说，“我已注完《论语》《尚书》和《易经》，现将这三本注疏托付于你，你暂且不要公之于众，三十年后，自会有人知晓。”

说罢，便要起身开箱子，却怎么都找不到钥匙，钱济明只好安慰他：“苏公的病一定会好起来的，眼下说这些还太早。”

不久，船行到常州，苏东坡住在钱济明为他租的房子里，静心养病。儿子们日日守在身边，钱济明也时常来看望，陪他说话。苏东坡的病情时好时坏，一个月过去了，依然是老样子。七月十四日，他的病情突然恶化，一夜高烧不止，牙床也开始出血，身体极度虚弱。

钱济明给苏东坡找了好几种特效药来，苏东坡都不肯吃，他认为自己中了热毒，坚信吃药没用，等热毒自行散去就好了。之后，他不吃饭也不服药，只让人用茯苓、人参、麦门冬三味药材熬成浓汤，口渴时才少喝一些，还对钱济明说：“庄子说要让天下自然发展，从来没说要治理天下，生病也是一样的，若这样还不好，便是天意了。”

麦门冬属凉药，其余两味药材则是有补气功能的温性药材。事实证明，这个法子并没有用，苏东坡的病一天重似一天，以致无法躺下，只能躺靠在床头，一位朋友还专门为他送来一个类似躺椅的东西。苏东坡自知康复无望，认为天意如此。岭南这几年，他逐渐参破生死，曾在一首诗中说了这么几句话：

人众者胜天，天定亦胜人……宠辱能几何，悲欢浩无垠。回视人间世，了无一事真。

苏东坡相信，人可胜天，同时认为冥冥中自有定数。红尘滚滚，宠辱悲欢起起伏伏，无穷无尽。细细想来，仿佛幻梦一场，一切皆空。因而，当他感觉到死亡来临时，心里十分平静。

十八日，苏东坡将三个儿子叫了来，对他们说：“我一生没有作恶，一定不会堕入地狱。”二十三日，杭州的维琳方丈前来探望，苏东坡勉强支撑，与他探讨生死。二十五日，还为维琳方丈写下一封道别信：

某岭海万里不死，而归宿田里，遂有不起之忧，岂非命也夫！然死生亦细故尔，无足道者。惟为佛为法为众生自重。

大意是说：“岭南如此恶劣，我都活了下来，归来时行了万里路都没事，将要归田时，却一病不起，这难道不是天意吗？不过，生死也只是一个小小的变故罢了，没什么可说的。但愿方丈你能为了佛法，为了众生，好自珍重。”

维琳方丈劝他多读几首佛偈，苏东坡苦笑不答，心想多少高僧临死前诵读偈子，最后不也死掉了吗？二十六日，作一偈回应维琳：

与君皆丙子，各已三万日。一日一千偈，电往那容诘。大患缘有身，无身则无疾。平生笑罗什，神咒真浪出。

大意是说：“我与您都是丙子鼠年出生，来这世上差不多已有三万日。就算每日都诵读一千首偈子，雷电来时又有什么办法？有忧患正是因为有这副皮囊，若没有身体又怎会生病？鸠摩罗什就十分喜欢念诵神咒，真是可笑。”

鸠摩罗什是东晋时期的一代高僧，弟子众多，一生说法译经，《金刚经》《妙法莲华经》《维摩诘经》等都出自他手，被认为是大乘佛法的奠基者。可苏东坡居然说鸠摩罗什可笑，维琳方丈实在不明白，只好向苏东坡请教，苏东坡又提起笔来：

昔鸠摩罗什病亟，出西域神咒，三番令弟子诵以免难，不及事而终。

此乃苏东坡绝笔，大意是："昔日，鸠摩罗什病危，说出西域神咒，令弟子多次诵读希望减免病痛，可这些神咒并没有用，鸠摩罗什还是死掉了。"苏东坡认为，只有看破生死才算真正参透佛理，鸠摩罗什一代高僧竟不能坦然接受死亡，妄想以神咒续命，实在好笑。

二十八日，苏东坡开始呼吸困难，意识时有时无。维琳方丈见苏东坡大限将至，在他耳边大喊："要想着去西方极乐。"

苏东坡气息微弱，应道："极乐是有的，但用不得力。"

这时，钱济明也急切道："先生一生苦修实践，此时更该用力。"

"用力即差……"苏东坡的声音愈加微弱，已是弥留之际。几个儿子悲痛不已，苏迈上前问父亲可有话留给儿孙们，苏东坡不答一言，没多久便与世长辞。

那一日，是1101年（建中靖国元年）七月二十八日，东坡居士永远去了。

后记

苏东坡离世后的第二年（1102年），宋徽宗彻底转向变法派并改国号为崇宁，意思是崇尚熙宁变法。实行新政必须要有一个人来主持大局，徽宗便问起居舍人邓洵武，谁可担此大任。邓洵武推荐了蔡京，说蔡京非常有才华、非常能干云云。徽宗几乎没有犹豫，很快就起用蔡京。

蔡京可是个十足的投机分子，徽宗怎么会如此信任他？这是因为此前，蔡京已为自己打造了一个十分完美的形象。宋徽宗是个典型的艺术家，书法独具一格，被称为瘦金体，绘画更胜于书法，尤其擅长画花鸟，同样自成一派，被称为院体画，诗词歌赋也是样样在行。这个艺术型皇帝十分喜欢收藏，曾派宦官童贯去杭州等地搜寻古玩字画，那时，蔡京正在杭州做官。蔡京是当时有名的书画大师，据说“苏黄米蔡”中的蔡原指蔡京，只因他是“北宋六贼”之首，后人便将其除名，用蔡襄替换。

童贯在杭州时，蔡京费尽心思巴结他，将自己的许多字画通过童贯送到徽宗面前，徽宗很喜欢这些字画，渐渐注意到蔡京。不仅如此，蔡京还四处打点宦官嫔妃，以至于徽宗身边的人对蔡京的评价都非常好。久而久之，徽宗对蔡京产生了极好的印象。此番，邓洵武一推荐，徽宗便立刻起用蔡京，蔡京渐渐回到朝堂，一路升迁，直做到宰相。

大权在握后，蔡京积极推行新法，在 1104 年（崇宁三年）绘制熙宁、元丰年间的变法功臣像，挂在神宗的御书房中，还将王安石的牌位放在孔庙。与此同时，他将元祐年间，也就是高太后执政时那批反对变法的老臣们通通列入黑名单，视为罪人，其中就有司马光、苏东坡等人。徽宗还亲手书写这份名单刻在石碑上，又将石碑放在文德殿南门，以昭天下，这便是元祐党人碑。碑上共有三百零九人，徽宗有旨，这三百多人及其子孙永远不能入仕为官，更不可与皇室通婚。事实上，凡是与蔡京有过节的人也被列入元祐党人碑，比如大名鼎鼎的变法派章惇，蔡京不过是借变法之名为自己争权夺利罢了。

此后，全国各地都立起了元祐党人碑，如此不算，蔡京还要剥夺他们生前的官衔，销毁他们的手稿、碑文、字画等。苏东坡留下的诗文字画最多，影响也最广。在这样的严厉打击下，民间开始自发地保护苏东坡的作品，不少人将苏东坡的诗文字画偷偷藏起来。苏东坡生前文名大盛，往往新作刚成，便被人四处传诵，手稿碑文可毁，记忆却无论如何都难以消除，朝廷越是禁止，民间越是传诵。

1106 年（崇宁五年），文德殿的元祐党人碑突然被雷劈了，徽宗十分害怕，认为这是上天降怒，命人趁夜里偷偷毁坏这块石碑。谁知，蔡京等人居然说："碑可毁，碑上之人不可忘。"

又过了五年，一个道士对徽宗说自己梦到苏东坡在天庭供职，是玉帝身边的文曲星。徽宗更加害怕，立刻恢复苏东坡生前的最高官衔，与此同时，高价收集苏东坡的手稿、字画、题字、碑文等。几年前大肆焚毁，如今又高价收集，说来也实在可笑。

此事暂且不提，经过元祐党人碑一事，蔡京几乎清除了所有异己，在朝中如鱼得水。他继续谄媚奉上，尽一切努力满足徽宗的要求，还劝徽宗"人生苦短，及时行乐"。徽宗在位期间，以变法之名搜刮民脂民膏，同时不断修建行宫，大兴徭役，百姓苦不堪言。政治更是一塌糊涂，朝中很多官员，竟然为自己的儿子甚至还没出生的孙子提前谋取官位，真可谓一人得道，鸡犬升天。朝中风气如此，地方官员们更不用说，对上讨好，对下欺压，变着法地搜刮百姓钱财。

终于，老百姓忍无可忍，1119 年（宣和元年），宋江带着三十六个人在梁山泊起义，其间不断有人加入，但人数最多时也不足三百。然而，这样小规模的起义军竟能一路攻克山东、河南等地，可见当时的政府军有多么腐败。同年十二月，徽宗招安宋江失败，起义军愈战愈勇。1120 年（宣和二年）十月，漆园主方腊也率众起义，一路攻城拔寨，人数也发展到上万人。宋江、方腊影响甚大，徽宗派出精锐部队全力镇压，一直到 1121 年（宣和三年）五月，才彻底平息这两次起义。

内忧刚平，外患又来。这得从辽说起，1113 年（政和三年），辽国的统治已非常腐败，辽内部女真族迅速崛起，1114 年（政和四年），完颜阿骨打带领族人起义，所向披靡，屡战屡胜，并在 1115 年（政和五年）自立为帝，国号大金。辽国十分忌惮，决定趁金国壮大前将其一举歼灭，于是发动十万大军攻打金国，完颜氏仅以两万兵马迎战。结果，辽国大败，此一战令金国真正站稳了脚跟。

完颜氏想彻底消灭辽国，可辽国毕竟是有着几百年历史的大国，此事并不容易，于是完颜氏决定与北宋联盟。徽宗也有此意，并在 1120 年主动派使者去金国商议联盟之事。双方约定，事成后燕云十六州归北宋，其他归金。此外，徽宗答应将原来进贡给辽的岁币转送给金，史称《海上之盟》。

不久，战争爆发了，此次战争中，北宋彻底暴露了自己的软弱无能，金国再不把北宋放在眼里，灭了辽后，完颜氏挥师南下，直取中原。1125 年（宣和七年），金国兵临城下，徽宗不想背负亡国之君的骂名便禅位给儿子赵桓，赵桓即位，是为宋钦宗。1126 年，钦宗改国号为靖康，次年（靖康二年），金攻克北宋，掳去徽宗父子、朝中重臣、后宫妃嫔等三千余人，这便是耻辱至极的靖康之变，历时一百六十七年的北宋也就此灭亡。

这一年，是苏东坡去世后的第二十六年，金人攻克北宋后，特别搜寻苏东坡的字画作为战利品。可见，苏东坡的名气早已传遍九州四海。

1127 年（靖康二年）六月，赵构在河南称帝，是为宋高宗，高宗改国号为建炎，南宋历史就此开始。高宗不仅喜欢苏东坡的文章，更欣赏其为人，他执政期间，还让苏东坡的孙子苏符做了大官。高宗去世后，赵昚即位，是为宋孝宗，孝宗也十分欣赏苏东坡，认为苏东坡是自己的隔代知己，亲自为《苏东坡集》写序，追赠苏东坡为太师，赐谥号文忠公，这是很高的荣誉。

为了表示尊敬，很多人称苏东坡为苏文忠公。古时也以地名称人来表示尊敬，是为地望，苏东坡祖籍四川眉州，故也有不少人称他为苏眉州。此外，苏东坡也被称为坡公、坡仙、苏仙等。当然，我们最亲切、最熟悉的称呼还是苏东坡。

主要参考书目

[1] 脱脱等著：《宋史》，中华书局 1985 年版。

[2] 邓广铭著：《宋史十讲》，中华书局 2015 年版。

[3] 司马光著：《资治通鉴》，中华书局 2011 年版。

[4] 毕沅著：《续资治通鉴》，中华书局 1957 年版。

[5] 李焘著，上海师大古籍所、华东师大古籍所点校：《续资治通鉴长编》，中华书局 2004 年版。

[6] 苏轼著，傅幹注，刘尚荣校证：《苏轼词集》，上海古籍出版社 2017 年版。

[7] 苏轼著，茅维编，孔凡礼点校：《苏轼文集》，中华书局 1986 年版。

[8] 苏轼著，王晋光、梁树风译注：《东坡志林》，中信出版社 2015 年版。

[9] 苏轼著，萧屏东校注：《苏东坡笔记》，湖南文艺出版社 1991 年版。

[10] 林语堂著，张振玉译：《苏东坡传》，湖南文艺出版社 2018 年版。

[11] 王水照、崔铭著：《苏轼传》，人民文学出版社 2019 年版。

[12] 崔铭著：《苏轼与"苏门四学士"的相识与相知》，载《文史知识》2002 年第 10 期，第 47—52 页。

[13] 朱靖华、饶学刚、王文龙、饶晓明著：《苏轼词新释辑评》，中国书店 2007 年版。

[14] 苏缨著:《纳兰典评宋词英华》，陕西师范大学出版社 2009 年版。

[15] 吴楚材、吴调侯编选，葛兆光、戴燕注解：《古文观止》，中华书局 2008 年版。